· 云南经济发展研究丛书 ·

云南发展壮大
"资源经济""口岸经济""园区经济"
典型案例研究

云南口岸经济案例研究

谭鑫　赵丽　余雨薇◎著

云南人民出版社

图书在版编目（ＣＩＰ）数昌

云南发展壮大"资源经济"'口岸经济""园区经济"
典型案例研究.云南口岸经济案例研究 / 谭鑫，赵丽，
余雨薇著. -- 昆明 ：云南人民出版社，2024.3
（云南经济发展丛书）
ISBN 978-7-222-22545-9

Ⅰ. ①云… Ⅱ. ①谭… ②赴… ③余… Ⅲ. ①通商口
岸 - 经济发展 - 案例 - 研究 - 云南 Ⅳ.①F127.74

中国国家版本馆CIP数据核字（2024）第017711号

项目统筹：殷筱钊　赵　红
责任编辑：王　逍
装帧设计：王冰洁
责任校对：崔同占
责任印制：代隆参

云南经济发展研究丛书
云南发展壮大"资源经济"'口岸经济""园区经济"典型案例研究
——云南口岸经济案例研究
YUNNAN FAZHAN ZHUANGDA "ZIYUAN JINGJI" "KOU'AN JINGJI" "YUANQU JINGJI" DIANXING ANLI YANJIU
——YUNNAN KOU'AN JINGJI ANLI YANJIU

谭鑫　赵丽　余雨薇◎著

出　版　云南人民出版社
发　行　云南人民出版社
社　址　昆明市环城西路609号
邮　编　650034
网　址　www.ynpph.com.cn
E-mail　ynrms@sina.com
开　本　787mm×1092mm　1/16
印　张　15.25
字　数　260千
版　次　2024年3月第1版第1次印刷
印　刷　云南出版印刷集团有限责任公司华印分公司
书　号　ISBN 978-7-222-22545-9
定　价　58.00元

如需购买图书、反馈意见，请与我社联系
总编室：0871-64109126　发行部：0871-6410 507
审校部：0871-64164626　印制部：0871-6419 534

云南人民出版社微信公众号

前　言

习近平总书记在党的二十大报告中强调："高质量发展是全面建设社会主义现代化国家的首要任务。发展是党执政兴国的第一要务。没有坚实的物质技术基础，就不可能全面建成社会主义现代化强国。"发展壮大资源经济、园区经济、口岸经济是认真贯彻落实推动高质量发展的战略部署的重要举措。中共云南省委十一届四次全会强调：当前，云南正处于经济转型升级的攻关期，要加快动能转换，大力发展资源经济，加快发展口岸经济、全面振兴园区经济。发展壮大"三大经济"已成为云南经济发展的新增长点。

"一带一路"倡议提出以来，云南省主动服务和融入国家发展战略，口岸经济增长逐步由"边缘区"向"增长中心"转变。口岸经济在区域发展中具有重要地位和作用，是云南重要的经济增长点。云南口岸经济高质量发展是扩大开放的重要出路，做大做强口岸经济，把区位优势、资源优势转化为经济优势、发展优势，对云南省实现"3815"战略发展目标具有重要意义。发展口岸经济，将口岸经济培育成沿边地区经济发展强劲新引擎，势在必行、大有可为。

为了让读者对口岸经济有一个全面的了解，本书分为七章——背景、理论、现状、政策、问题、路径以及最后的案例。

笔者以"口岸为王"为理念，从做大做强口岸经济的角度出发，以促进口岸经济由"通道经济"向"产业经济"转型为目标，从口岸服务破题，更好地发挥口岸服务区域经济发展功能，出台利"口"政策、制定惠"口"计划，颁布促"口"规章，从增强口岸服务对区域发展的影响力和辐射力入手，为云南口岸经济在找准发展定位中提供思路和案例示范。

第一章"背景"主要阐释发展口岸经济的溯本求源；

第二章"理论"主要阐释发展口岸经济的逻辑历程；

第三章"现状"主要阐释发展口岸经济的百花齐放；

第四章"政策"主要阐释发展口岸经济的制度保障；

第五章"问题"主要阐释发展口岸经济的荆棘丛生；

第六章"路径"主要阐释发展口岸经济的柳暗花明；

第七章"案例"主要阐释发展口岸经济的寸积铢累。

通过这七章，以期对领导干部、政策研究者、学习者和相关人员有所裨益。

目　录

第一章 研究背景及意义

第一节 研究背景

一、国内背景

（一）特殊的区位优势

云南口岸在历史上就是陆上丝绸之路和中国同外国之间贸易的重要通道，具有通往东南亚南亚大通道建设的区位优势和枢纽位置，在新发展格局中有良好的基础和比较竞争优势。云南省是亚洲的地理中心，省会昆明是亚洲5小时航空圈的中心，是南北方向国际大通道和东西方向第三条亚欧大陆桥的重要节点，地处中国与东南亚南亚三大区域接合部，截至2024年2月23日，云南省共有各类28个口岸、开放型园区主要有5类［包含高新技术产业开发区、经济技术开发区、产业园区、综合保税区、边（跨）境经济合作区、旅游度假区等类型］，东与贵州、广西为邻，北与四川、西藏相望，西与缅甸接壤，南与老挝、越南毗连，和东盟、南亚7个国家相邻，紧靠"两湾"（东南方向的北部湾、西南方向的孟加拉湾），具有发展口岸经济得天独厚的优势。云南省要利用好其独特的区位优势，大力提高云南口岸经济发展水平，继续彰显内引外联的区位优势，做大做强口岸经济，口岸经济是云南省拓展与周边国家交流合作的重要窗口，其战略意义决定了其研究价值。

（二）特殊的发展机遇

2009年7月，胡锦涛总书记考察云南后提出："要充分发挥云南省作为我国通往东南亚南亚重要陆上通道的优势，深化同东南亚南亚和大湄公河次区域的交流合作，不断提升沿边开放质量和水平，使云南省成为我国向西南开放的重要桥头堡。"这是国家对沿边地区如何在新形势下发挥对外对内功能的总体布局。2011年11月3日，国家出台《关于支持云南省加快建设面向西南开放重要桥头堡的意见》，该《意见》明确把云南战略定位为：我国向西南开放的重要门户，沿边开放的试验区和西部地区实施"走出去"战略的先行区，西部地区重要的外向型特色优势产业基地。2013年，习近平总书记提出共建"一带一路"倡议，更是让云南省从西南边陲变成开放前沿。2015年1月，习近平总书记考察云南时提出，"希望云南努力建设成为我国'面向南亚东南亚辐射中心'"，对云南省提出的新定位给予了云南崭新的发展空间，把云南推向全国对外开放的前沿。①"十三五"以来，云南口岸逐步由"前沿"转变为"对外开放的区域性支点"和"前沿性窗口"，口岸经济在云南省建设面向南亚东南亚辐射中心和促进沿边经济开放开发以及在构建发展"双循环"新格局中扮演着重要角色。继2000年提出西部大开发战略之后的20年，国务院再次部署西部大开发指导意见，新发展阶段，国际经济格局发生了深刻变化，党的十九届五中全会及时作出构建新发展格局的重大战略安排，在世界经济调整时期把发展眼光转向国内市场，同时加强国内国际双循环，这为口岸经济发展和社会经济发展指明了方向在经济全球化、世界各国纷纷参与共建"一带一路"和中国经济转型以及形成西部大开发新格局的时代背景下，云南口岸经济迎来了历史难得的发展机遇，云南省建设我国面向南亚东南亚辐射中心迎来新使命。

（三）特殊的地缘优势

从历史视角来看，云南省一直是中国和东南亚南亚之间重要的交通枢纽，16个不同民族共同跨境聚居于此，山水相连，云南省拥有显著的地缘优势，使其面向东南亚南亚开放。具体而言，这些优势如下：

一是多种区域合作机制、战略交叉。截至2023年10月，云南省已与9个国家搭建了12个多双边合作机制，与37个国家缔结国际友好城市106对，其中与共建"一带一路"国家友城总数达70对。云南省在边境县（市）开展了边境友好村寨合作模式，并与老挝、缅甸以及越南等30个边境村寨、14个国外友好组织建立了友好互助关系。作为"大湄公河次区域合作"和"孟中印缅经

① 中国这十年·今天看云南——面向南亚东南亚辐射中心篇[EB/OL].（2022-7-22）[2023-02-04].https://new.qq.com/rain/a/20220721A08SDI00

济走廊"中方唯一参与的省份，云南省是中国面向东盟自由贸易区的重要门户，也是"一带一路"倡议中面向南亚东南亚的辐射中心。多种区域合作机制、战略在此叠加，为云南省边境区位优势的提升提供了重要的战略机遇，进一步凸显了云南省在推动我国与南亚东南亚国家构建周边命运共同体中的主体省份地位，不断扩大国际"朋友圈"，增进互信、凝聚共识。

二是区位条件优越。云南省位于太平洋、印度洋两大洋之间；连接三亚，即东亚、东南亚、南亚，是中国进入南亚东南亚的便捷陆路通道和走向印度洋的战略支点，极其有利的地理位置奠定了云南省在西南地区对外开放格局中重要的战略地位。此外，由于邻近南亚印度、孟加拉国等国际市场，云南省还是中国—中南半岛经济走廊和孟中印缅经济走廊的重要陆上通道，更是我国面向南亚东南亚和环印度洋地区开放的辐射中心，这使其在中国西部地区的海外贸易布局中的关键角色得以确立并巩固了它的重要性和影响力。从地缘政治的角度来看，云南省毗邻许多发展迅速且具有潜力的国家，那些正在崛起的新兴市场的所在地都为云南省的对外开放提供了更多的发展机遇。在"一带一路"倡议建设中，云南北上可连接北方丝绸之路经济带，南下可连接21世纪海上丝绸之路，向东通过长江经济带可连接"长三角"，向西通过孟中印缅经济走廊可以连接印度洋沿岸国家。云南省是南方丝绸之路的中心地区，后来云南省开辟的茶马古道，第二次世界大战期间开辟的中印公路、驼峰航线、中印输油管道，把云南与东南亚南亚国家紧密联系在一起。

三是云南省同时与缅甸、老挝、越南接壤，是西南地区陆上边境线最长、中国毗邻东南亚国家最多的省份，具有广阔且类型多样的边境接触空间。

四是澜沧江-湄公河连接着云南省和中南半岛5国。澜沧江-湄公河发源于中国青海省唐古拉山脉岗果日峰的扎曲，流至昌都后始称澜沧江。流至云南省南腊河口出境，出境后改称湄公河。它从北向南流经中国青海、西藏、云南三个省区，以及缅甸、老挝、泰国、柬埔寨、越南五个国家，最终在越南胡志明市附近的湄公河三角洲注入南中国海，是亚洲一条非常重要的河流。其中在云南省境内，澜沧江的主流长度为1240公里，约占整个主流长度的四分之一，涉及8个地市州的32个市县。

二、国际背景

当前世界处于百年未有之大变局，中国经济呈现逆势增长势头，全球的政治经济格局正在快速转变，国际环境日益复杂。新一轮的科技革新和产业变革已经改变了传统的生产模式、社会构造和生活方式。习近平总书记明确表示，我们要在危机中孕育新的机遇，在变革中创造新的局面。中国经过四十多年改革开放的积累和发展，综合国力大幅提升。中国的和平崛起给周边国家发展带来了前所未有的机遇，共建"一带一路"、构建人类命运共同体便是绝佳契机。此外，随着全球化的不断推进和国际贸易的蓬勃发展，各国对外贸易也日益增长，而开放口岸作为国际贸易的关键节点，在全球一体化背景下，提升口岸的国际竞争力，推动口岸经济的蓬勃发展对于提升对外开放水平、加快融入新发展格局具有重要的现实意义和实践价值，这项任务迫在眉睫也势在必行。

第二节　研究意义

一、理论意义

（一）是对口岸经济发展理论的进一步补充

口岸是高水平对外开放的重要窗口。口岸经济作为新时代统筹国内国际两个市场、两种资源的重要节点，作为一个多层次、跨领域、多幅度的复合经济，能对所在城市、区域、腹地经济的发展发挥重要带动作用，它是一个社会关联度极高的复合型经济类型。就云南而言，口岸已经成为云南省边境8个州（市）所辖边境县（市、区）社会经济发展的重要支撑，云南口岸兼具多种优惠经济政策于一身，是国家经济合作区、我国较早实现"境内关外"管理方式的贸易区、国家重点开发开放的试验区、中国—云南自贸试验区（德宏片），是民族地区极具代表性的口岸。我国口岸经济发展水平参差不齐，东部发达地区、沿海地区与中西部地区发展的差异较大，且东部口岸的发展水平远高于中西部口岸。东部发达地区的口岸主要以海港为主，而西部地区主要以陆路口岸为主，这种空间分布差异致使中西部地区不能照搬照套东部地区口岸发展的现成经验。而学术界针对西部地区口岸经济发展的理论成果较少，关于内陆边境口岸与区域经济一体化的研究也是寥寥无几，尤其是针对云南民族边疆地区的口岸经济发展理论更是少之又少。研究中国口岸经济与地方经济关系二者之间的关系，有助于口岸和地方经济的全面、多层次、多样化发展，有利于口岸经济的融合发展。本书考察了云南口岸与地方经济的互动关系，为内陆边境口岸与区域经济的协调发展提供了理论依据，它对促进区域经济一体化和协调发展具有重要的理论意义。因此，对云南口岸经济发展案例研究是对口岸经济发展理论的积极探索。

（二）是对民族经济发展理论的进一步补充

口岸经济在某种程度上就是民族地区经济。截至2022年，我国陆地边境线长约2.2万公里，其中约1.9万公里在民族地区，我国陆地边界线的86.4%在民族地区，边境地区常住少数民族人口占总人口的近一半，这些民族地区对我国国土安全尤为重要，而这些地区的经济发展水平比内陆和沿海地区滞后。一个民族的形成，包含经济、政治、文化、地域、语言等要素，其中经济是民族快速发展的重要基础，也是聚合原有成员吸纳新成员的必要条件，民族经济是民族存在和发展的关键，发展好民族经济关系到国家的长治久安和繁荣昌盛，对于整个国家的发展具有深远意义。云南省是中国世居少数民族、特有少数民族、跨境民族、人口较少民族和民族自治地方最多的省份，如：位于云南省德宏傣族景颇族自治州，州内少数民族占比约为46%，瑞丽市世居傣族、景颇族、阿昌族、傈僳族、德昂族，5个少数民族跨境而居，各族人民的生活方式、经济发展形势都符合民族经济的特征，其典型性、特殊性不言而喻。研究云南口岸经济发展案例，对于云南省民族地区的发展有着重要的价值。在中华民族伟大复兴的进程中，边疆民族团结进步是发展必不可少的前提，以边境口岸为依托，推进边境城镇发展，有利于把边境地区打造成为践行新时代党的民族政策的先行区，促进民族团结、共同进步。此外，国家乡村振兴战略中也强调要加快民族地区乡村全面振兴。口岸是珍贵资源，也是优势特色，发展口岸经济可以成为实现乡村振兴的有效路径。因此，云南口岸经济发展案例研究有利于促进云南省"民族团结进步示范区"建设，维护稳定繁荣，也是对少数民族经济发展理论的进一步补充。

（三）是对云南民族地区区域经济理论的进一步补充

云南口岸是中外跨境经济合作区建设的重要场域，拥有较强的对外辐射、带动作用。推动民族地区经济社会高质量发展，切实把制度优势转化为社会治理效能，要充分利用云南省区位优势、政策优势，主动服务和融入国家发展战略。云南口岸将作为国内国际两个市场更大的连接点，也将会是

"内外双循环"新格局下的"加油站",口岸地区的开放和高质量发展有助于云南乃至全国的企业产品走出去、走进去、走上去。学术界有关区域经济的研究成果多集中于国内发达地区,如长三角、珠三角、中部城市群等,而对口岸民族地区的区域经济研究相对滞后,而且在"双循环"经济研究中,很多只是单向聚焦参与国内循环或跨境合作,对沿边地区口岸联通发挥"打通内外贸,构建双循环"功能的双向思考相对缺乏。目前,云南省边疆民族地区呈现出边防稳定、民族和谐、民族进步的良好局面,但也面临着发展不平衡等挑战。在此背景下,分析云南口岸民族地区发展区域经济的历史经验,找到制约因素、提出解决问题的新方法,有利于进一步丰富区域经济研究理论、民族地区区域经济理论等理论成果。本研究聚焦口岸经济与民族地区区域经济之间的发展关系,确定其内部和外部影响因素,以期为各民族地区的口岸经济发展提供发展思路,进一步扩展内陆边境口岸高水平对外开放领域的研究成果,进一步补充云南民族地区区域经济理论的理论框架,丰富现有云南民族地区区域经济理论的研究视角。

二、现实意义

第一,有利于推动区域经济高质量发展。一方面,疫情常态化防控背景下研究民族地区口岸经济的发展符合客观现实的需要,既可挖掘民族地区经济发展的潜力,又可提振民族经济发展的信心,对当下口岸经济发展具有一定的指导性。在口岸经济发展过程中,安全防控占据着一个不可或缺的重要位置,要实现强边固防和经济社会发展"双任在肩",且"一个都不能少"。如何统筹发展和安全,在强边固防中做到稳中求进?值得当下各界深入思考。另一方面,"十四五"开局,研究云南口岸经济发展案例有利于促进沿边口岸和民族地区经济高质量发展。研究云南口岸经济发展的具体举措,不仅有利于推动中—缅、中—老、中—越三国间经贸合作,也有利于"一带一路"倡议建设;不仅有利于改善和优化驻地经济结构,也有利于口岸进出口物流、仓储和加工基地的建设,实现云南区域经济高质量发展。

第二,对促进沿边经济发展有一定的借鉴意义。云南省的口岸发展是中国面向南亚东南亚开放的重要节点,应主动融入,积极探索,全力服务并参与到"十四五"期间的"大循环、双循环"新发展格局中去,以踔厉奋发、笃行不怠的姿态立于口岸经济发展潮头,为沿边经济开放发展、循环发展、高质量发展提供借鉴。习近平总书记在党的二十大报告中提出:"必须完整、准确、全面贯彻新发展理念，坚持社会主义市场经济改革方向，坚持高水平对外开放，加快构建以国内大循环为主体、国内国际双循环相互促进的新发展格局。"①大力促进云南口岸经济发展，对于推动云南省与周边国家的经贸合作，和推进"一带一路"大通道的建设有重要意义；不仅有利于促进云南省与周边国家的互联互通，促进云南省建成面向南亚东南亚的辐射中心，也有利于推动民族地区经济和云南省外向型经济的良性、可持续发展。

第三，有利于提升云南省贸易水平。习近平总书记在党的二十大报告中指出："推动货物贸易优化升级，创新服务贸易发展机制，发展数字贸易，加快建设贸易强国。"②这是以习近平同志为核心的党中央站在新的历史起点上，统筹中华民族伟大复兴战略全局和世界百年未有之大变局作出的重大战略安排，为新时代新征程贸易强国建设指明了前进方向，提供了根本遵循。加之云南特殊的地理位置，与云南省接壤的国家是缅甸、老挝和越南，这些东南亚国家的综合国力弱、整体经济实力相对落后，边境贸易发展呈现出分散化、零星化和小规模化的特点。因此，通过分析云南口岸经济发展现状、问题及典型案例，通过对云南口岸经济发展典型案例进行分析梳理其问题与做法，从问题中找对策，从做法中找经验。以点带面找出云南省发展边境贸易的有利条件和制约云南省边境贸易发展的"中梗阻"，畅通"堵点"，在问题导向下，提出给出切实可行的对策建议，提升云南省边境贸易水平。

第四，有利于促进沿边开放战略实施。沿边地区是我国对外开放的前沿，在我国新一轮的沿边开发政策的作用发挥下，云南省如何与时俱进提升经济发展质量，抓住机遇，进一步把握和完善边境地区的经济地区发展政策，以此带动边境人民致富，实现边境地区的经济跨越式发展，是一个值得深入探讨的话题，实践证明加快口岸建设，发展口岸经济，把区位优势和通道优势转化为经济优势，是云南省建设我国面向南亚东南亚辐射中心的重要抓手，是构建面向南亚东南亚辐射中心现代化产业体系的重要支撑，是云南省发挥比较优势、打造综合优势、加快经济转型升级的有效举措。通过研究，希冀为中西部地区、为和云南省有类似发展条件的地区提供对外开放的经验借鉴。

---

① 习近平提出，全面贯彻新发展理念，加快构建新发展格局，着力推动高质量发展[EB/OL].（2022-10-16）[2024-02-04].https://www.gov.cn/xinwen/2022-10-16/content_5718812.htm

② 加快建设贸易强国的目标与路径[EB/OL].（2022-12-20）[2024-02-04].http://theory.people.com.cn/n1/2022/1220/c40531-32590119.html

第二章 相关概念和理论基础

第一节 相关概念

一、口岸

（一）口岸的产生与发展

英文中的"port"原意为"港口"，现表达港口、口岸、港口城市、港市、避风港等意思。口岸最初是由港口演变延伸而来。这与西方国家借助海洋建立殖民地的历史有很大的关系，欧洲文明发展初期西方国家向外扩张沿着亚洲、非洲、美洲等地区建立殖民地，在这个过程中海陆交界处一些能避风遮阴的村镇成为航海者停靠休息和进行货物交换的中转站，随着经济的发展和时间的推移以及文化的不断融合，这些地方大多成了后来重要的港口所在地或是借助了港口区位优势快速发展成为综合贸易集散中心、货物中转地。最为典型的例子就是东印度公司，东印度公司起初是一个英国在印度建立的以港口为中心进行贸易的小公司，后逐步发展成一个综合型跨国公司。诸多学者在研究口岸起源时持有一个观点：通商口岸的建立、贸易渠道的增加以及口岸规模的扩大均是有益于西方殖民国家的，尽管在一定程度上也促进了港口所在地的经济发展和文化融合，但这也是一种以主权丧失和贸易不平等为前提的发展。所以从西方国家航海史来看，港口成为其掠夺资源和殖民的重要中转站。后来，随着社会的不断变迁，这些港口成为独立国家对外贸易和进行政治经济活动的主要载体。欧洲国家口岸产生主要原因归结于人口生存需要向外扩张的结果，这也为世界航运口岸的发展奠定了基础，但是绝不能因此就断言口岸的起源就是港口。口岸产生的原因有很多，最为简单的就是区域间的地缘因素，国家与国家之间一旦相邻、相接便会出现国家主权和边界管理问题，这也催生了口岸。口岸的出现一定程度上能缓解这种管理"尴尬"。此外，还与口岸所在地的地理位置、资源禀赋相关，简单地说，交通条件发达、物资富饶的地方更容易设立关卡和通道，以便于促进贸易往来或是进行文化输送和资源辐射。如，中国的西汉王朝在打败匈奴后，将疆土向西开拓领土，将西域都护府设立在西域，随着时间的推移，这个地方逐渐演化成我国边疆的县城。从历史观出发，口岸发展壮大继而衍生出与口岸相关的经济与产业的原因可归纳为以下几类。

1. 交往催生口岸发展

交往是人与人之间必要的社会活动，是基于共同活动的需求在人与人之间建立的一种互动机制，包含多方面的社交活动，是人类特有的人际交往活动，人们在相互交往的过程中，进行信息互换以获取自身想要的信息。随着社会的不断变迁和发展以及人类社会的进步，以劳动分工带来的大规模贸易以及大量劳工转移催生了口岸这一概念。现代意义上的口岸仍然保留古代"关卡"的含义，但也有内涵的外延即对外贸易沟通的通道。一方面，追溯我国对外贸易的历史，可以发现早在近三千年前，丝绸之路的开辟成功地连接了欧洲、非洲和亚洲地区，也正式拉开了对外交流贸易的序幕，唐宋时期设置的市舶司，被近代殖民者压迫而强制开通的五口通商口岸等都表明口岸建设在我国有悠久的历史。在汉朝时期，中国古代口岸的发展就已比较繁荣，印度洋、东南亚的诸多国家就通过广州港进行贸易互往，之后，许多著名的港口纷纷建立，如：杭州港、泉州港、温州港等，这些港口都增进了古代中国与外界的交流，促进古代中国经济发展。在唐朝时期，最为著名的港口是扬州港和明州港，其中扬州港是当时重要的水运、陆运枢纽，这个通道在当时古代中国南北方的政治、经济、文化的发展，以及国家的统一、民族的融合等方面发挥了重要的纽带作用。明州港则与日本相连，这个港口成为商品经济从内陆向海洋，从区域市场向近海市场扩展的"桥头堡"，是一个重要的海上对外贸易港口，见证了属于当时中国的大航海时代。这在中国古代航海史上具有重要意义，促使当时的中国通过海路走向世界。到了宋元时期，我国的对外贸易更加繁荣，上海港、厦门港口的建立便是最好的证明。另一方面，从世界各国的港口建立史可以看出海运港口总是先建立的，海运口岸建立后才陆续出现陆地口岸和航空口岸。1825年，英国第一条铁路修建成功并通车。1918年巴黎—伦敦航空定期国际邮政运输的开通，之后各国陆续出现陆运口岸和航空口岸。2012年，世界上有港口水运口岸2000多个，空运和陆运口岸1500多个。这些口岸的建立，缩短了国际贸易的距离，让交易更加便捷和迅速，并且可以降低贸易成本，提高商品流通率，促进国民经济的发展，推进全球经济的发展。

2. 世界格局变化推动口岸建设与发展

"二战"结束世界格局巨变，国家与国家之间的冲突由政治及军事抗争转变为经济建设和对话交流，正是在这种国家背景下，世界口岸建设与发展产生了巨大变化。随着航运的不断推进，带来了口岸建设与发展的首次变革，直接的表现就是陆地口岸、航空口岸的产生，口岸的新业态新模式持续拓展。航空科技的进一步发展打破原有的单一的仅仅靠海运和陆运运输的局面，依赖边疆地区和水域口境设置的口岸发挥的作用逐渐削弱，转而转变为内陆型综合枢纽—航空港，这也表明内陆地区也具备了口岸成立的条件。第二次变革是"内陆直通式"口岸的产生，简单地说就是非边境地区的内陆地区也有成立口岸的条件，随着公路和铁路交通运输网络的不断构建，极大地缩短了货物运输的空间距离，降低了货物运输时间、扩大了货物运输商品服务范围，加之，内陆运输网络的不断成熟，逐渐形成了内陆海航一体化联运体系，于是形成了现代立体化口岸经济体系。

3. 三是经济全球化对各国的口岸建设提出了新的要求

工业革命后的较长一段时间内，欧美国家工业生产能力大幅度提升，口岸建设质量也不断提升，以美国为例，在20世纪60～70年代，为满足当时工业生产需求，搭建了集装高速运输网络和立体化沟通平台，以海运和空运为基础的口岸体系开始融合其他运输方式，形成了"内陆直通式"口岸，这种口岸最典型的特征是推动实现高速运输，简单理解就是运用集装箱运输货物，运输流程更为简单，一步到位，集装箱的运输简化了之前货物运输中间烦琐的流程和环节。这种"内陆直通式"口岸的出现打破了地域限制，进一步推进了陆路口岸的发展。现代口岸的内涵更为丰富和多元，更具特色区位属性的口岸分布，使得口岸所在城市（腹地）经济快速发展。

如今，口岸对各行各业的发展及国际商贸活动产生了深远影响，口岸开放可以缩短国际贸易的距离，让交易更加便捷和迅速，并且可以降低贸易成本，提高商品流通率，促进国民经济的发展。各国越来越重视口岸建设与口岸经济发展，这一次重要的变革给各国，尤其是发展中国家带来了较大的发展机会，很多发展中国家根据自身优势和国内具体国情发展了具有本国特色的口岸,拉动了国内生产总值。许多发达国家也通过发展口岸进一步增强了国家实力。可见,世界口岸体系的分布格局、功能发生了较大变化。随着人类科技在交通方面的飞速发展,口岸的形式不断丰富,包含但不限于国家陆地边界上的检查站、前哨站及关卡、哨所、驿站等,之后口岸逐步向口岸集散地、口岸城(市)镇、口岸腹地等形态发展,为现代口岸的发展奠定了基础。随着科技革命不断深化,人类技术在陆地、海洋和太空运输中的应用,口岸逐渐跨越国际和国家边界。

(二)口岸的概念

学术界对于口岸研究的成果颇丰,但关于口岸的起源、定义、分类和功能仍有不同的意见。如,口岸的定义最初只是水路交通重要地方的埠头,人员、物资进出往来的港口,后来随着国际事务增多,其渐渐演变成为由国家指定的对外通商港口的专称。以前的口岸和今天的口岸内涵有所不同,之前的口岸内涵更多局限于国内贸易,而在如今的语境之下,广义的口岸指边境地区拥有对外贸易通道的城镇。而狭义的口岸则是指国家批准设立,由国家法定机关实施监管的允许人员、运输工具、货物、物品直接进出境的港口、机场、车站和跨境公路、铁路、桥梁等区域;也可以将其理解为由统一程序审批专门设立的对外门户,是一个多功能的综合平台,具有监督检察机构以及由必要的基础设施设备组成,是为交通运输、货物进出口以及人员出入境提供相应服务的机构,一般位于机场、车站等地方。

随着时代的变迁,口岸的内涵和外延不断扩展,现在的口岸是国家指定的对外通商的沿海港口口岸,是指两个国家或地区之间的通道,也是国际贸易、旅游、文化交流等活动的重要节点,它是国家的门户和窗口,也是国际交流的重要场所等。许多大型企业充分利用口岸货物集散的优势,在口岸设有专有的口岸仓库或物流集散中心,节约物流货运成本的同时极大地提升了企业在货运物流环节的效率,推动完成整个供应链物流系统中基本的物流服务和衍生的增值服务,因而,现代口岸物流畅通是国内外贸易有序进行的有效支撑,也是优化国际国内物流资源整合的重要阀门。事实上,现代口岸发展形式逐步多元化,口岸并不都是沿海、沿边的,现在的口岸被赋予了多重价值。口岸从古至今都承载着经济贸易往来(即通商)的商埠功能,内涵不断外延,还有促进政治、外交、科技、文化融合等意义。例如,很多陆路口岸随着时代的发展逐渐成为了连接不同民族、不同族群的桥梁,逐步变成维护国家边疆稳定的重要场域，同时也逐渐成为强化民族文化认同的重要媒介，具有多元文化表述功能。随着现代综合交通运输体系不断完善，战略支撑能力不断增强，我国对外贸易的货物，进出境人员及其行李物品、邮件包裹等，均可以通过不同的交通运输方式直达他国腹地。因此，在开展国际联运、国际航空、国际邮包邮件交换服务以及其他开展国际贸易活动的场域均开设了口岸。口岸的综合发展，助推在国际范围内运用通道的经济要素组织和流转功效，充分发挥"枢纽+通道"的综合效应。

改革开放以来，我国外向型经济发展水平不断提升，发展势头强劲，外向型经济成为经济高质量发展的"新引擎"，辐射范围不断扩大，由沿海逐步向沿边、沿江和内地辐射，外向型经济的蓬勃发展推动口岸发展建设速度快速提升，由沿海逐渐向边境、内河和内地发展演变。现在，口岸包括国际航线上的机场、可通往外界的山区边界线上的山口、国际铁路和公路上的火车站和公共汽车站，以及可从内陆和国际河流进入的水上港口。

综上所述，口岸带来的意义不仅仅是对于地区的发展，更是城市打造内陆开放门户的一把钥匙，作为内外沟通的重要门户，口岸对地区繁荣和城市创建至关重要。口岸是推动经济发展的重要内容，是国家交流和对外开放中的重要平台、是推动人才和技术交流的重要通道、是促进旅游业发展的重要支撑，概括来说，口岸是国内外货物集散中心、海陆空枢纽、货物检验和清关节点、信息交流和协调平台等。

（三）口岸的分类

1. 按批准开放的权限划分

按批准开放的权限划分可将口岸分为一类口岸和二类口岸。

一类口岸是指国务院批准开放的口岸（包括中央管理的口岸和由省、自治区、直辖市管理的部分口岸）。一类口岸是指国家级口岸，是对外开放的重要媒介，是对外贸易和人员出入境相关的陆、海、空口岸。主要包括对外国籍船舶、飞机、车辆等交通工具开放的海、陆、空客货口岸；只允许我国籍船舶、飞机、车辆出入国境的海、陆、空客货口岸；允许外国籍船舶进出我国领海内的海面交货点。

二类口岸是指由省级人民政府批准开放并管理的口岸。原二类口岸由省级（地区）人民政府批准，仅允许中国籍人员、货物、物品和交通工具直接出入国（关、边）境的海（河）、空客货口岸，以及仅允许毗邻国家双边人员、货物、物品和交通工具直接出入国（关、边）境的铁路车站、界河港口和跨境公路通道；新二类口岸由国务院审批，允许中国籍人员、货物、物品和交通工具直接出入国（关、边）境的海（河）、陆、空客货口岸。

2. 按出入国境的交通运输方式划分

中国口岸协会中按出入国境的交通运输方式把口岸划分成了三类，分别是：水运口岸、陆路口岸和空运口岸。

水运口岸是国家在江河湖海沿岸开设的，供货物和人员进出国境及船舶往来挂靠的通道，其中水运口岸又分为河港口岸和海港口岸。水路口岸是指两个国家或地区之间通过海洋或内陆水路相连的通道，比如中国与韩国之间的丹东口岸。

陆路口岸是国家在陆地上开设的，供货物和人员进出国境及陆上交通工具停靠的通道，其中陆运口岸又分为公路口岸和铁路口岸。陆路口岸是指两个国家或地区之间通过公路或铁路相连的通道，比如中国与蒙古国和俄罗斯之间的满洲里口岸。

空运口岸是国家在开辟有国际航线的机场上开设的，供货物和人员进出国境及航空器起降的通道。空运口岸也可以称为航空口岸。空运（航空）口岸则是指两个国家或地区之间通过航运运输相连的通道，比如中国与美国之间的洛杉矶国际机场。

此外，在实际工作中，还经常使用边境口岸、沿海口岸、内陆口岸，特区口岸、重点口岸、新开口岸和老口岸等提法。除了以上口岸的种类，还有一些特殊的口岸，比如边境口岸、港口口岸、机场口岸等。这些分类虽然尚未完全规范，但是在涉及口岸发展规划和政策制定方面仍然能发挥作用。

（四）口岸管理

1. 口岸管理的内涵

口岸管理是涉及国家主权与国家职能的重要事项和重要因素。为了保证口岸的安全和畅通，国家需要对口岸实施专业性和综合性管理。口岸管理是指国家从整个口岸活动的角度出发，对口岸进行全面、综合的系统管理。其目的是通过协调口岸各环节、单位和部门之间的关系，来计划、组织、指挥、协调和监督口岸的客货流通和交通工具，以发挥口岸的整体功能，提高社会经济效益。口岸管理涵盖了口岸外贸管理、外贸运输、仓储管理、港务监督、边防检查、海关、商品检验、船舶检验、动植物检疫、卫生检疫、食品卫生检疫、铁路、港务、民航、外轮理货、外轮供应、燃料供应、外轮代理、国际海员俱乐部等与口岸发展相关的大小事项及中央和地方驻口岸办事机构等各个部门、单位以及口岸工作的各个环节所形成的一个统一的有机整体。

2. 口岸管理的基本原则

（1）整体原则。口岸管理是一个系统性工程，强调科学统筹与管理，其中整体原则强调从口岸整体和共同的目标出发；整体原则要求口岸管理必须适应不断变化的环境，坚持兼容并包，广泛吸纳好的建议，加强口岸管理系统内部和外部组成部分之间的沟通和协调，注意对外部环境的适应性。

（2）统一对外原则。这一原则表明口岸管理是建立在统一、明确的权力系统上的，权力系统是依靠上下级之间的联系所形成的指挥链而构成的。混乱的管理系统，不仅不利于提升口岸管理效率，甚至还会因多头管理产生更多的问题。

（3）权责对应原则。这一原则要求在口岸管理中，管理的职能机构、组织中有清晰的权责体系，明晰权责边界、明确划分职责权力范围。

二、口岸经济

（一）口岸经济的内涵

1. 口岸经济的概念

口岸经济是指以口岸为载体，以进出口贸易和加工贸易为基础，通过人力流、资金流、物质流、信息流等经济元素双向反馈而带动贸易、加工、仓储、经济技术合作、电子商务、旅游购物、商贸金融、交通及服务行业、基础设施建设等经济活动发展，从而显现整体功能的经济系统。口岸经济大多都存在于以口岸为依托的地区，口岸经济含义已经不仅仅是商品货物进出单一经济，而是将物质流、人力流、资金流、信息流、技术流等众多有形和无形要素等聚集在一起，能够进行货物往来、存储、商业金融、展示销售以及购物等第三产业迅速发展的区域，是一个多层次、多功能、多环节、多部门、多方面的综合型经济。

学术界从口岸在空间位置上的分布情况、口岸产业体系和口岸的功能等角度定义口岸经济，其以口岸为经济发展载体，是一种崇尚开发、追求效率的新经济生态，是通道经济更高一级的经济形态，是以节点城市为载体发展起来的经济形态。口岸经济也是一种流量经济，口岸经济强调区域资源要素的整合和利用，目的是促进区域内贸易、投资、人员流动等生产经营活动的发展，通过促进资金融通、物流畅通和信息流通实现不同地区跨时间、跨区域的联动口岸经济凸显了市场活力，理应成为社会经济的重要组成部分。其中，口岸管理与建设是发展口岸经济的重要环节，口岸经济发展的参与主体包括与口岸经济活动有关的政府、机构、各类企业、投资者以及贸易方等，要形成以政府为主导，社会力量共同参与的发展格局，同时发挥市场作用，充分给予口岸经济发展空间，才能开创口岸管理工作新局面。政府出台的相关政策为口岸经济的发展提供了良好的政策支持但更要注重发挥市场作用，避免口岸经济发展过程中产生路径依赖、区位依赖和对政策的依赖，要强调口岸的载体作用，注重经济发展方式的转变，以口岸为中心，转变传统的以增加口岸数量为主向持续推动口岸质量效益为目标的转变。

此外，我国现存的法规之中对口岸进行了定义，即经由政府获批，而设定的国家向外开放的门户，一定要满足基本的设施、查验、监督机构标准，使得人员、货物、交通手段能够合理地出入国境，并享受服务，一般会设置在码头、车站、公路等。[①]以下从微观、中观、宏观三个层次来阐述口岸经济活动的类型。

第一层为微观层面的口岸基础活动，是微观层面的口岸流量经济，包括口岸管理部门、口岸查验系统、口岸运输系统的经营和服务活动，主要通过口岸货物进出口、人员出入境、交通工具出入境流量来体现。第二层为中观层面的自由贸易区生产经营活动，是自由贸易区的生产经营活动、口岸旅游活动，是中观层面的口岸经济增长极，依托口岸及互市贸易区、加工基地、口岸工业园区、保税区、保税物流园区等各类开放平台形成进出口加工、仓储物流、跨境电商等产业链，从而扩大口岸经济发展规模。第三层为宏观层面的口岸经济区域内的协同发展活动，是区域内各省区口岸经济合作协同，是宏观层面的口岸经济区域协同发展。区域内的各个省区的口岸经济要素有序协同发展，合作机制不断完善，实现区域口岸经济的协同，从而促进区域口岸经济的发展，如图2.1所示。

---

① 宋石桥.口岸与通道建设同延边经济振兴的关系研究[D].延边大学硕士学位论文，2012.

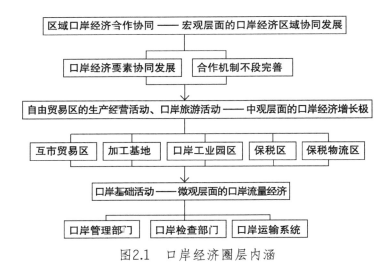

图2.1　口岸经济圈层内涵

2. 口岸经济的相关概念辨析

口岸经济是区域经济概念的进一步延伸和拓展。区域经济也叫地区经济，是指不同行政区域产生的国民经济，也可以理解为国民经济的缩影，其中区域是一个空间概念。区域经济是指区域范围内整体经济的发展规律，区域经济的发展是一个动态过程，强调通过实现区域内的协同发展和资源的优化配置来促进经济贸易发展，是经济活动的载体，具有独立利益，其内部和外部经济活动的关联度较高，具有完整的经济结构和明确的层次体系，它的运行、增长和发展是多要素综合作用表现的结果，具有整体性、地域性、独立性、完整性、层次性。而口岸经济是以口岸为中心，产业发展涵盖范围包括贸易、物流、金融等，强调海关、边检检验、跨境物流等涉及区域发展重要资源要素的整合与利用，发展口岸经济对于促进区域间贸易往来、人员流动和投资有重要意义，简单地说，口岸经济是区域经济的重要组成部分，两者之间具有双向互促共进作用。此外，国民经济的内容包含区域经济，口岸经济以口岸、口岸城市（镇）、腹地为载体发展经济活动，对于当前的经济发展具有重要的推动力，口岸经济也是国民经济发展的引擎，口岸产业是国民经济发展的产业基础，发展口岸产业是推动区域经济和国民经济发展的必要条件，口岸经济发展也是国际贸易顺利运行的保障要素，是一个国家和地区先进生产力要素的集中体现，在国民经济稳步增长和国际贸易需求增长的背景下，口岸经济的发展也会呈现繁荣，口岸经济与国民经济是相互依存、相互影响的。

民族经济是一个国家内部各民族经济活动和经济利益的总和，这种经济形态不仅涉及经济利益、经济活动、产业发展等多领域，从它的内涵来看，它还具有民族与经济两重因素，但是不能简单地把其理解成两个概念的叠加与拼合，而是一种普遍存在的经济规律，是在民族共同生活的基础上形成的概念，依托民族自身的经济联系与经济生活衍生出来的经济形态。随着"一带一路"建设的不断推进，我国对外开放的范围领域愈来愈大，民族地区逐渐变为对外开放的主要阵地。从地缘条件来看，很多口岸设置在民族地区，这种口岸分布给予了民族地区经济对外贸易发展的重要条件，有利于民族地区通过口岸与其他区域、国家建立紧密的经贸合作关系。另外，民族地区与周边地区通过口岸相连，使经济发展模式有一定的互补性，为区域的发展奠定了良好的市场基础，这种经济与发展的互补性构成了民族地区与周边地区开展经济交流和技术交流合作的基础。民族经济与口岸经济都是国民经济的重要组成，且两者之间在一定的范围内存在交叉，在一定程度上，口岸经济可以理解为民族经济，发展口岸经济是民族团结进步示范区的重要经济基础。

产业经济是一个广泛的概念，涵盖了多个方面，包括生产、分配、消费等，通常是指一个国家或地区的整体经济结构，涉及第一产业、第二产业、第三产业，这些产业间的经济活动相互影响，产业融合就是彼此间相互依存、相互促进的结果，产业经济包含一些关键要素：产业结构、生产方式、劳动力市场、政府政策等。口岸经济是以口岸为载体实现经济融合的经济形态，口岸产业多元化发展是口岸经济高质量发展的关键因素，加大口岸建设力度，扩大口岸开放，加快发展口岸经济有利于实现城市资源配置优化及升值。口岸经济产业是利用口岸的节点区域优势，以口岸为窗口，以口岸区域为中心，以一定的腹地为依托，与口岸密切相关的经济产业集群。随着口岸辐射范围的扩大，产业集群效应愈加明显，不仅有利于促进区域内产业结构升级，也能带来直接经济利益。产业方面，口岸经济发展是复合的、系统的，其涉及交通、物流、金融、文化、港口、新兴产业、旅游、新能源等多行业、多领域的资源要素快速聚集，从而带动地区经济产业发展。口岸发展离不开规模性产业支撑和政策支持，尤其是边境地区的产业发展，忽略口岸经济的带动作用，产业结构无法有效支持和促进边境口岸发展。

3.口岸经济概念的外延

（1）枢纽经济。相较于口岸经济枢纽经济更加注重运输、信息、金融等综合性服务业的集聚和发展，以及物流管理和供应链优化等环节的提升。它依赖于先进的交通设施和信息技术，以更加高效和可靠的方式连接各个地区的产业链条，实现多方面的资源配置和产业协同。

（2）口岸经济圈。以口岸为中心、口岸城市为载体、综合运输体系为动脉、口岸相关产业为支撑、海陆腹地为依托，并实现彼此间相关联系、密切协调、有机结合、共同发展　进而推动区域繁荣的开放型经济，或是在一定的区域范围内由物流、工业、商贸、旅游等相关产业有机结合而成的一种区域经济。[①]

（3）通道经济。边境口岸是通道经济的典范形式，通过边境口岸发展与邻国的贸易往来的有利因素是距离短，相互了解，各种沟通都比较方便。边境口岸具有显著的"通道"功能，作为连通毗邻两国地区的"通道"，发展以物流运输为主，使口岸实现双方地区之间的通道经济发展。[②]

（4）口岸核心经济。口岸是进出境的唯一通道，是开放的基础与硬性条件，因此围绕口岸发生的经济活动即为口岸核心经济。口岸核心经济最主要的功能是承载人员与货物的进出境，是流量集聚的区域，流量经济理论可以较好地应用于口岸核心经济区域。因此，此区域重点发展的是口岸物流产业，同时配套增值性的生产性服务业。而针对口岸物流产业，发展的关键思路就可以借鉴物流枢纽的发展路径，从强枢纽、拓功能、建通道、优环境等方面展开，打造口岸物流枢纽地位。如图2.2所示。

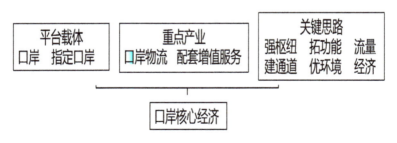

图2.2　口岸核心经济内涵图

（5）口岸紧致经济。与开放高度相关的，除口岸之外，还有如自由贸易试验区、海关特殊监管区域、跨境电商综试区、跨境合作区等开放平台，此

①　口岸观察/云南口岸经济如何突破瓶颈[EB/OL].（2023-03-31）（2024-02-04）https://www.rl.gov.cn/zsj/web/F005C0HSI0466FD7F46DEBA4CCB83.htm

②　口岸观察/云南口岸经济如何突破瓶颈[EB/OL].（2023-03-31）（2024-02-04）https://www.rl.gov.cn/zsj/web/F005C0HSI0466FD7F46DEBA4CCB83.htm

类开放平台具有特殊的开放政策与特有的开放功能,是吸引产业集聚发展的关键,发展口岸经济离不开此类开放平台。而从流程上看,此类开放平台与口岸呈现高度相关的流程紧致,而优化流程、叠加功能又能孕育出更多口岸经济发展的创新模式。因此,在由开放平台组成的口岸紧致经济区域,应当围绕国际贸易、保税产业、跨境电商等外向型产业,注重充分发挥政策红利优势,以业态创新、流程创新、业务联动等为手段,打造以平台经济为特色的紧致型经济。如图2.3所示。

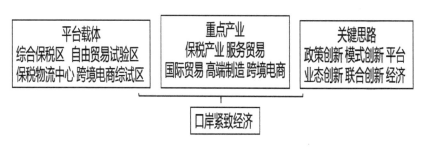

图2.3 口岸紧致经济内涵图

(6)口岸关联经济。从全产业链的角度看口岸经济,口岸经济的发展载体不应只局限于口岸及开放平台,本地的重点产业园区也是产业链中的重要环节,口岸、开放平台与本地产业园区的协同联动是区域全产业链强链延链的重点举措。因此,将本地产业园区作为口岸关联经济区域,构建园区与口岸、开放平台的互联互通体系,以"口岸+"的思路关联全域,结合本地特色发展"口岸+"产业,打造以产业链经济为特征的关联型经济。如图2.4所示。

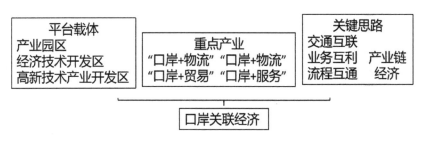

图2.4 口岸关联经济内涵图

(7)口岸延展经济。真正的对外开放离不开对外合作,产业分布特征、各地资源禀赋决定了一个地区要实现高质量发展需要通过联动合作以实现优势互补、降本增效,并寻求新的市场空间和机会,从而进一步激发口岸经济活力。因此，将对外合作的一系列经济活动划分为口岸延展经济，围绕设施共建、信息共享、资源共享等手段，打造以联动经济为特征的口岸延展经济。此类合作较多地体现在边境口岸与内陆口岸的合作、国内与国外的合作上，内陆地区与边境口岸的合作，可以通过"飞地口岸"的模式优化跨境物流、跨境贸易等产业；国内外的合作，可以通过境外投资重要交通设施、建设海外站点等方式，打通境外通道。如图2.5所示。

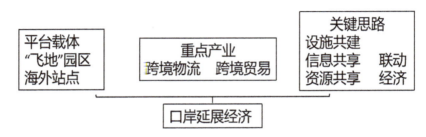

图2.5　口岸延展经济内涵图

（二）口岸经济的特征

口岸经济是一种综合性的经济体系，口岸经济是一种产业经济形态，具体来看有以下特征。

1. 交往主体的多样化

口岸能够将两个甚至多个国家的经济发展沟通共享进行联系，是对外贸易的交界，在经济的往来中，交往通常是存在多个主体的. 在口岸的经济提高时，各种类型的交往主体都存在，在不一样的领域、国家不一样、文化不相同的交往主体都能够在该区域展开经济交流。

2. 交往内涵的全面性

在经济往来时，口岸作为不同商品及信息的聚集地，交往的实质是非常多元的。原因是，口岸经济的主要交往内容就是各个民族和国家自己独有的特色文化和商品、依照详细内容还能分成对应的工业领域商品、特产商品以及独有文化商品，它们在商品的聚集地即口岸实现流动，形成经济交往的核心。

3. 交往方式的多元化

在经济往来时，因为牵涉很多民族和国家，在往来时应该用一个双方能够接受的参照物。经贸往来的交往内容和方式是和技术相关联的。贸易的完成依赖于详细的交易方式。假如依据贸易的联系来分类，能够分成合同贸易以及非合同贸易，依据媒介来区分能分成现金贸易以及非现金贸易。同时贸易的对象、空间等也能分成不同类型的方式。换言之，在口岸经济往来时，产品交易的类型十分丰富。

4. 交往成本的低廉性

一方面是时间成本的减少，解决"进来难""手续繁"的难点，截至2022年12月，全国出口、进口整体通关时间比2017年分别压缩了67%和92%。2022年为外贸企业减税、退税2850亿元，创新大宗商品"先放后检"、农食产品"绿色通道"等监管模式，将87种商品编码调出法检目录。另一方面是资金成本的减少，解决了"成本高""利润低"的难点。高效高质的通关政策，极大改善了通关监管环境，提高了商品出入境效率，大幅降低入境成本。

5. 交往活动的层次性

根据口岸与经济活动的亲密程度，口岸经济可以分为以下几个层次：口岸本身所涉及的经济活动是第一层；依靠口岸的发展从而建设起来的保税区、自由贸易区，以及加工业等活动为第二层；与口岸间接相关的活动，包括外向型农牧业经营、进出口企业经营等活动为第三层。[①]

6. 经济要素的快速流动性

口岸天然的地理位置和发展条件是物流、人流、信息流等经济要素快速流动的关键，作为跨境出入口，进出口商品在过境后快速离开，旅游实现在口岸快速周转、跨境商贸信息快速流动，国内外资本以口岸为依托实现资本流动、累积和转换，不断拓展逐利空间。新时代的口岸是要素跨境流动的前沿阵地，是经济开放效应的最直接体现。

（三）口岸经济的发展模式

1. 自由贸易港模式

（1）自由贸易港的概念。自由贸易港为何物？目前国际上对"自由贸易港（Free Trade Port，简称FTP）"并没有统一的定义和标准，国际上不同的机构和组织如：投资环境咨询服务机构（FIAS）、反洗钱金融行动特别工作组（FATF）、经济合作与发展组织（OECD）、国际劳工组织（ILO）、世界海关组织（WCO）使用不同术语表述，比如"自由区""自由贸易区经济特

---

① 刘建利.我国沿边口岸经济研究述评[J].内蒙古财经学院学报，2011，（01）：5-8.

区""出口加工区""自由港""海关特别监管区""海关特殊区域""对外贸易区"等。其中，世界海关组织《经修订的京都公约》中使用的"自由区"表述及定义在国际上更为广泛。自由贸易港的"自由"一方面体现在免除资金、货物进出港口的配额；另一方面体现在只有货物从港区进入本国关境时，才需缴纳关税。

陈永山等（1987）认为自由贸易港与其他类型的自由区相比有两个特点："其一，自由贸易港和所有其他的自由区有所不同，区别在于是否免除关税；其二，免除关税进口的外国商品是否允许在当地消费和形形色色的其他自由区相区别。区位良好、设施先进、政策优惠、通关快捷、贸易自由等"[1]。许多人分不清自贸区和自由贸易港。最本质的区别是，自贸区是工作区，自由贸易港是生活区。自贸区内无人居住，只有企业和企业的工作人员，下班要出区，要过安检，不得携带免税商品离开；自由贸易港到处是居民，免税商品在自由贸易港内自由流通，自由消费。例如，海南目前仍然是自贸区阶段，封关后才变成全岛自由贸易港。目前全世界有130多个自由贸易港和2000多个与自由贸易港的内涵和功能相似的自由经济区域。中国香港、新加坡、鹿特丹、迪拜等都是比较典型的自由贸易港。

（2）自由港贸易分类。自由贸易港的类型及其特征（如表2-1所示）。基于不同的视角，自由贸易港可以划分为不同类型。具体分类如下：

第一，根据贸易管制状况区分，把自由贸易港划为两类：完全自由港和有限自由港。完全自由港对外国商品一律实行免征关税，然而，现在几乎没有真正意义上完全不受任何控制的完全自由港；有限自由港需要缴纳关税或受到一定程度的贸易管控，而其他绝大多数的产品依然享有零关税优惠并能免于贸易限制，比如中国的香港地区、新加坡、德国汉堡市及阿拉伯联合酋长国的迪拜等地。

第二，根据范围的大小区分，我们可以把自贸港划归成两类：第一类是自由港市（如中国香港和新加坡），地域涵盖了整个城市及其周边地区；第二类是自由港区（比如德国的汉堡、荷兰的鹿特丹或瑞典的哥本哈根等）仅包括港口及港口所在城市的少部分地区，其特点是只允许外国人有限度居住。

第三，根据主导功能差异区分，可被划归为五个类别：第一类是保税

① 陈永山.关于厦门经济特区逐步实行自由港某些政策的构想（上）[J].中国经济问题，1987，（05）：8-16.

仓库型自由贸易港，也被称为物流型自由贸易港，其所涉及的行业种类较为有限，主要是对商品进行再包装、分级、挑选、抽样、混合处理，港内给予贸易商经营上的便利。第二大类是转口贸易型自由贸易港，一般都是基于当地的地理条件建立，核心任务就是负责进出产品的装卸、存储、货物商业性加工和货物转运，具备仓储、物流及金融服务等配套辅助功能。第三大类是出口加工型自由贸易港，以加工制造为主导产业，兼具仓储、进出口、转口贸易及运输服务等功能。第四大类是工贸结合型自由贸易港，融合了制造加工业及转运业的功能，专注处理货物进出口及其相关加工贸易业务。第五大类是综合多功能型自由贸易港，具备全方位开放特性，集转口贸易、出口加工、金融、商业、旅游等多种功能于一体，经济活动和经济发展目标均具有鲜明的国际性。

第四，按主导功能差异划分，可分为保税仓库型、转口贸易型、出口加工型、工贸结合型和综合多功能型五种。这是目前对自由贸易港最为常用的分类方法，也最能揭示不同自由贸易港之间的差异。保税仓库型自由贸易港通常也被称为物流型自由贸易港，区内的业务类型比较单一，主要是对商品进行再包装、分级、挑选、抽样、混合处理，港内给予贸易商经营上的便利；转口贸易型自由贸易港大多依托该地区优越的地理条件设立，在港区内主要开展进出货物装卸、存储、货物商业性加工和货物转运，具备仓储、物流及金融服务等配套辅助功能；出口加工型自由贸易港以加工制造为主导产业，兼具仓储、进出口、转口贸易及运输服务等功能；工贸结合型自由贸易港集加工贸易与转口贸易于一体，主要开展货物的进出口与加工贸易，发展中国家的自由贸易港大多为该类型；综合多功能型自由贸易港具有全方位开放的特征，集转口贸易、出口加工、金融、商业、旅游等多种功能于一体，经济活动和经济发展目标均具有鲜明的国际性。

表2-1　基于不同划分原则的自由贸易港（区）分类

划分原则	类型	特征
性质	商业自由区	不允许货物的拆包零售和加工制造
	工业自由区	允许免税进口原料、元件和辅料，并指定加工作业区加工制造

续表

划分原则	类型	特征
贸易管制	完全自由港	对外国商品一律实行免征关税
	有限自由港	施加不同程度的贸易限制
范围大小	自由港市	括港口及所在城市全部地区，允许外商自由居住
	自由港区	仅包括港口或其所在城市的一部分，不允许外商自由居留
主导功能	保税仓库型	给予贸易商经营上的便利
	转口贸易型	配套辅助功能
	出口加工型	加工制造为主导产业
	工贸结合型	开展货物的进出口与加工贸易
	综合多功能型	全方位开放

资料来源：作者整理。

（3）自由港贸易的作用

第一，实施自由贸易港模式有利于参与国际竞争。一是实施自由贸易港模式可以吸引更多的外资；自由贸易港建设在全球贸易中的作用体现在贸易投资自由化和便利化；二是实施自由贸易港模式外贸发展，拓宽出口渠道，提高出口产品的竞争力，为国际经济合作提供新的契机；三是实施自由贸易港模式可以促进当地的社会发展，可以吸引更多的人才，为当地社会发展提供更多的人力资源；四是实施自由贸易港模式，还可以促进当地的科技发展，推动社会进步。

第二，实施自由贸易港模式有利于提高吞吐量。自由贸易港是吸引中转货源与提高港口吞吐量的重要引擎。经济全球化背景下，对国际货物周转提出了新要求，自由贸易港的出现有效缓解了国家吞吐量的不足，极大地提升了效率。在当前的国际航运市场上，港口中转箱的比例成为衡量港口国际化程度的重要指标，西方发达国家港口相对发达，自由贸易港发展质量相对较高，在这方面，我国大陆港口在吸引中转货源方面还有很大差距。

第三，实施自由贸易港模式有利于管理港口多头问题。自由港模式是解决中国港口多头管理问题的重要途径。推动自由港高质量发展，必须更新陈旧的自由贸易港系统，引进尖端的国际管理技术，彻底解决目前仍在沿用的中转货物先办进口再办出口的模式，以及重复报关和多头管理等问题，从而提升自由港容纳国际中转集装箱的能力。[①]

第四，实施自由贸易港模式有利于我国经济贸易可持续发展。自由贸易港为全球经济体提供一个新的合作平台，促进更加紧密的国际经济合作。自由贸易港模式是我国经济贸易可持续发展的动力，有助于吸引大量外资、技术、人才、管理，促进产业升级，形成直接面向国际市场的产业结构，增强我国的经济实力和辐射力。

2. 试验区模式

（1）自贸试验区模式的概念。自由贸易试验区（Free Trade Zone，简称FTZ）是指在贸易和投资等方面比世贸组织有关规定更加优惠的贸易安排，在主权国家或地区的关境以外，划出特定的区域，准许外国商品豁免关税自由进出。实质上是采取自由贸易港政策的关税隔离区。狭义仅指提供区内加工出口所需原料等货物的进口豁免关税的地区，类似出口加工区。广义还包括自由贸易港和转口贸易区。中国的自由贸易试验区发展迅速，自中国（上海）自由贸易试验区2013年9月份正式挂牌以来，我国自贸试验区建设不断发展。截至2023年，全国范围内已累计设立21个自贸试验区及海南自由贸易港，涉及51个城市和海南岛全岛，形成了覆盖东西南北中，统筹沿海、内陆、沿边的高水平改革开放创新格局。

（2）自贸试验区发展概况。美国对外贸易区发展状况大致可概括成两个类别：一种是综合性自由贸易区，又称为对外贸易区，其主要功能在于促进货物进出的便利性和加速产品的流通速度，同时创造更多的就业机会；另一种是单一性的自由贸易区，又称为贸易分区，其更注重制造业的发展，旨在提升产品的价值和扩展出口市场。

拉美自由贸易区主要包含以下三个区域：一是马瑙斯自由贸易区，该地区内的制造品在当地市场出售时无需支付工业产品的税收。二是巴拿马科隆自由贸易区，其对进出口货物的政策为零关税和没有数量限定或进口税征收，同时允许转运货物并且享受同样的待遇不需缴税。三是智利伊基克自由贸易区，区内企业享有免缴一级所得税权利，而智利国内生产的商品则可以

---

① 李建丽，真虹，徐凯.自由港模式在我国的适用性分析[J].港口经济，2010（07）：10-13.

避免增值税的征收。

欧洲自由贸易区主要包含以下三个区域：一是德国的汉堡自由港。在此自由港里，外国货物可以自由地通过水运进出，有些货物需要申报，有些则不需要，而且不征关税。此外，外汇交易也没有限制，方便了企业之间的贸易活动。二是比利时安特卫普港。在安特卫普港，港口管理制度更加灵活，注重的是单证管理，而非实物管理。三是爱尔兰香农自由贸易区。香农开发公司围绕香农机场进行深层开发，建立了世界上最早从事出口加工为主的自由贸易区，凭借免税政策和低成本优势吸引了外国特别是美国企业的投资。

东南亚自由贸易区主要包含以下几个区域：新加坡自由港、印尼巴淡自由贸易区、马来西亚柔南经济特区、菲律宾苏比克湾自由港等这几个主要自由贸易区。其中新加坡是仅次于香港的自由港。

香港自由贸易区：一方面，它实行了完全的商业自由。在这里，进出口交易基本上不受任何限制，没有关税和非关税的障碍，所有符合常规的商业活动都能顺利进行。另一方面，金融货币市场也是香港最开放的部分，允许资金自由流通与调度。

（3）自贸试验区模式的作用。从我国发展自贸试验区的实践来看，自贸试验区发挥了改革开放高水平平台的作用。整体看，截至2023年8月，自贸试验区以不到4‰的国土面积，实现了占全国18.4%的外商投资和18.6%的进出口总额。自由贸易试验区最为核心的能力是利用区域的劳动力、能源、原材料等的价格优势，建设自由贸易试验区的产业园区，由于园区无关税和快捷通关，其加工生产制造的成本在价格优势基础上还拥有关税优势，极大地吸引外资前来投资建设，加工制造产业的云集，为自由贸易试验区建设缓解在投资资金上的压力更无疑缓解了就业和扶贫，提高地区经济和市场发展，由于有接轨国际市场的产业园区，立足于国际贸易市场的第二产业必然会不断前进，服务贸易也会随之兴起，无形之中放大了自贸区产业园的服务对象，自由贸易试验区产业的辐射范围也由地方扩大到整个区域。

关于口岸经济的发展模式。学者们从不同视角切入，针对不同地区口岸的区位条件、发展条件、比较优势、政治关系影响、对城市（镇）的发展影响等划分了不同的口岸经济发展模式。例如冯瑜满按口岸发展与城市建设之间的关系划分了口岸经济的发展模式为：边缘节点模式，这种模式强调口岸经济的辐射作用，口岸的整体建设水平和口岸发展的路径的选择是至关重要的；区域联通模式，这种模式是以口岸功能提升促进"口岸+通道+产业+

物流"联动发展的思路，强调口岸经济发展是有效促进区域间互联互通的重要推动力；国际节点模式，这种模式强调发展口岸经济有利于促进国际供应链、产业链、物流链、价值链的有机结合、连接融合，对于形成内外联通的发展格局具有重要作用。再比如，有些学者将口岸经济的发展模式归纳为，港航物流模式、加工贸易模式、金融投资模式、旅游休闲模式等，不同模式的划分是学者基于国内外经济形势和政策环境和其他因素确定的。

（四）口岸经济的作用

1. 从国家发展视角看

（1）是适应全球经济一体化的必然要求。口岸是基础性、枢纽性设施，是推动全球资源交换的重要载体，口岸经济的发展水平直接彰显了一个国家在国际贸易中的强劲实力。今天的世界格局正在发生前所未有的变化，国际格局持续演变、全球治理体系深刻重塑，中国的改革开放进入新阶段，我国口岸经济发展取得了历史性突破，口岸作为重要的对外开放窗口和我国开放型经济发展的重要支撑，必须进一步增强口岸的国际竞争力和吸引力，将口岸经济发展成为深度服务和融入国家发展战略的重要支点，努力打造更多的世界级现代化口岸，才能更好地融入全球经济体系，塑造我国国际经济合作和竞争优势，同时吸引更多优质投资者和资源进入中国市场，提升我国在全球价值链中的地位。

（2）是我国经济转型的有力抓手。调整我国经济结构，促进我国经济持续转型。中国经济转型不仅为国内发展奠定基础，同样对于推动全球经济健康发展具有深远意义，能为世界经济带来动力，是世界经济的"稳定器"。伴随着经济的快速发展，我国的经济增长方式不断转变，高质量发展是提升国家竞争力的关键，推进"口岸+"建设，探索现代口岸经济发展模式，是推进高质量发展的重要路径。此外，口岸贸易作为国际贸易的重要环节对于国家和地区的经济增长有重要的拉动作用，对于区域一体化的国际合作有重要促进作用，是增加国际竞争力的关键内容，口岸特有的功能将会为区域内辐射产业转型发展带来新机遇，成为经济发展的重要引擎。同时，口岸作为一个庞大的经济实体，就像磁铁一样能对各类生产要素产生较大的吸引力，对城市的崛起和发展产生较强的引擎功能，以创新驱动为引领，推动口岸建设与产业发展互动交融，有利于加快产业升级和结构优化，为高质量发展筑牢发展基础。

（3）助力提升我国在国际上的地位。一方面，口岸的建设好坏对于提升国家形象意义重大，而口岸经济发展水平就是口岸建设的关键环节，一个现代化的口岸不仅代表了国家口岸运行效率，更代表了地区发展的整体实力。另一方面，在"一带一路"建设背景下，作为我国对外开放的"前沿阵地"，口岸承载了更多的历史使命，以口岸为依托，积极主动地参与国际贸易，不断提升竞争力和创新能力，不仅可以进一步扩大对外开放，增加国际交流互动，提升我国在全球治理体系中的话语权。

2. 从城市发展视角看

（1）有利于带动港口城市的发展。我国加入世界贸易组织（WTO）后，进一步形成了与国际经济紧密融合的对外开放格局，许多港口城市在其城市发展战略和发展目标中提出要建设与国际经济接轨的现代化经济强市。我国的广东省就拥有众多口岸，其外向型经济发展迅速一度成为广东省的重点支柱产业。作为中国外贸第一大省，广东省的外贸趋势历来是全国的风向标。例如，据《广东年鉴2021》记载：至2020年底，广东省经国家批准对外开放运作的海、陆、空一类口岸58个。其中，航空口岸5个，铁路口岸6个，公路口岸12个（其中珠海青茂口岸在建未启用）；港口口岸35个，包括23个海港口岸和12个河港口岸。广东的进出口贸易额从2012年的6.21万亿元增长至2021年的8.27万亿元，对我国外贸增长贡献达14%，且广东货物贸易占全球份额不断增长。总体来说，广东省这个典型的外贸大省，较好地发挥了港口城市大省地缘优势，以高水平开放推动高质量发展，外贸主体活力强劲。

（2）有利于带动口岸城市的发展。口岸经济带动口岸城市发展作用明显，具体而言，体现在以下两方面：一是实现产业聚集。港口作为全球物流体系的重要节点，实现了物流业、服务业以及制造业三大产业的聚集，实现货物的汇聚、装卸、运输。港口经济产生的聚集效益带动了经济的扩散效应。例如：上海打造"全球动力之城"的实施方案下发。将以临港为核心区，聚焦海洋等五大动力产业体系，到2025年，初步构建起体现"全球动力之城"品牌影响力的产业规模和产业体系。要累计实现动力产业重大项目投资1000亿元以上；引育5家以上百亿级龙头企业、50家以上"专精特新"产业链配套企业，建设安全韧性的产业链，力争动力产业总体规模达到2000亿元以上；同时推动动力创新链自主性不断提升，累计实现研发经费投入超过1000亿元等。二是带动口岸招商引资。我国港口口岸建设投资与招商引资金额的比例高达1:6.5，对于投资较少的内陆口岸而言，这一比例还会更高。

团队分析全国部分口岸城市问卷调查资料后，发现设有口岸的城市生产总值、进出口额、利用外资额增长速度均超过同期全国平均增长速度。此外，这些城市在设口岸之后的经济发展增速均高于设口岸之前经济发展增速。这些事实无不表明口岸对经济增长的重要作用，口岸的发展能有效地增强城市功能，促进外贸进出口。

（3）有利于促进金融服务业发展。口岸经济的发展不仅对口岸城市产生着积极影响，更对国家金融服务业产生了重要作用。口岸经济快速增长，使得口岸经济融入较多的金融资源和服务，给信贷双方带来了极大的便利。现代金融服务结算方式不同于传统的结算方式，更智能、更便利、更省时、更省力，这种由于口岸贸易大幅度提升引发的金融服务业技术革新有效地推动国家金融业务的发展，也为今后开展更多国际业务奠定了良好的基础。

（4）保障外向型经济发展。口岸是一个国家发展国际贸易的重要渠道，发展口岸经济是促进对外贸易走实走深的阀门，也是外向型经济发展的重要保证。从我国口岸的布局来看，一方面，沿边、沿海口岸居于对外开放的最前沿，对于加强国际经济交往，发展外向型经济有着极为重要的作用。目前，已形成了沿海、沿边与内地并举，水陆空立体交叉，多层次、全方位的口岸开放新格局。这种口岸分布格局，为发展外向型经济提供了重要支撑。另一方面，沿边、沿海口岸经济管理有效促进了国际物流的发展。从口岸经济的发展定位来看，随着生产要素流动和产业转移加快，口岸成为纵观国际物流发展态势的制高点。站在这个制高点，能够全面掌握国际、国内市场相关的国际物流态势、信息流、资金流和统计数据，为国家宏观经济调控提供重要的参考依据。

第二节　理论基础

一、民族经济理论

民族经济学研究的主体是各民族有意识的劳动者，对象是民族的经济发展与经济关系的矛盾，它兼具民族学与经济学的双重属性。作为经济学重要组成部分的民族经济学，大体可分为四个层次，分别是民族经济学、国民性民族经济学、中国少数民族经济史和对少数民族经济的具体专题研究。从地域上讲，云南口岸经济属于民族经济理论的研究范畴，从其经济的产生基础与发展情况来看，也符合民族经济理论的特征。可以说，云南口岸经济是民族经济理论的具体实践，对于滇西乃至西部地区少数民族经济的发展有着重要的意义。

1. 民族经济学

民族经济学研究的对象及主体范围是："世界上存在的各个民族的人。"这里讨论的具体群体是指那些拥有独立思考能力的劳动人民。其中自主意识包含阶级意识、民族意识和发展意识三个层面。首先，阶级意识是对阶级自我存在和阶级利益的领悟及其认识，是理解并认知自己的阶级身份及权益的一种意识形态；第二，民族意识是指一个民族的成员觉知其自身为该民族的一分子，并且乐于与其他民族的人团结一致。一个民族多由血缘、形态相近的人口组成，有共同的生活方式、语言、宗教信仰与风俗习惯；第三，发展意识是人们在发展实践基础上对社会发展系统化、理论化的认识，通过经验积累和社会观察形成的发展观念，即对社会进步过程的全面且理性的理解。它是社会发展的客观进程在人的意识中的反映。如今，这种发展意识已经扩展到如全球意识、资源意识、代价意识、时空意识和人本意识等内容。①

2. 国民经济学

"国民经济学"思想源于亚当·斯密《国富论》中关于国民财富的生产、分配以及增长发展的论述，这一专有词汇起初出现在十八世纪的欧洲，是由意大利学者奥特斯首次提出的。随后，德国弗赖堡大学的教授瓦尔德·欧肯在他的作品1940年出版的《国民经济学基础》中又重新引入了该术语。在中国，"国民经济学"是作为应用经济学进行学科设置的，关于其的研究大多数集中于应用经济学领域，概念表达上与"国民经济管理学"相近。较为出名的著作包括厦门大学的钱伯海教授1986年出版的《国民经济学》、人民大学的刘瑞教授2009年出版的《国民经济学》。根据钱伯海教授的看法，国民经济学的研究主题涵盖了一个国家的整体经济状况，它的研究重点在于揭示国民经济活动的运作规律，这门学科不仅探讨了生产力和生产关系的对应关系，同时也涉及国家和政府的管理层面。他还强调在研究过程中需要具备系统的思考方式，将涉及整个国民经济学的内容有机结合起来，

---

① 杨亮才.论发展意识[J].延安大学学报：社会科学版，2001，23（3）：5.

弄清楚、搞明白国民经济在社会生产、分配、流通和使用领域的应用，理解国民经济如何影响社会生产的各环节及其间的联系。由此可见，所谓的国民经济学既是一门探究国民经济活动原理的理论经济学，同时也是一门致力于制定国民经济发展策略的实用经济学。它包含丰富的知识体系，涵盖了经济发展的方方面面，囊括了一国经济的运行和管理。综上所述，国民经济的特征主要包括两个方面：一方面，国民经济指的是一个国家的社会经济活动的总称。另一方面，国民经济强调了经济的整体性和经济发展间的相互关系。

3. 中国少数民族经济史

对于中国少数民族经济史的研究，杨思远给出了他的理解：这是中国经济史中不可或缺的一部分，它致力于探索少数民族的发展模式并积累他们的发展经验，同时也是民族经济学领域的关键主题之一。[①]该领域的重点在于分析少数民族的生产方式如何推动了经济关系的转变，同时也利用民族学和经济学的核心原理及技巧来深入探讨少数民族和他们所在地区的经济发展之间的联系以及这种关联的变化过程。从微观角度来看，这涉及各种经济实体的行为特征，如文化的深厚基础、独特的经济倾向、生产结构和产业组织的特性等等，旨在提升微观活动的活跃度。而从宏观视角出发，则关注于经济运作的法则、特殊的经济发展特点、促进经济高速且持续增长的路径抉择以及相应的政策措施，目的是确保整个国家的经济活动能够维持和谐稳定。

4. 少数民族经济研究

一个民族的形成，经济、政治、文化、地域、语言五个要素是统一的。其中经济是基础，政治是外部限定和内在机制，起组织和保证作用，文化是引导和凝聚，地域是条件，语言则是民族形成的结果，同时也是民族延续和发展的必要条件。作为民族形成和发展的基础，经济聚合是凝聚发展合力的重要途径，以发展激发成员的内生动力，发展聚合成为吸纳新成员的必要条件。

二、国际贸易理论

口岸经济产生与发展的基础是国际贸易。国际贸易理论从18世纪到21世纪不断发展完善，主要有古典国际贸易理论和新古典国际贸易理论。

---

① 杨思远.中国少数民族经济史研究的几个理论问题[J].学习论坛，2013，29（08）：33-38.

（一）古典国际贸易理论

古典国际贸易理论研究始于亚当•斯密提出的绝对优势理论，核心是大卫•李嘉图的比较成本理论，是约翰•穆勒的相互需求理论使其发展完善。

1. 绝对优势论

亚当•斯密1776年出版了《国民财富的性质和原因研究》，简称《国富论》，该书批判了重商主义，提出了绝对利益为核心的国际贸易理论。绝对优势理论的主要观点：如果一国某种商品的生产成本绝对地低于他国，那么该国生产这种商品的产业就是具有绝对优势的产业；与之相反，则是绝对优势不明显或处于绝对劣势的产业。那些专门生产具有绝对优势产品的国家，将大幅提升生产率、增加物质福利及优化生产要素的利用。亚当•斯密认为，国际分工是国际贸易产生的基础，国际贸易也推动了国际分工的发展，国际贸易具有互利性，各国相互间进行贸易都会得到不同的好处。亚当•斯密主张自由贸易，反对政府对经济活动做不必要的干预。

2. 比较优势论

大卫•李嘉图1817年出版的《政治经济学及赋税原理》提出了比较优势理论，该理论是在亚当•斯密的绝对优势理论的基础上发展而成，他认为每个国家都应按照"两利相权取其重、两弊相衡取其轻"的原则进行国际分工。只要各国间产品的生产成本存在相对差异便可参与国际贸易，并从中牟利。比较优势理论反对贸易保护主义，提倡自由贸易；反对进口关税与出口补贴。该理论的应用促进了技术进步，提高了机器使用率。

3.相互需求论

大卫•李嘉图的比较优势理论并未解决两种商品的实际交换比率和贸易利益的分配问题。经济学家约翰•穆勒在1848年出版的《政治经济学原理》从相互需求的角度对大卫•李嘉图的理论进行了补充和完善，他认为相互需求论实际上阐述的是商品价值由供求关系决定的理论，简单来说，供求就是相互需求，国际交换比率取决于相互需求对方产品的相对强度。

（二）新古典国际贸易理论

经济学家赫克歇尔和俄林批判继承了李嘉图的比较优势理论，分别在1919年和1933年出版的《对外贸易对国民收入的影响》《地区间贸易与国际贸易》中提出了要素禀赋理论，也被称为赫克歇尔－俄林理论（H-0理论），该理论认为，各国生产要素禀赋的相对差异决定了不同生产要素的使用方式和价格，因而决定了各国不同产品生产的成本差异，各国的生产要素自然禀赋的相对差异是国际贸易产生的原因。其要点包括以下三点：第一，国家之间商品价格的绝对差异是国际贸易产生的直接原因；第二，商品价格差异是由生产要素价格比率的不同决定的；第三，生产要素价格比率的不同是由生产要素禀赋决定的。

此外，该理论还包含相互需求理论，这一理论是由约翰·斯图尔特·穆勒提出，其主要内容包括：第一，国际贸易商品交换比率的范围国际商品交换比率的决定可以参照国内市场的交换比率及国内商品交换比率，构成国际商品交换比率的上下限。第二，相互需求强度决定国际商品交换的具体比率国际交易比率接近于需求强度大的国家的国内交换比率。一国的需求强度越大，国际交换比率越接近于该的国内交换比率，则增加的利益分配给该国的越少，反之亦然。后续经济学专家学者在此基础上提出了斯托尔帕—萨缪尔森定理、要素价格均等化定理和雷布津斯基定理等学说，形成了新古典国际贸易理论。

三、区域经济一体化理论

张丽君在《边境地区对外贸易与区域经济一体化》中指出，区域是指与人类生存与生活息息相关的地域空间，任何国家的经济活动都必须在一定的地域空间内完成。一般来讲，区域经济一体化包含了三个基本条件，分别是基础条件、物质载体条件，以及动力源泉条件。具体而言，基础条件指有关国家（地区）之间在经济发展水平与要素禀赋方面差异显著；物质载体条件指区域经济合作应有共同的发展空间，即地理上是彼此相邻的整体；动力源泉条件指各国（地区）间有着共同的利益取向。区域经济一体化是一个动态的、综合的过程，由低到高有六种形式：第一，优惠贸易安排，主要对相关的贸易成员提供优惠条件，对全部或部分商品采用特惠关税。中国与邻国的经济一体化合作大多仍处于该阶段，如中国—东盟优惠贸易安排、中国—巴基斯坦优惠贸易安排以及《亚太贸易协定》等。第二，自由贸易区，消除贸易壁垒，相互减免关税，如北美自由贸易区、中国—东盟自由贸易区。第三，关税同盟，是西方经济一体化理论的核心，成员间不仅减免关税，还统一对外关税政策，如欧洲共同体。第四，共同市场，指在关税同盟基础上形成的成员之间生产要素自由流动的市场。第五，经济与货币联盟，成员实施统一的经济政策，统一的货币。如欧盟。第六，完全经济一体化，这也是区域经济一体化的最高形式，要求成员间经济政策统一和某些政治政策统一。在当今世界，该形式尚未产生。

四、地缘经济学理论

地缘经济学起源于冷战结束后，最初的研究目的是研究冷战结束后不同国家间的经济竞争行为，后来逐步用于研究国际经济关系。地缘经济学是地缘政治学的一种外延，地缘政治学以全球化背景，分析地区地理现实有关的条件与人类社会活动之间关系和联系的一种交叉学科，理解地缘经济学要建立在对地缘政治学的理解上。[1]拉采尔是地缘政治学的奠基者，他的《人类地理学》《政治地理学》和《人类史》是地缘政治学发展史中重要的著作，奠定了地缘政治学发展的基础。"地缘政治"这一专业名词最早出现在《科学的政治学》这本著作中，主要是在探究自然界中的某些地理规律和推进国家战略制定的。[2]1990年，美国著名学者爱德华·路特瓦克在海湾战争前的一次会议上第一次提出了地缘经济学理论，他在会议上表示，冷战结束后，世界格局将会变化，世界将进入地缘经济时代，即国家之间竞争矛盾发生了转移，由过去的政治和军事对抗转移到经济竞争。同年出版了《从地缘政治到地缘经济：冲突的逻辑、贸易法则》一书，在书中最早出现"地缘经济"这一专业术语。此后，地缘经济在美国不断发展，并向世界扩散。欧洲地缘经济起源于19世纪末，欧洲地缘经济的研究主要的奠基人是意大利的卡尔罗·让将军开创的。1991年发表的《地缘经济：工具、战略和策略》一书中有很多地缘经济的思想，具有浓烈的地缘政治经济和军事战略思维，是欧洲发展地缘经济的奠基作品。1992～1993年，俄罗斯对外经济关系部开始研究地缘经济问题，地缘经济方法被用于俄罗斯对外经济活动战略分析。迄今为止，世界上最主要的两个地缘经济学研究中心是以美国和以俄罗斯、意大利为主要的欧洲。之后不断发展，在乌克兰、土耳其等国家广泛运用。地缘经济学理论具有浓郁的地域特色，由于每个国家的历史文化、人文特色均有不同，逐渐形成了不同特征、不同流派的地缘经济理论，最具代表性的是意大利学派、

---

① 周平.我国的边疆与边疆治理[J].政治学研究，2008（02）：67-72.

② 张丽君，马博.边境地区对外贸易与区域经济一体化[M].中国经济出版社：北京，2016：12

俄罗斯流派和美国流派。我国学者则普遍认为，地缘经济学理论研究的重点内容是以经济利益和经济关系代替传统的军事对抗和改变国家与国家不稳定政治关系，是研究国家关系主轴的理论，包括地缘关系、经济手段以及国家利益三个要素。

在经济全球化和新一轮科技革命的双重背景下，世界各国间相互依存、相互联系的趋势越加明显，然而，全球经济一体化也带来了一系列问题，国家与国家之间冲突增多也是不能忽视的事实，不能单靠军事政治手段解决国际问题，而是要以经济实力和经济影响为基础、以科学技术为导向提升综合国力。地缘经济可以理解为"区域经济"或"地区经济"，地缘经济理论也被称为"区域经济理论"。目前，学界关于地缘经济的研究较多，且成果颇丰，从概念内涵来看，学界尚未达成共识，对于其的定义主要集中在以下几种：（1）以实现经济利益和通过建立经济关系来取代军事对抗和政治立场对立的理论；（2）在地缘要素的作用下，国家与国家以经济手段或者其他经济形式达成合作或竞争，促使大家从经济关系方面考虑国家利益，重新认识、处理国际问题，定位国际关系的新理论；（3）将国家利益关系、经济关系与地缘要素结合研究的综合理论；（4）研究地缘关系与经济发展规律及其在国际关系中的竞争与合作的相互作用，主要是服务于国家战略制定。综合以上学者的观点，可以把地缘经济定义为：主要根据地理位置的不同区分不同的贸易活动，即在一定的区域范围内由经济发展的内部因素和外部条件相互作用产生的综合体，它反映了不同地区经济发展的客观规律、内涵和外延的相互关系，以及地缘关系对国际社会经济文化的相互作用和影响。

随着全球化的推进，世界格局不断发生变化，地缘经济学的应用领域不断扩展，指导国家政策的制定。地缘经济学的主要特征有：（1）地理因素是基本要素；（2）把经济活动作为研究国际贸易关系的重要指标，国家间关系可以用经济关系来表示；（3）强调区域经济一体化，鼓励进行跨国交易；（4）国家可以利用其经济影响力来贯彻地缘战略，也就是说经济活动既是目的也是手段；（5）在国际竞争中以经济手段来提升竞争力。地缘经济学对于研究一国经济安全有重要的意义，尽管地缘经济学理论中的有些观点不符合现代国家关系的构建观点，但是也提供了一些很有启发性的思考。地缘经济学理论强调世界经济区域一体化及其相互竞争为中国制定战略计划提供重要的参考价值，也为中国经济安全研究提供了新的发展思路。地缘经济学的产生是建立在全球化和经济一体化基础上的综合理论，全球化程度越高，地缘经济的重要性越强。云南省毗邻缅甸、老挝和越南三国，具有独特的地缘优势，随着"一带一路"倡议的深入推进，云南口岸蓬勃发展，能有效提升对外开放水平和更好地融入了国家发展战略。

五、边疆学理论

边境优势理论起源于二战后欧美发达国家陆地边境地区经济发展迅速的现象，核心观点是陆地边境地区是发展经济的重要资源，且陆地边境具有较大的开发潜力，合理利用陆地边境口岸资源，有效提升地区经济水平。边境优势理论的依据主要包括边境地区的整体发展情况、边境地区地理位置、内陆国家和内陆地区对边境的需要。边境优势理论的有效发挥要建立在清晰地认识边境优势理论、认识边境地区边境构成（包括行政组织和规划建设等）的基础上。边境区位理论与边境优势理论一脉相承，关系也最为密切。边境优势理论又称陆地边境优势论，主要内容包括：（1）边境的政治、军事、经济、文化交流的两重性和和平发展趋势；（2）有差异形成的边境—内陆梯度势能和边境平稳；（3）边境与内陆地区贸易的需求和通过口岸城市与其他国家口岸进行贸易的需求。边境区位论强调，边境地区的蓬勃发展助推了世界经济一体化，尤其是20世纪90年代后陆地口岸的开放，进一步促使陆地边境地区成为研究经济关系的"热点"。在全球化背景下，边境城市发展的辐射带动作用愈加明显，发展优势愈加突出。如何构建边境地区与内陆城市、内陆国家的连接机制和互动关系，并发挥重要的边境地带的地缘优势构建新的战略性支点，是推动边境地区高质量发展的重点课题。

边境区位论指出，大多数边境地区少数民族跨居，历史上的很多边境商埠演变成如今的开放口岸，具有浓厚的人文特色；由于其地理位置的特殊性，边境地区具有显然的外向性和区位优势，封闭的贸易活动不适合在边境地区推进，适合发展边贸型资源优势加工业，如旅游业、新兴服务业等。上述理论阐述了边境地区的区位优势和发展边境外贸的理论依据，为理解边境地区与内陆城市、内陆地区的互动关系提供了新的视角。有关口岸经济发展的理论中，边境优势理论具有较强的理论指导性，对于该理论的认识主要基于以下几点：第一，边境地区的和平性趋于明显。自古以来，解决国际争端的手段往往习惯于采用军事手段和经济文化影响，如今，在经济全球化背景下，和平与发展是世界的两大主题，经济和文化因素产生的作用显著，更要重视经济的高质量发展。第二，边境地区的稳定性趋于明显。边境地区与其他地区发生经济文化的交流碰撞的前提是地区间的经济与文化差异，由于不同的地区存在文化背景、经济条件、发展水平、历史溯源等方面的差异，则两地倾向于在稳定的关系中互补。第三，内陆地区的过境演变。历史上，很多内陆国家为了谋求更好的发展或是为了维护国家和平与安宁的需要，往往选择远渡重洋，在如今的世界主题下，内陆国家不必走向海洋而是可以通过口岸开放的方式，形成贸易通道的形式对外开放。云南省是典型的边疆民族地区，作为我国重要的边境省区、对外开放的重要门户，在口岸发展过程中运用边疆学理论，有利于把握方向，聚焦目标，凝聚合力。习近平总书记指出，"云南省经济要发展，优势在区位，出路在开放"。云南省要把握机遇，着力发挥边疆区位优势，以"以大通道带动大物流、大物流带动大贸易、大贸易带动大产业"，促进口岸经济高质量发展。[①]

第三节　研究现状及评述

一、有关口岸经济的研究综述

（一）国内研究综述

口岸经济是中国经济发展的重要媒介，学界关注并从多个角度开展了研究，取得了较为丰硕的成果。国内有关口岸经济研究的文献主要有三支：一是口岸经济的研究，二是口岸经济与区域经济发展关系的研究，三是有关口岸物流发展的研究。以下分别对这三支文献展开论述。

1. 有关口岸经济的研究

胡兆量（1993）认为陆地边境是经济发展的宝贵资源，其将边境口岸分为五类，他强调推动口岸经济高质量发展要发挥边境口岸的区位优势，提升口岸建设水平，强化口岸管理和口岸开放与规划。[②]冯革群等（2005）从地理学角度阐述边境地区及边境合作的概念、历史、现状和趋势，他提出我国内

---

① 构筑开放新高地[EB/OL].（2022-07-01）（2024-02-04）https://www.yn.gov.cn/ztgg/jdbyyzzsjzydfxfyqj/gcls/yw/202107/t20210701_224466.html

② 胡兆量.边境优势论与边境口岸建设[J].城市问题，1993（03）：30-33+2.

陆边境合作是建立在发挥要求发挥口岸"通道"作用和口岸经济的强带动作用的基础上的。[1]以口岸为发展经济的载体，不仅可以促进各国之间的经济、文化和人员交流、贸易往来，还可以最大化整合资源，推动生产要素流动，这为现代旅游业的发展奠定了基础。郁竹君（2006）从区域经济一体化的角度分析了边境口岸物流的生成特征以及影响边境口岸物流增长的因素，总结出口岸发展的模式主要有贸易型、资源型、枢纽型和集中加工基地型。[2]同时，该学者以增长极理论为基础，将一个单一的口岸作为一个增长极，提出区域经济一体化背景下的口岸发展的形式主要有伞状、多核增长、点轴带结合等。不同模式的支撑要素和适用对象有所不同，要综合考虑口岸的发展条件、资源禀赋、区位、口岸城市的经济功能发挥以及口岸腹地城市的综合条件（包括交通条件、基础设施水平等），因地制宜选择适合的发展模式。邢军（2007）指出内陆沿边口岸的开放和发展关系到我国经济全局，该学者提出新时期口岸发展模式要明确自身的角色，解放思维束缚的同时放大自身的比较优势，才能在竞争激烈的市场环境中"留下来"。[3]张永明等（2010）以新疆为研究对象，提出口岸经济发展是推进新疆建设能源基地建设、促进新疆向西开放和经济快速增长的关键所在，新疆口岸经济发展成效明显，但是也存在发展不均衡的问题。[4]农小莹（2015）以"点—轴"理论作为研究口岸经济的理论基础，提出发展"点—轴"式物流发展模式是广西对越口岸边境口岸的有效发展路径。[5]郭宏宇等（2016）实地调研了我国沿海、内陆和沿边三类口岸，认为加强口岸建设需要综合考虑行政和财政效率、商业需求和公平竞争、生产能力、地区差异和优势、基础设施经济和经济外交政策等因素。[6]姚陈敏等（2016）认为口岸的建设与发展对于高质量共建"一带一路"，加快构建以国内大循环为主体、国内国际双循环相互促进的新发展

① 冯革群，丁四保.边境区合作理论的地理学研究[J].世界地理研究，2005（01）：53-60.
② 郁竹君.基于区域经济一体化的边境口岸物流体系研究[D].北京交通大学，2007.
③ 邢军.对新时期我国沿边口岸发展模式的思考[J].经济纵横，2007（20）：2-4.
④ 张永明，王宏丽.新疆陆路口岸经济发展及对策研究[J].发展研究，2010（05）：38-43.
⑤ 农小莹.广西对越边境口岸物流发展思路及对策研究[D].广西大学：2015.
⑥ 郭宏宇，竺彩华.口岸发展与"一带一路"建设：形势、问题及对策[J].国际经济合作，2016（01）：46-55.

格局具有重要意义，他在分析我国口岸发展的基本趋势、机遇和挑战的基础上，提出要加大资金投入、加大简政放权力度、发挥市场作用和加强地缘政治互信。[①]徐黎丽等（2018）研究内蒙古15个边境口岸的综合特征，发现内蒙古的口岸呈现东强西弱的格局，并且口岸载体城市的商贸功能最为突出。综合内蒙古的资源条件，提出内蒙古口岸发展除了保障现有口岸载体城市的商贸功能外，还需兼顾其他功能发挥，需以保护利用生态资源为前提，可以通过建立区域联动机制，平衡东西部发展，促进口岸与边境城镇融合发展。[②]选择适宜的口岸发展模式，可以带来大量的资金和信息流，增加物流的附加值，优化港口承载城市的空间布局，支持承载城市空间结构的演变，鼓励地方经济增长，加快区域经济发展。王佩佩等（2022）以"双循环格局为视角"文章以"双循环新格局"为视角，考虑国内、国外双循环总体两个层面，从五个维度建立边境口岸综合竞争力评价指标体系，对新疆已开放13个边境口岸的综合竞争力进行了实证分析。结果表明，目前双循环新格局下的新疆各边境口岸综合竞争力发展存在不均衡现象。[③]

2. 口岸经济与区域经济发展关系的综述

丛志颖等（2011）通过对东北31个边境口岸的经济研究发现口岸经济发展缺少全局性长远性规划且多数与内地联系不紧密，提出发展口岸经济对于促进东北经济社会发展、加强与周边国家的经贸合作有积极作用。[④]张丽君等（2014）分析内蒙古二连浩特市发展的动力与机制，指出产业发展是提升口岸城镇功能化、内聚化和新型城镇化的关键，二连浩特以发展口岸经济为主要方向，城镇发展为口岸经济服务。[⑤]于天福等（2015）指出口岸经济对边境城市的扩张效应明显，口岸经济的发展依托其所在的口岸城市之间的相互作

---

① 姚陈敏，叶前林，何伦志."一带一路"战略下我国口岸发展趋势、机遇与挑战[J].宁夏社会科学，2016（05）：104-108.
② 徐黎丽，于洁茹.中蒙边境口岸的发展问题及对策思考[J].云南师范大学学报（哲学社会科学版），2018，50（06）：1-8.
③ 王佩佩，程云洁."双循环"视域下沿边地区口岸综合竞争力分析——基于新疆13个边境口岸的数据[J].时代经贸，2022，19（07）：75-78.
④ 丛志颖，于天福.东北东部边境口岸经济发展探析[J].经济地理，2010，30（12）：1937-1943.
⑤ 张丽君，董益铭，拓俊杰.民族地区新型口岸城镇发展动力机制研究——以内蒙古自治区二连浩特市为例[J].民族研究，2014（01）：37-49+124.

用，有利于优化口岸城市空间布局。①张丽君等（2018）提出中国陆地边境口岸城镇"双核心"发展理念，强调利用文化与经济互动，促进口岸城镇高效发展，其以新疆霍尔果斯口岸为研究对象，探索经济文化一体化背景下，口岸城镇的发展效率。②此外，在口岸经济的作用下物流业、旅游业的发展速度与口岸城市的经济的发展速度呈现正向关系，这种作用在促使边境口岸城市产业结构升级和提升边境城市的对外开放能力上最为明显。穆沙江·努热吉（2018）分析新疆口岸经济发展与区域经济发展的双向协同关系、差异化特征以及存在问题，针对关联性和协调性低的问题，提出口岸经济发展模式和建议。③柴利等（2019）重点分析新疆阿拉山口口岸与博州的经济协调度，认为影响口岸经济发展的最主要因素是口岸所在城市的GDP与第三产业，并基于实证分析的结果提出相应建议。④王茜茜等（2019）以10个边境口岸为例，分析吉林延边口岸经济和地方经济的协调度，研究发现口岸经济发展水平低，而口岸城市经济发展偏好，口岸与城市的协调性有较大空间差异，但整体向好。⑤时雨晴（2019）提出口岸的开通对于拉动地区旅游收入产生了积极影响，口岸是一种重要的优势资源，应进一步开发口岸城市的旅游资源，有效发挥口岸城市地区优势。⑥射学兴（2019）以凭祥的城镇化过程为例论证口岸对于口岸城市的城镇化水平有显著作用，口岸经济是提升城镇化水平的重要水平，现阶段需要提升口岸经济发展速度进一步提升城镇化水平。张尧等（2020）认为当前口岸—城市发展呈现不均衡、不协调的特点，此外，其借助钱纳里时间序列发展模型分析当前口岸—城市之间发展的关系，强调口岸是口岸城市的经济发展和产业革新的重要支点。⑦张尧等（2020）以中俄边境

① 于天福，隋丽丽，李富祥.中国边境口岸经济发展与其依托城市互动机理研究[J].社会科学辑刊，2015，（01）：50-54.

② 张丽君，于倩.中国陆地边境口岸城镇"双核心"发展路径——以新疆霍尔果斯为例[J].开发研究，2018（06）：45-52.

③ 穆沙江·努热吉.新疆边境口岸经济与地方经济协调发展研究[D].新疆大学，2018.

④ 柴利，何若然.新疆边境口岸与区域经济发展的实证分析——以新疆阿拉山口口岸为例[J].克拉玛依学刊，2019，9（03）：43-48+2.

⑤ 王茜茜，李明玉，张平二.珲春市城市经济与边境口岸经济的耦合协调性分析[J].延边大学农学学报，2019，41（01）：87-93.

⑥ 时雨晴.中国陆地边境县域旅游竞争力的类型划分及特征分析[J].城市与环境研究，2019（01）：60-75.

⑦ 张尧，佟光霁.边境口岸对城市产业结构升级的影响[J].技术经济与管理研究，2020（10）：118-122.

口岸城市黑河为研究对象，运用实证分析，探究口岸城市农业科技收入与农业经济增长之间的关系，指出口岸城市的农业收入与经济增长关联度较高。[①]张必清（2021）用倍差分析法以云南省25个边境县作为研究对象，提出口岸开放对于口岸边境县（市）的经济增长、产业结构调整、资源要素聚集产生了正向作用。[②]古月（2023）通过对内蒙古整体区域经济和各口岸所在旗市经济的发展现状进行了系统分析，总结出内蒙古口岸经济发展中存在的问题，分析口岸经济与地方经济关系。[③]

综上所述，笔者通过归纳整理以上学者的观点，总结认为口岸经济在区域经济发展中扮演了重要角色，占据了重要地位，要做大做强口岸经济，将口岸经济培育成沿边地区经济发展的强力"催化剂"，并以点带面，增强区域经济增长活力。

3. 有关口岸物流发展的文献综述

从概念来看，郁竹君（2007）认为口岸物流是一个以口岸为依托，集边境贸易、旅游、加工、生产、保税、金融、保险和其他业务于一体的综合性系统，主要方便口岸快速贸易而形成的综合服务体系。[④]张必清（2014）认为"口岸物流"是指利用口岸的国际化优势，充分发挥国际货运通道作用以及口岸的货物集散功能，立足口岸的各类基础业务，以现代互联网、大数据等信息技术为基础支撑，不断强化口岸对周边区域的经济辐射能力。[⑤]口岸物流建设的基本要求是拥有完整的物流服务链条和具有高国际化水平的口岸综合服务体系。迟雪等（2018）通过研究黑龙江省边境口岸物流体系，提出完善基础设施建设，合理规划口岸体系网络建设规划，提升智慧口岸的信息化水平，是有效保证黑龙江省对俄边境口岸物流体系的正常运行的关键。[⑥]刘伟（2022）指出国家物流枢纽在现代物流体系中发挥着核心作用，国家物流枢

① 张尧，马莹莹.口岸城市农业科技投入与农业经济增长的动态关联效应分析——以黑河市为例[J].边疆经济与文化，2020（08）：7-10.
② 张必清."一带一路"倡议对沿边口岸开放的县域经济绩效评估——基于云南25个边境县（市）的倍差法分析[J].大理大学学报，2021，6（05）：31-37.
③ 古月.内蒙古口岸经济与地方经济协调发展研究[D].内蒙古财经大学：2023.
④ 郁竹君.基于区域经济一体化的边境口岸物流体系研究[D].北京交通大学，2007.
⑤ 张必清.云南边境口岸物流经济的空间差异与演化分析[J].曲靖师范学院学报，2014，33（06）：99-103.
⑥ 迟雪，王维娜.浅谈黑龙江省对俄边境口岸物流体系教学研究分析[J].中国多媒体与网络教学学报（上旬刊），2018（07）：27-28.

纽中心的基础设施建设情况，物流服务功能完善情况、基础设施先进程度、物流资源整合聚集能力等决定了我国现代物流国际化水平高低的好与坏。[①]相较于港口型国家的口岸物流布局，陆上边境口岸型国家物流枢纽更依赖于口岸所处的地理区位的特殊性，其最基本内涵就是可以充分发挥边境优势，整合国内外两个市场，优化要素资源配置，让境内外物流资源"双向"流动，以国际物流组织高效运行开展规模化网络化的口岸贸易活动为依托，促进边境口岸形成面向国内国际的服务中心。贺娟等（2023）分析了甘其毛都口岸物流运输，提出了针对口岸地区的AGV和悬挂式货运单轨规划方案，以期从国土空间规划体系出发，建立更可持续、更具韧性的道路设施，充分发挥交通基础设施的经济效益。[②]

此外，云南省是典型的边疆地区，研究边境口岸物流对于梳理文章脉络有重要意义。从特征来看，江建能等（2007）认为边境口岸物流具有以下五个特点：第一，边境口岸相较于其他内陆口岸，拥有提供更好的运输条件。第二，中国与其他国家的边境口岸相互联通、协调是非常必要的。第三，边境口岸管理涉及的部门及机构较多、人员复杂且位置相对集中。第四，边境口岸进出口的产品来源较为单一，大部分商品来源于内陆城市，边境口岸更多地发挥着连接双方的"通道"作用。第五，从边境口岸进口的大多数货物是能源和矿产等高附加值商品，而出口的大多数货物则是轻纺、服装和农产品等低附加值商品。[③]王彦庆等（2007）对比分析中国与俄罗斯边境口岸物流发展情况，总结两个国家的边境口岸物流总体上呈现五个特点：第一，两个国家的边境口岸物流规模较大且发展速度较快。第二，两个国家的边境口岸物流基础设施改善效果较好。第三，两个国家的边境口岸物流中心（园区）建设规模化较高。第四，边境口岸物流智慧化、信息化水平较高。第五，边境口岸物流一体化成效明显。[④]冯祥（2009）总结边境口岸物流主要特点：第一，边境口岸物流的基本活动和相关业务所涉及的管理、职能机构复杂且管

① 刘伟.陆上边境口岸型国家物流枢纽的发展机理与实践[J].大陆桥视野，2022（06）：28-29+34.

② 贺娟，刘志明.甘其毛都口岸物流运输体系发展模式研究[J].交通节能与环保，2023，19（04）：56-60.

③ 江建能，刘凯，王彦庆.东北地区边境口岸物流发展环境分析[J].综合运输，2007（04）：32-35.

④ 王彦庆，江建能.中俄过境口岸物流体系建设发展的对策与措施[J].物流技术，2007（08）：34-36.

理呈现精细化特点。第二，边境口岸物流活动的经济带能力较强且相关活动的集中度相对高。第三，边境口岸物流与大家生活的关联度高且具有很高的国民经济价值。第四，边境口岸物流效率可以是判断经济效率的重要指标。[①]

易裕冲等（2021）对俄边境口岸物流的特殊性进行阐述，第一物流环节较多且路途遥远；第二环境复杂；第三时效性较强、风险较大；第四货物通关能力较差。[②]

综上所述，笔者认为口岸物流是现代物流的基本形式之一，与传统物流不同，口岸物流以国际标准为基本运行标尺、注重有序运营、标准化程序，以及边境贸易、进出口加工的发展和整合。边境口岸物流是边境口岸利用其独特的地理区位和地缘条件，以先进的软硬件设施为依托，实现生产要素和资源内外流通，服务于边境口岸的进出口货物加工、管理、保税、仓储、跨境营销等多功能的综合物流体系。从广义上说，边境口岸物流是依托边境口岸，通过在特定的区域环境开展各类经济活动并整合各种边境口岸物流资源、生产要素，结合边境口岸物流辐射的发展条件，基于区域经济的规模和范围，加速口岸腹地的货物集散，有效促进区域范围内外的各类货物或商品过境，从而实现货物口岸从供应地向目的地进行有效的实体流动。促进各种货物或商品在区域内外的通行，实现有效的边境口岸物流。仓储、装卸、搬运、包装、流通、配送和信息处理等核心工作，它们之间有着千丝万缕的联系。根据边境口岸的物流基础设施情况，可以使用多种运输和物流节点，包括公路、铁路、水运和管道运输。

（二）国外研究综述

1. 有关口岸发展的研究

Henk Van Houtum认为，随着口岸经济的不断壮大，与口岸经济直接相关或间接相关的经济会在一定空间内聚集形成产业集群。Feng, Mengying通过对比亚洲东部与西欧国家口岸经济发展模式，认为货物承载量、装卸速度政策效益以及口岸基础设施情况以及口岸与口岸之间距离是影响口岸间联动发展的关键因素Jason Monios Gordon Wilmsmeier认为口岸区域化发展有利于构建新的口岸发展模型。

① 冯祥.云南边境口岸物流体系建设研究[D].云南财经大学，2009.
② 易裕冲，逄艳波.推进对俄边境口岸物流发展的路径研究[J].商场现代化，2021（07）：36-38.

2. 有关港口管理的研究

从模式来看，根据世界银行（2007）的数据，港口管理采用了四种主要模式来实现这些目标：一是公共服务港口，其中港口主要由政府管理；二是地主港口，其中政府履行监管和拥有土地的职能，而私营部门履行运营职能；三是工具港口，这与以前的模式类似，除了政府提供基础设施和上层建筑以外还包括土地所有者 四是私营服务港口，其中港口完全私有。[1]Jiaguo Liu等（2019）根据管理港口物流与危险品有关这些风险，提出了一个包含人员，治理和货物的三维风险管理模型，并为港口危险货物物流提供了风险级别识别框架。[2]Francesco Conte等（2022）提出了一个智能港口的最佳管理策略，该港口配备可再生能源，由电气化码头、运行冷熨烫和氢基码头组成，为零排放船舶提供服务。[3]

从管理实践来看，Dahal K.等（2007）介绍了港口运营的建模，仿真和优化，从而获得了有效的运营管理经验，要求通过降低财务成本和提高设备利用率来实现。通过对端口组件的明确表征，开发了一种工具，该工具可以构建端口仿真模型。在港口系统模型中集成了一种基于遗传算法的方法以优化港口的运行，并讨论了两个基于现实世界港口系统的案例研究。事实证明，通过GA对端口系统模型的作用，端口的设计和操作可以大大改善。不仅如此，开发的体系结构还展示了一种灵活而强大的机制，可以将过程仿真工具与优化功能相结合。[4]Ziaul Haque Munim等（2020）发现加强港口治理的私有化将改善这些国家的全球机制实施情况。该研究对港口管理实践有一定的启示。首先，考虑到港口当局应集中实施可持续的港口运作，例如优化货物流动和设备使用、加快船只装卸时间以及提升至自主或半自主的码头管理系统。港口或邻近港口的码头之间应构建协调机制，通过采取协作行动更好

① World Bank. (2007) Port Reform Toolkit. Washington DC: World Bank.

② Liu J., Zhou H., Sun H. A three-dimensional risk management model of port logistics for hazardous goods[J]. Maritime Policy & Management, 2019, 46（6）：715-734.

③ Conte F., D'Agostino F., Kaza D., et al. Optimal Management of a Smart Port with Shore-Connection and Hydrogen Supplying by Stochastic Model Predictive Control[C]//2022 IEEE Power & Energy Society General Meeting（PESGM）. IEEE, 2022: 1-5.

④ Dahal K., Galloway S., Hopkins I.. Modelling, simulation and optimisation of port system management[J]. International Journal of Agile Systems and Management, 2007, 2（1）：92-108.

地实施区域管理。其次，虽然私人治理模式能获得最大的收益，但也要考虑相关利益主体的经济利益，这一建议是基于所研究的港口的东道国背景因素（即社会制度）以及地主模式可能存在的缺陷，如私人港口所有者的垄断行为、对港口土地的投机和对长期发展缺乏兴趣。Valdepeñas等（2020）提出管理港口基础设施维护中建筑信息模型（BIM）方法的使用非常稀缺，新的基础设施保护管理方法将传统方法与新技术相结合，弥补了在港口维护中实施BIM的空白。①Cuong T N等（2022）对釜山港案例研究，认为稳健的混合策略可以准确预测港口吞吐量对市场干扰的影响、强大的混合策略可以准确预测港口吞吐量以应对市场中断。②

港口的功能，港口是运输系统中复杂而动态的组成部分，主要运输货物，也运输乘客。根据Cullinane等（2005）的研究，港口有三个功能：第一，监管，通常是通过港口当局进行监督活动和执行法规；第二，拥有土地资源使用权，通过管理港口区域内的财产；第三，运营，通过转移乘客和货物运输获利。此外，由于它们在竞争激烈的全球市场中的重要性，港口必须展示更高的运营效率，并提供更多的增值服务。③由于国外的口岸主要以海洋口岸为主，在相关文献资料呈现的内容多聚焦于港口，一定程度上也能为我国沿海地区口岸发展提供思路也能为我国口岸的发展提供新的研究思路。

3. 有关口岸物流的研究

国外关于口岸物流的研究集中在口岸发展、规划与科学管理，具体内容主要包括模拟口岸物流体系，提升口岸运行效率，提升口岸所在区域的竞争力和经济辐射力，发挥口岸载体城市的城市功能以及优化口岸布局与分布等。如Roh Hong-Seung、Lalwani Chandra等（2004）研究了口岸企业如何参与到口岸物流运行系统中，以及口岸企业参与口岸物流体系所发挥的重要作用，通过结构化分析设计技术对西班牙巴伦西亚港进行模拟研究，为提高口岸效率提供支撑。Lpez R.C.和Poole N.（1998）指出口岸物流是国际物流中

① Valdepeñas, Paola, et al. "Application of the BIM Method in the Management of the Maintenance in Port Infrastructures." Journal of Marine Science and Engineering.12（2020）: 981.
② Cuong T N, Long L N B, Kim H S, et al. Data analytics and throughput forecasting in port management systems against disruptions: A case study of Busan Port[J]. Maritime Economics & Logistics, 2022: 1-29.
③ Verhoeven, 2010;Da Silva and Rocha, 2012.

非常重要的枢纽节点，提出制定口岸物流服务的统一标准，有利于提升经济效率。韩国学者Hyuntae Cho（2005）指出口岸的完善是现代物流发展的重要环节，口岸运行不畅会影响整个物流系统的运行效果，解决口岸在自身发展过程中的问题，对于畅通口岸物流意义较大，要立足于口岸物流体系的建设需求，着重提升口岸的整体质量，提出采用现代口岸处理方法发展能有效提升信息化水平。国外学者关于口岸物流的研究多集中在海域范围内的港口、港湾等方面，对于内陆口岸、边境口岸物流的研究相对较少。当然，国外先进港口物流的研究成果，也为边境口岸物流的研究提供了国际视野，在此就不再赘述。

二、有关云南口岸经济的研究

云南省口岸协会课题组探索实践得出"一口岸多通道"口岸管理模式：驻点监管模式、预约通关模式、人货分流模式、联网监管模式等，核心是以口岸管理为主，同时加强通道管理，辅助口岸经济发展。其他学者也从不同的角度阐述了口岸经济发展研究。张必清（2013）利用层次分析法构建云南省边境口岸物流体系评价方法，提出滇越边境口岸物流体系主要是以河口为核心的单核伞形模型和以河口、天保为核心的双核伞形模型为主。[①]杨朝成（2014）以瑞丽开发开放试验区为研究基础，分析德宏州经济协调发展的必然性，描绘了瑞丽口岸整体规划中点、线、面、轴的发展蓝图，并在产业、要素、服务、国际合作、对外开放等方面提出对策。[②]张丽君等（2014）研究云南省边境对外贸易的具体成就、问题，提出了针对性的对策，该学者提出在国家开放政策的主导下，云南省边境注重发挥其地缘优势，能促进口岸沿边开放水平的提升，促进区域一体化的进程。[③]郝畅（2017）研究云南省对缅甸边境口岸物流的发展情况，以增长极理论为理论支撑，运用层次分析法构建了评价指标，针对云南省对缅甸的十一个边境口岸的发展水平进行了综合评价，将云南省的对缅口岸划分成了核心口岸、重点口岸、一般口岸三个层

---

① 张必清.滇越边境口岸物流体系的构建[J].物流技术，2013，32（01）：210-213.

② 杨朝成. 以开发开放试验区为引擎的德宏地区经济协调发展研究[D].天津师范大学，2014.

③ 张丽君，郑妍.云南边境对外贸易成就、问题与对策研究[J].中央民族大学学报（哲学社会科学版），2014，41（02）：43-51.

次。强调构建层次分明、分工合理的边境口岸物流体系有利于加快边境地区经济社会发展。①朱米媛（2018）分析了云南省边境贸易的资源和实力现状和整体边贸情况，利用最小乘法分析了云南省生产总值与边境贸易进出口之间的关系，提出利用边境贸易是经济发展的增长极，优化边境贸易规模、结构和方式能有效提升云南省经济发展水平。②胡映雪（2019）以中缅交界瑞丽口岸为例，研究了口岸和瑞丽市的经济协调程度，认为瑞丽口岸同瑞丽市的经济发展濒临失调，口岸发展带动瑞丽市消费升级，但基础设施差距限制了口岸进一步发展，并根据实证结果提出了相应建议。③苗毅等（2021）围绕城市瑞丽的两处口岸，结合夜间灯光数据，研究发现城市空间轨迹的重心指向口岸并沿线迁移，具有"岸城融为一体"的特征，由此得出云南口岸贸易深刻影响着城市扩容。④刘玲等（2021）通过分析临沧口岸物流发展不均衡不充分的问题，提出临沧边境物流区发展将以孟定清水河口岸为中心，以沧源口岸和南伞口岸为补充，强调强化口岸基础设施建设，提升物流效率，注重发挥口岸区位优势，改善口岸发展不平衡、口岸之间联动协调能力弱等问题，促进其与缅交流交互、联动互通，对于促使临沧市边境口岸跨境物流做大做强有积极意义。⑤周希宁（2023）通过分析云南口岸经济发展过程中的内在逻辑，认为要壮大云南口岸经济从口岸通关、口岸物流网络、口岸产业、口岸城市五个要点出发提出针对性建议。⑥

三、文献评述

通过对有关口岸经济发展、口岸经济与区域经济发展、口岸物流、云南口岸经济发展等的文献阅读发现：第一，有关口岸的研究文献历史相对悠久，存在有关口岸建设与经济发展方面的研究内容和时代发展需求难以匹配

① 郝畅.云南对缅甸边境口岸物流体系建设研究[D].云南财经大学，2017.
② 朱米媛.沿边开放背景下云南省边境贸易发展研究[D].云南财经大学，2018.
③ 胡映雪.云南省边境口岸与载体城市经济系统协调发展实证研究[D].云南财经大学：2019.
④ 苗毅，苏晓波，宋金平，花晓波.瑞丽、畹町口岸区城市扩张过程与特征[J].地理研究，2021，40（06）：1716-1731.
⑤ 刘玲，夏露，张新洁，王琼，石宝杰.云南临沧边境口岸跨境物流发展探究[J].物流工程与管理.2021（07）：17-19+16
⑥ 周希宁.加快发展壮大云南口岸经济[J].社会主义论坛.2023（02）.13-14.

且内容单薄，尤其是在中西部地区口岸经济发展方面的研究更是零零星星；对于云南口岸经济发展的研究也较少。第二，对于口岸经济发展的研究，多拘泥于口岸建设上，针对口岸经济发展的较少；多集中于口岸与口岸所在地区或所在城市经济发展的内在联系，而非结合理论和案例的口岸经济研究；且研究集中在口岸本身的发展上，针对发展口岸经济的内容较少，尤其是针对云南口岸经济发展的研究内容更是少之又少也较为分散。第三，关于云南口岸经济发展案例的研究更多的是分析单一口岸与单一口岸城市发展之间的关系，而非系统性研究，整体系统地研究云南口岸与云南经济发展之间关系、口岸经济发展动向、口岸经济发展过程中存在的问题及对典型案例分析的相对缺乏。所以，本书试图"站在巨人的肩膀"上，取长补短，重点研究以下几个方面的问题：第一，探索云南口岸经济发展现状，重点总结所取得的成效；第二，探索云南口岸经济发展面临的机遇和挑战，分析制约云南口岸经济发展的因素。第三，剖析口岸经济发展的相关政策，梳理政策脉络，为发展口岸经济提供政策支持；第四，针对口岸经济发展的现实要求和现实挑战，找到优化云南口岸经济的现实路径并提出针对性对策建议，推动口岸在构建新发展格局，统筹发展和安全、有效防范化解各类风险挑战，实行高水平对外开放，发挥好云南参与全球治理体系改革和建设中的重要作用；第五，结合本文内容，选取云南省典型口岸经典案例从中学习其口岸发展过程中的亮点做法，为云南口岸经济发展提供示范作用。

第三章 口岸经济发展现状

第一节 世界口岸经济现状

一、世界货物贸易商品结构

（一）美国货物贸易商品结构

1. 美国货物进口商品结构

2022年，美国从全球进口了价值2.937万亿美元的商品。这一金额自2017年以来增长了22.1%，从2020年到2022年增长了22%。来自拉丁美洲（不包括墨西哥，但包括加勒比地区）的供应商占美国进口采购量的4.3%，占比较小。更少的数量来自非洲（1.6%）和以澳大利亚和新西兰为首的大洋洲（0.6%）。

以下产品组代表了2022年美国进口采购的最高美元价值。还显示了每个产品类别在美国整体进口中所占的百分比。如表3-1所示，2022年美国十大进口商品金额占比来看，美国对进口的包括计算机在内的机械金额比重的14.60%，排名第一。主要是两方面原因：一方面是为了满足自身市场需求和降低成本。另一方面则可以引进一些高端的机械设备。

表3-1 2022年美国十大进口商品

商品类别	金额（亿美元）	占比（%）
包括计算机在内的机械	4288	14.60
电机、设备	4160	14.20
汽车	2831	9.60

续表

商品类别	金额（亿美元）	占比（%）
包括石油在内的矿物燃料	2239	7.60
制药	1495	5.10
光学、技术、医疗设备	1062	3.60
宝石、贵金属	960	3.30
塑料、塑料制品	825	2.80
家具、床上用品、照明、标牌、预制建筑	814	2.80
有机化学品	644	2.20

资料来源：友连外贸。

2. 美国货物出口商品结构

2022年，美国向全球运送了价值1.754万亿美元的商品，从2020年到2022年增长了23.1%。按价值计算，2022年美国的五大出口产品是精炼石油、原油、石油气、汽车和电子集成电路。这些主要出口商品累计占美国出口总额的18.8%，此外，美国的三大出口商品是能源商品，其他出口商品占比较少，但是出口的种类繁多。

以下出口产品组对2022年美国全球出货量中的最高美元价值进行了分类。还显示了每个出口类别在美国整体出口中所占的百分比。美国的十大出口产品在美国全球总出货量占比接近70%。其中，包括石油在内的矿物燃料是十大出口类别中增长最快的，自2020年以来增长了58.6%。原因是美国原油产量的增产，加上战略石油储备的大规模释放，以及市场对俄罗斯原油替代品需求的增加，推动着美国原油出口数量的大幅度增加，详见表3-2。

表3-2　2022年美国十大出口产品

商品类别	金额（亿美元）	占比（%）
包括石油在内的矿物燃料	2398	13.70
包括计算机在内的机械	2093	11.90
电机、设备	1854	10.60
汽车	1222	7.00
光学、技术、医疗设备	917	5.20
飞机、航天器	891	5.10

商品类别	金额（亿美元）	占比（%）
宝石、贵金属	823	4.70
制药	780	4.40
塑料、塑料制品	743	4.20
有机化学品	429	2.40

资料来源：友连外贸。

（二）荷兰货物贸易商品结构

1. 荷兰货物进口商品结构

2022年，荷兰的进口额达6208亿美元，相较2020年增长了28.2%。根据2022年的平均汇率，荷兰使用升值5%的欧元自2017年以来兑美元汇率，从2020年到2022年上涨了3.9%。

表3-3显示了2022年荷兰十大进口商品的具体情况。荷兰的十大进口产品约占其总进口额的65%。包括石油在内的进口矿物燃料在其十大进口类别中增长最快，其原因是，虽然荷兰天然气资源供过于求，但是包括石油在内的其他资源十分匮乏，需要从俄罗斯、英国等国家进口。

表3-3　2022年荷兰十大进口商品

商品类别	金额（亿美元）	占比（%）
包括石油在内的矿物燃料	973	15.70
电机、设备	799	12.90
包括计算机在内的机械	717	11.60
光学、技术、医疗设备	314	5.10
汽车	309	5.00
制药	255	4.10
塑料、塑料制品	208	3.30
有机化学品	170	2.70
其他化学品	160	2.60
钢铁	133	2.10

资料来源：友连外贸。

2. 荷兰货物出口商品结构

作为国际贸易中相对较小但实力强大的参与者，荷兰在2022年向全球输送了价值6.91万亿美元的商品。这一美元数额反映了荷兰出口额自2017年以来增长31.1%。荷兰排名前五的出口产品分别是精炼石油、制造半导体的机械，包括智能手机在内的电话设备、剂量混合的药物和电子医疗设备（如X射线机）等。这五项主要出口产品累计占荷兰在2022年为货运收取的资金的18.2%。

表3-4显示了2022年荷兰的十大出口商品情况。2022年，排名前10的出口产品占其总出口额的63.5%。其中，包括计算机在内的机械占比最大，原因是在机电产品上，荷兰电子、半导体工业发达，全球知名的飞利浦电子、恩智浦半导体等公司均是荷兰企业，为其出口机电产品带来优势。在矿产品上，尽管荷兰自然资源相对贫乏，但天然气储量丰富，天然气是其出口的主要矿产资源，是西欧最大的天然气出口国。

表3-4　2022年荷兰十大出口商品

商品类别	金额（亿美元）	占比（％）
包括计算机在内的机械	899	13.00
包括石油在内的矿物燃料	843	12.20
电机、设备	696	10.10
光学、技术、医疗设备	416	6.00
制药	370	5.40
塑料、塑料制品	323	4.70
汽车	261	3.80
有机化学品	224	3.20
其他化学品	196	2.80
钢铁	163	2.40

资料来源：友连外贸。

（三）日本货物贸易商品结构

1. 日本货物进口商品结构

2021年日本的进口总额为7689亿美元。这一金额相较2020年增长了

21.2%。根据2021年的平均汇率，日元兑美元升值了2.2%，但从2020年到2021年，下降了2.8%。日本自2020年以来汇率下降，使得以美元结算的日本进口商品变得相对昂贵。

表3-5显示了日本2022年排名前十的进口产品品类，排名前十的进口产品占其进口总价值的67.4%。包括石油在内的矿物燃料占比最大，一方面是因为日本的矿物资源相对缺乏，虽然种类较齐全但是蕴藏量都很少；另一方面是可通过进口大量的原料，如：铁矿石、煤、石油等，然后依靠科学技术对原料进行加工，制成工业产品进行出口。

表3-5　2022年日本十大进口商品

商品类别	金额（亿美元）	占比（%）
包括石油在内的矿物燃料	1536	20.00
电机、设备	1132	14.70
包括计算机在内的机械	711	9.30
制药	372	4.80
矿石、矿渣、灰烬	337	4.40
光学、技术、医疗设备	282	3.70
宝石、贵金属	239	3.10
汽车	231	3.00
塑料、塑料制品	173	2.30
有机化学产品	167	2.20

资料来源：友连外贸。

2. 日本货物出口商品结构

日本主要出口产品是小轿车、钢铁和电子设备，其他还有各类机械摩托车、卡车、塑料、精密仪器等。2022年，日本向全球出口了价值7560亿美元的商品。这一金额相较2020年增长了17.9%。由于日本自2020年以来本币走弱，使得以美元结算的出口商品在2022年相对便宜。按价值计算，2022年，日本排名前五的出口产品分别是汽车、电子电路和微型组件、汽车零部件或配件、半导体制造机械以及推土机、挖掘机或压路机等重型机械。总的来说，这五项主要出口产品约占日本总出口销售额的25.5%。

表3-6显示了日本2022年的十大出口商品具体情况。出口商品的范围相对多样化，其中日本十大出口商品中占比最大的是包括计算机在内的机械，可

以看出，日本的制造业强国地位依然稳固。在日本的出口产品中，核心零部件、重要设备等居多，技术出口以制造技术为主。日本的国际品牌主要集中于制造业领域，新材料、机器人、资源再利用、生态环保、生物医疗等新兴领域仍处于世界领先地位。

表3-6　2022年日本十大出口商品

商品类别	金额（亿美元）	占比（%）
包括计算机在内的机械	1471	19.50
汽车	1378	18.20
电机、设备	1179	15.60
光学、技术、医疗设备	430	5.70
钢铁	346	4.60
塑料、塑料制品	303	4.00
有机化学产品	183	2.40
其他化学产品	146	1.90
宝石、贵金属	143	1.90
铜	129	1.70

资料来源：友连外贸。

二、世界口岸管理现状

（一）美国口岸管理现状

1. 美国口岸管理机构设置

美国口岸由海关与边境保护局（CBP）统一管理所有进出口岸的人员与货物。其隶属于美国国土安全部，主要负责海关事务、移民管理、边境巡逻和动植物安全检疫。自2017年以来，CBP对其机构进行了一系列改革，其改革的主要内容是对其位于华盛顿总部机关下设的20个助理局长办公室进行了升级和整合。经过升级和整合后，其总部机关按照业务职责分工，整合设立了6个执行助理局长办公室（执行助理局长级别高于助理局长，每个执行助理局长办公室设执行助理局长一名，下辖若干个助理局长），并对其进行了具体分工。

在口岸现场，CBP的值勤官员可以独立地处理移民、海关和动植物检疫在内的全部边境业务，发现问题后移交给移民与海关执法局（ICE）开展调查和处理。CBP和ICE两机构均隶属于美国国土安全部的边境与交通安全委员会。移民与海关执法局（ICE）助理部长和海关与边境保护局（CBP）局长分别直接向边境与交通安全委员会报告工作，两机构并无从属关系，但是各具体业务部门之间工作层面的交流与合作非常频繁、非常紧密。如图3.1所示。

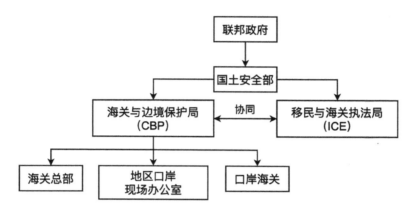

图3.1　美国口岸管理机构设置示意图

2. 美国口岸通关流程

自动商务系统（ACS）是一种跟踪、控制并处理所有进入美国货物的系统，它大大提高了口岸通关效率。在该系统的运作下，美国海关的通关流程为：船舶到港—提货申报（到货后5日内）—货物放行—纳税申报（提货后10日内）—关税清算（1年内）—复议申请—起诉。在口岸现场查验时，海关管物、移民局管人，其他单位在通道一线不设检查台，只抽查，或检查经移民局和海关普查时认为有问题的人员，现场外表监控比较宽松。该流程的最大特色是充分发挥计算机系统和担保制度的作用，实现提货和纳税的分离，从而最大限度地缩短货物处于海关监管状态的时间。

（二）荷兰口岸管理现状

1. 荷兰口岸管理机构设置

历史上，荷兰港口由地区或城市公共组织管理。荷兰口岸查验机构由海关、移民局、动植检、卫检四个部门组成，没有商检机构，卫检不在口岸现场通道查验。海关设在财政部属下，移民局设在司法部属下，动植检设在农业农村部属下，卫检设在国家卫生部属下。如图3.2所示。

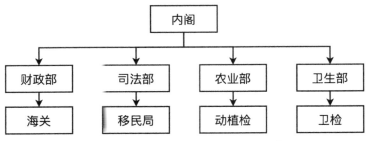

图3.2 荷兰口岸管理机构设置示意图

2. 荷兰口岸通关流程

荷兰海关在强有力的通关管理系统SAGITTA和电子数据处理系统EDP等技术保障系统基础之上建立了有效管理和便利措施。这些技术保障系统不仅提供了相关企业的信息流，而且能够提供详尽的风险预警提示。在该系统的运作下，荷兰海关将风险分析前置，并进行信息化的后续稽查管理。在口岸现场查验时，只有海关和动植检两家在口岸现场对货物进行查验。荷兰口岸通关模式的特点是注重企业和信息管理、风险分析前置以及信息化的后续稽查管理，从而最大限度地缩短货物处于海关监管状态的时间。

（三）日本口岸管理现状

1. 日本口岸管理机构设置

日本口岸管理机构由海关、出入境管理局、动植物检疫所、医药食品检疫所、海上保安厅五个部门组成，如图3.3所示。海关隶属于财务部，主要负责对关税、吨位税、特别吨位税以及其他海关管理事项进行调研、规划（包括与外国谈签关税协定），以及决定并征收关税、吨位税、特别吨位税和国际货物消费税，并对进出口货物、船只、飞行器及旅客进行监管控制。出入境管理局设在法务省内，主要负责外国人的入境查验、居留活动、再入境手续，对违反出入境法律者执行收容、驱逐以及难民身份等事项。日本国设置动物检疫机关的目的是防止入境人员将危险性疫病携带入境，同时也防止日本国内的动物危险性疫病随旅客、运输工具、动物、动物产品传出，以提高日本国动物、动物产品的国际信誉和促进日本畜牧业的发展为主要目的。医药食品检疫所监视并指导包括进口食品的食品流通过程的安全管理。海上保安厅是日本为维持海上安全及治安而设置的行政机关，隶属于日本政府国土交通省。

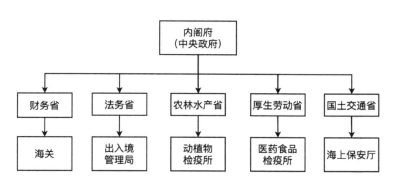

图3.3　日本口岸管理机构设置示意图

2. 日本口岸通关流程

日本海关有大量的自动化系统运行，其中最主要的是日本航空货物清关系统（NACCS）。NACCS中心的有关业务既包括海关通关手续等电子政务的部分，又包括通关过程中货物物流信息管理等电子商务的部分。包括货物进出口报关、审查、装卸、保税运输、缴纳关税以及海关进出许可通知等所有通关手续都可通过NACCS进行办理。在该系统的运作下日本海关的通关流程如图3.4所示。日本口岸通关模式的特色是强大的信息处理系统、高效的风险管理体系以及实现了申报和税费支付的分离，从而最大限度地缩短货物处于海关监管状态的时间。

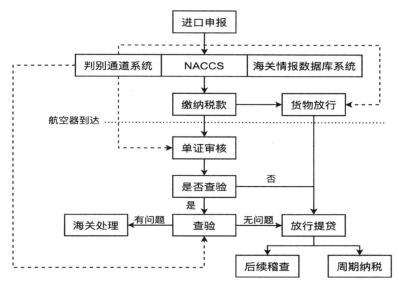

图3.4　日本口岸通关流程示意图

第二节 中国口岸经济发展概况

（一）起步发展相对落后

　　新中国成立初期，我国尚未全面开放，口岸建设水平相对滞后，主要特点表现为，口岸数量少、布局分散，对当时的对外贸易发展产生了较大的冲击，阻碍了口岸经济的发展。党的十一届三中全会以后，对外开放的基本国策的实施使得我国口岸数量快速提升，1978～1992年间，我国一类口岸的数量相较之前增长一倍以上，由1978年的51个增长至178个，但是仍以海洋口岸为主，口岸结构不够合理。我国内陆口岸发展滞后于沿海口岸，1996年9月，哈尔滨铁路货运口岸获得国务院批准开通，这也标志着内陆地区陆港口岸建设时代的开始，1997年10月，河南郑州铁路货运口岸正式开通，中国内陆地区进入口岸快速发展的时期。哈尔滨铁路口岸与河南郑州铁路口岸的成立，也标志着我国口岸从传统的沿海水运港口逐步向内陆延伸。之后的10年间，我国的口岸数量以每年9.14个的速度增长，从我国口岸发展的历程来看，国家的外交政策、对外开放水平、国家旅游业的发展以及口岸建设和管理水平以及进出口贸易的经济增加值都与口岸经济有对应的正相关关系，但总体上是不均衡的、分散的，现有的内陆口岸分布特点仍然是沿海、沿边口岸多，内陆口岸少，航空口岸多，铁路、公路口岸少。

一、我国口岸的分布情况

　　中国有960万平方千米的陆地面积，470多万平方千米的水域面积，是世界上国土面积第三大的国家；中国陆地边界线长达2.28万公里，大陆海岸线长达1.8万公里；其中陆地边境共和14个国家接壤，东邻朝鲜，北邻蒙古国，东北邻俄罗斯，西北邻哈萨克斯坦、吉尔吉斯斯坦、塔吉克斯坦，西和西南方向与阿富汗、巴基斯坦、印度、尼泊尔、不丹等国家接壤，南与缅甸、老挝、越南相连，是世界上陆地接壤数量最多的国家。截至2022年，中国边界线长达22000多公里,是世界上陆地边界线最长的国家,同时也是拥有最多陆地邻国的国家,共有14个陆地邻国,表3-7归纳了截至2020年5月31日我国主要对外开放口岸的分布情况。

表3-7 全国主要对外开放口岸分布地区一览表(数据截至2020年5月31日)

序号	省别	数量	水运口岸	航空口岸	铁路口岸	公路口岸
1	北京	2		北京	北京	
2	天津	3	天津、渤中	天津		
3	河北	4	秦皇岛、唐山、黄骅	石家庄		
4	山西	3		太原、大同、运城		
5	内蒙古	19		呼和浩特、海拉尔、满洲里、鄂尔多斯、包头	二连浩特、满洲里	满洲里、二连浩特、珠恩嘎达布其、阿日哈沙特、阿尔山、额布都格、甘其毛都、满都拉、策克、黑山头、室韦、乌力吉
6	辽宁	13	大连、营口、丹东、庄河、葫芦岛、旅顺新港、锦州、长兴岛、盘锦	沈阳、大连	丹东	丹东
7	吉林	16		长春、延吉	集安、图们、珲春	珲春、集安、圈河、临江、开山屯、三合、南坪、长白、古城里、沙坨子、双目峰
8	黑龙江	26	哈尔滨、富锦、佳木斯、同江、黑河、漠河、呼玛、逊克、抚远、孙吴、萝北、嘉荫、饶河	哈尔滨、佳木斯、齐齐哈尔、牡丹江	绥芬河、哈尔滨、同江	绥芬河、东宁、密山、虎林、黑瞎子岛、黑河(索道)

续表

序号	省别	数量	水运口岸	航空口岸	铁路口岸	公路口岸
9	上海	3	上海	上海	上海	
10	江苏	26	连云港、张家港、南通、南京、镇江、江阴、扬州、泰州、常熟、太仓、常州、如皋、靖江、大丰、如东、启东、盐城	南京、盐城、徐州、常州、淮安、无锡、扬泰、南通、连云港		
11	浙江	10	温州、宁波、舟山、台州、嘉兴	杭州、宁波、温州、义乌、舟山		
12	安徽	7	芜湖、铜陵、安庆、池州、马鞍山	合肥、黄山		
13	福建	11	福州、厦门、泉州、漳州、宁德、莆田、平潭	厦门、福州、泉州、武夷山		
14	江西	2	九江	南昌		
15	山东	18	青岛、烟台、威海、龙口、石岛、日照、东营、蓬莱、莱州、龙眼、潍坊、董家口、滨州	青岛、济南、烟台、威海、临沂		
16	河南	3		郑州、洛阳	郑州	
17	湖北	4	(武汉、黄石	武汉、宜昌		
18	湖南	3	(城陵矶)	长沙、张家界		
19	广东	58	广州、湛江、汕头、汕尾、九州、广汽蛇口、莲花山、赤湾、惠州、妈湾盐田、茂名、阳江、大亚湾、珠海潮头、万山、南沙、潮阳、虎门、深圳大铲、新会、揭阳、湾仔、三埠工门、肇庆、南海、斗门、鹤山、中山、容奇、高明、新塘	广州、深圳、揭阳、湛江、梅州	深圳、广州、佛山、肇庆、东莞、广深港	文锦渡、沙头角岗、罗湖、深圳湾、福田、港珠澳、莲塘、拱北、横琴、珠澳工业园、青茂

续表

序号	省别	数量	水运口岸	航空口岸	铁路口岸	公路口岸
20	海南	7	海口、三亚、八所、洋浦、清澜	三亚、海口		
21	广西	18	防城港、北海、钦州、梧州、柳州、贵港	南宁、桂林、北海	凭祥	友谊关、东兴、水口、龙邦、平孟、爱店、峒中、硕龙
22	四川	1		成都		
23	重庆	2	重庆	重庆		
24	贵州	2		贵阳、遵义		
25	云南	19	思茅、景洪	昆明、西双版纳、丽江、芒市	河口	瑞丽、磨憨、打洛、河口、天保、都龙、勐康、金水河、畹町、腾冲、孟定、田蓬
26	西藏	5		拉萨		吉隆、普兰、樟木、里孜
27	陕西	1		西安		
28	甘肃	3		兰州、敦煌		马鬃山
29	新疆	19		乌鲁木齐、喀什、伊宁	阿拉山口、霍尔果斯	红其拉甫、霍尔果斯、伊尔克什坦、吉木
30	宁夏	1		银川		
31	青海	1		西宁		

二、我国口岸的分布特征

截至2022年，全国共有一类口岸314个，其中航空口岸82个、陆路口岸103个、水运口岸129个（其中海运口岸76个），其中广东、黑龙江、江苏口岸数量位列全国前三，广东、黑龙江、辽宁、广西、云南水陆空口岸类型齐全。

水运口岸：集中分布在沿海沿边以及重庆、湖北、安徽等内陆长江沿线省份，长江沿线越往下游的省份水运口岸数量越多。具体来看，全国27%的水运口岸位于广东省，其次是江苏省、黑龙江省与山东省，分别占据了全国13%、10%、10%。目前，我国水运口岸的吞吐量稳居世界第一。

公路口岸：主要分布在沿边地区及广东省，公路口岸的分布和数量与对接邻国（地区）交流往来及地形有较大关系。新疆公路口岸数量最多，共有14个，其中有6个分布在与哈萨克斯坦交界处；其次是广东省、云南省与内蒙古，都有12个公路口岸，广东省公路口岸主要分布在与港澳地区交界处；云南省与缅甸、老挝、越南接壤，公路口岸数量分别为5个、2个、5个；内蒙古有10个公路口岸在与蒙古国交界处，2个在与俄罗斯交界处；另外，西藏边境与印度、尼泊尔、不丹等国家接壤，但由于地形等原因，西藏4个公路口岸都分布在与尼泊尔交界处。

航空口岸：分布范围最广，全国各省（区、市）皆有航空口岸，其中江苏省航空口岸数量最多，共有9个，其次是有6个航空口岸的内蒙古。值得注意的是，作为内陆地区唯一直接对外开放的口岸类型，航空口岸数量最多的省份仍然是集中在沿海沿边地区，一定程度上说明航空口岸对外向型产业的支撑作用还未明显发挥，当前更多是为客运服务。

铁路口岸：数量最少，分布与公路口岸类似，主要在沿边省份与广东省，广东省有4个，黑龙江与吉林分别有3个，云南、内蒙古、新疆分别有2个，其余省份仅1个。另外，除北京、上海、郑州铁路口岸为内陆口岸外，其余铁路口岸皆为边境口岸，其中北京与上海铁路口岸主要为与香港交往的客运口岸，郑州铁路口岸为1997年批复的铁路货运口岸。

三、我国口岸的基本现状与趋势

（一）航空口岸发展势头强劲

我国临海口岸较少，以陆地口岸为主，内陆地区不沿边、不靠海的自然区位特点限制了内陆地区的口岸分布格局和口岸的整体发展形势，口岸体系建设相对滞后。内陆地区的口岸发展格局是以航空口岸为主要形式，很多省会城市都有各自的航空口岸。整体而言，航空口岸的发展对于内陆地区的开放型经济有至关重要的作用，竞争力较强的航空口岸也对辐射的口岸城市经济有巨大的拉动作用。如，郑州航空口岸，郑州航空口岸以"口岸+枢纽+通道+平台+产业"协调联动，实施优势再造战略，将航空口岸的"优势"转化为发展的"胜势"，从原来航空产业薄弱的内陆航空口岸到现在立足中部、辐射全国、通达全球的国际物流枢纽中心，持续提升"空中丝绸之路"品牌优势，做大做强航空口岸经济。官方数据显示，郑州的新郑国际机场2022年实现国际地区货邮吞吐量52.2万吨，郑州新郑国际机场运营航空公司85家，开通航线245条，通达35个国家和地区170多个城市，基本形成以郑州为中心、横跨欧、亚、美三大经济区、覆盖全球主要经济体的航线网络，成为国内功能性口岸数量最多、种类最全的内陆机场。再比如，成都发挥"双机场双枢纽"门户优势，打造全球性航空门户枢纽。成都是中国大陆第三个同时运行双国际机场、开放双航空口岸的城市。截至2022年底，成都已形成"2+9"口岸功能体系，2023年3月26日，天府国际机场口岸正式对外开放，标志着成都成为继北京、上海后我国内地第三个拥有两个对外开放航空口岸的城市，形成了"双航空口岸"同步运行格局，客货并举加大了国际航线拓展力度，国际航空枢纽的地位进一步提升。

（二）铁路口岸发展潜力较大

根据中国交通运输统计数据显示，截至2023年底，全国铁路营业里程达到15.9万公里，其中高铁4.5万公里。"八纵八横"高速铁路网主通道已建成约80%，普速铁路网不断完善。铁路技术创新正由总体技术领先向全面自主领先转变。与此同时，铁路运输服务正由"走得了""运得出"向"走得好""运得畅"转变。铁路建设发展日新月异、令人振奋，强力赋能国家重大战略实施和人民群众美好出行。960多万平方公里的神州大地上，铁路密布、列车飞驰，充满了繁荣发展的活力。近年来，西部边疆地区铁路规划建设不断完善，铁路口岸不断完善，为深入实施区域重大战略和区域协调战略提供了有力支撑。尤其是，中西部地区的铁路，格库铁路、阿富汗铁路等相继通车，补齐了世界首条环沙漠铁路最后一段"弧线"，新疆形成"一主两翼"进出疆、"南北两环"交通格局；中老铁路、昆玉河铁路等开行动车，丽香铁路、渝昆高铁等建设如火如荼，云南省"八出省、五出境"铁路网规划从蓝图走向现实……2012年，西部铁路营业里程为3.7万公里，到2021年底，这一数据已超过6万公里。铁路口岸的飞速发展，为交通运输建设奠定了良好基础，加之，铁路运输费用比空运低，货运速度比海运快，越来越多的物流方、销售商选择铁路运输方式，铁路口岸的发展让货物在中国与其他国家之间快速、经济地运输，这些有利因素都将激发铁路口岸的发展潜力，更好地带动内陆地区与其他国家的贸易往来。

（三）内陆指定口岸发展迅速

内陆指定口岸是指特定的货物进境口岸，包括肉类、冰鲜水产品、粮食、水果、食用水生动物、植物种苗、原木和其他进境高风险动植物及其产品指定监管场地等进境商品应从指定的口岸进境。习近平总书记在多个大型会议上强调："坚持高水平对外开放，加快构建以国内大循环为主体、国内国际双循环相互促进的新发展格局。"①指定口岸的获批和良性运行，能为整个"通道"提供高质量运输的货品，也打通了中西部城市与国外市场主体的联动，成为一个展示对外开放的窗口。如，2016年，被称为"中国粮仓"的河南省在郑州开始建设进境粮食指定口岸，截至2022年，郑州进境粮食指定口岸投用后，打破了国内粮食关联企业依赖沿海粮食口岸进口粮食的局面，国外优质粮食可直接在郑州完成进口，助力河南粮食产业无缝衔接国际产业链。该指定口岸的建立，对于河南省打造国际粮食集散地、促进国家粮食生产核心区建设意义重大。在我国对外开放的政策导向下，口岸经济不断发展完善，为了适应我国全方位开放的需求，建设更多功能型指定内陆口岸，进一步拓展、延伸了沿海、沿边口岸的功能，深化了区域合作、提高服务效能，提升了对外开放水平。

四、中国口岸发展成效

（一）格局优化，建设加速

区域经济一体化是经济发展的重要方向，随着全球化的不断深入，口岸将会带动更多城市和地区的经济发展，其重要性也将得到进一步体现。其一，从水运口岸看，我国在环渤海、长江三角洲、珠江三角洲和北部湾等地区形成了大规模且相对集中的沿海港口群，其进出口货运量占据了全国口岸进出口货运总量的60%以上。其二，从航空口岸来看，我国的国际航空运输

① 习近平提出，加快构建新发展格局，着力推动高质量发展[EB/OL].(2022-10-16)(2024-02-04).https://www.gov.cn/xinwen/2022-10/16/content_5718812.htm

规模不断扩大，国际航线网络也逐渐完善，呈现四通八达的局面。其三，从陆路（包括公路和铁路）口岸看，我国先后与周边国家签订了口岸开放和管理等双边法律文件，其中以中欧班列为代表的跨境铁路运输成为陆路口岸货物运输的新亮点。目前，我国已建立了多条中欧铁路物流通道，包括经阿拉山口口岸出入境的西部通道、经二连浩特口岸出入境的中部通道以及经满洲里口岸出入境的东部通道。中欧班列的开通为铁路口岸的发展提供了便利条件。此外，铁路运输成本低于空运，货物运输速度也比海运快，越来越多的物流公司和销售商选择铁路运输方式，不仅能快速、经济地将货物运输到中国和亚欧国家之间，而且还能实现经济利益最大化。这些有利因素将进一步激发铁路口岸的发展潜力，推动内陆地区与亚欧国家的贸易往来，并为内陆地区与亚欧合作创造新路径。根据国家战略布局和内陆地区对外开放和承载产业转移的需求，内陆口岸承担着提升口岸经济发展水平和推动多元经济发展的重要任务。口岸与对外开放的程度呈正相关，口岸发展不仅促进了对外开放水平，也提升了口岸城市的经济发展速度。

（二）促进开发，助力发展

1950年，我国进出口贸易总额仅有11.35亿美元；1978年，我国进出口贸易总额206.4亿美元，进出口货运量7033万吨，出入境人员566万人次；而到2018年，我国进出口贸易总额达4.62万亿美元，进出口货运量445290万吨，出入境人员达6.5亿人次，2023年我国进出口总值41.76万亿元人民币，其中，出口23.77万亿元，进口17.99万亿元，且我国出入境人员数量呈稳步增长、有序恢复态势。[①]有效数据表明，口岸开放对我国发挥世界货物贸易第一大国价值产生了积极作用。口岸是中国对外开放的门户，是对外开放的基础设施。新中国成立70余年来，特别是改革开放40余年来，口岸的发展极大地促进了我国与其他国家之间的国际合作、经贸发展、人员往来和对外交流，对中国改革开放进程产生了积极影响。近年来，我国致力于优化口岸营商环境，大力推动口岸通关便利化水平提升。在我国口岸经济发展过程中，口岸的开放有效带动了周边城市的发展，尤其是内陆口岸的发展，有效地推动了相关地区的贸易活动，使得很多内陆城市打开了对外贸易的屏障，强化了对外开放和发展口岸经济的

---

① 国家口岸管理办公室,中国口岸协会,中国口岸年鉴.北京:中国海关出版社,2011-2021.[National Port Management office, china Associaion of port-of-Entry. China's port-of-Entry Yearbook Beijing:China Customs Press, 2011-2021.]

理念，也推动了内陆地区资源的合理配置和产业结构优化。口岸作为地区发展和招商的主要动力，相对而言，港口地区招商和投资的比例更大，例如，2022年6月22日，在河北省唐山市曹妃甸区港口商贸物流产业招商推介会上，36个港口商贸物流项目签约，预计年实现贸易额852.08亿元；2022年，海口招商引资工作取得丰硕成果，全年累计签约110个项目实质合同，签约金额657.30亿元；新增市场主体超78万户，同比增长169.72%，在全省占比81.06%，有效数据表明，口岸经济已成为城市经济发展的重要增长点，口岸发展带动对外贸易的同时，也有利于强化城市保障功能。

（三）加快通关速度，助推贸易便利化

内陆口岸特殊的地理位置使得其有独特的优势，作为海港功能的延伸，其为内陆地区进出口货物提供了有利的通关环境。如今，随着电子口岸的深入推进，中国口岸对外贸易的速度大幅度提升，进口货物在相关部门办理相关的手续，按规定流程审批后通过港口中转便可到达内陆地区。为了防止对外出口货物在口岸、港口地区长时间滞留而产生负面效应，部分边境城市允许其在国内边界完成必要的手续后，可以直接在中国的任何口岸出境。这一举措没有繁琐的查验步骤，实现了多种运输方式的一次申请和指定的目的地（即出口点）的一次审查，这不仅为外贸企业节约了大量的时间成本，也提供了便利的通关环境。内陆地区口岸的设立促进了贸易，节约了很多外贸企业的成本。一方面，内陆地区企业的进口货物抵海港后，不须立即实施检验检疫，而是到达目的地后由目的地检验检疫机构实施检验工作，并且相关手续仅需在当地海关办理即可；另一方面，出口货物也可经产地检验检疫机构检验合格，所有出口通关手续仅需要在当地海关完成，不须要检验检疫即可离港出境。这种进出口货物口岸直通放行的流程极大地缩短了企业在进出口途中频繁往返的时间，大大削减开销、节省业务费用和港口操作费用，有效地降低了国际贸易企业的经济支出。

（四）效率提升，多元发展

近年来，我国稳步推广进口货物"船边直提"和出口货物"抵港直装"试点，大大提高了通关效率。2022年12月，全国进口、出口整体通关时间分别为32.02小时和1.03小时，分别比2017年缩短了67.1%和91.6%。目前进出口环节需要验核的监管证件已从2018年的86种精简至41种。除3种由于安全性和

保密原因无法联网在线处理的情况外，其余38种全部实现网上申请办理，其中19种证件已通过国际贸易"单一窗口"一口受理。国际贸易"单一窗口"已实现与25个部门总对总系统对接和信息共享，服务全国所有口岸和各类区域，累计注册用户396万余家。"一带一路"倡议实施以来，我国诸多内陆地区陆续开通了发往欧洲的货运班列。

第三节　云南口岸经济发展概况

一、云南口岸现状

（一）云南口岸发展条件

1.地理位置优越

云南省是我国9个边疆省份之一，有着明显的边疆性质的区位特征。总面积39.4万平方公里，占全国总面积的4.1%。东与广西壮族自治区和贵州省毗邻，北以金沙江为界与四川省隔江相望，西北部与西藏自治区相连，西部与缅甸唇齿相依，南部和东南部分别与老挝、越南接壤，与印度、孟加拉国、柬埔寨、泰国等相近。

北高南低，山高水险，背靠西南呈阶梯状下降是云南省地形的重要特征，其中西北最高，东南最低，就全省来说，大致可以分为三大阶梯。其中，滇西北德钦、香格里拉一带，为地势最高的一级阶梯，滇中高原为第二阶梯，南部、东南和西南部为第三阶梯。受地形的影响，云南省的河流大多为自北而南流向，长江、珠江、红河、澜沧江、怒江、伊洛瓦底江六大水系，除长江和珠江外，其余均向南流入邻国，为国际性河流。全省地势呈现西北高、东南低，自北向南呈阶梯状逐级下降，从北到南的每千米水平直线距离，海拔平均降低6米。以上地理区位与地形特征，对云南口岸的外向经济发展有着重要而深远的影响。

2.古老传统的贸易优势

追溯云南省对外贸易的历史，从西汉时期开始，就形成了一条"南方丝绸之路"，这条通道是由四川成都开始，途经云南滇池沿岸、大理、保山、腾冲出缅甸到达印度的"蜀身毒道"。云南省也因自身地缘优势成为南方丝绸之路上的重要货运中转地和物资集散地。由于地理位置偏远，再加上地势的北高南低，在过去落后的交通条件下，云南省向内地的贸易物流极为不便。因此，在近代以前，云南省与国内其他区域之间的长途货运物流难以正常展开，仅限于周边相邻城市贸易。由于地理位置的限制，资源难以汇集，当地居民生活成本居高不下，当时的云南省与内陆的贸易交流较少，困难重重。相较于对国内的交往，云南省与邻近国家的交往则更为方便，自北向南呈阶梯状逐级下降的地势特点为交通的南向发展提供了发展条件。地势阶梯式下降且高低不平致使云南省的大多数河流通航条件不够优越，尽管如此，在很长一段时间内沿河流走向的天然路线成为云南省与邻国交互交往的重要通道，如到缅甸便可利用伊洛瓦底江。总体而言，古云南口岸经济发展呈现出对外开放程度较大，而对内贸易稍显被动。鉴于运输、物流成本过大的问题，云南省与内地间的物流以高价值货物为主，而与邻国的贸易物流，因交通相对便利，自元代以来就已实现了由奢侈品向民间生活必需品的转变。①

　　"二战"期间为打破日军的军事封锁，中、美、英三国通力合作，修建了著名的"史迪威公路"，即中印公路，中印公路开辟了我国通向南亚东南亚的陆上大通道，成为抗击日军的输血大动脉，为中国的抗战作出了不朽的贡献。"二战"结束后，这条路一直是中国与缅、印、孟诸国进行民间经济贸易和文化交流的重要桥梁。由于与缅甸、老挝、越南等国接壤，与印度、泰国、菲律宾、柬埔寨等国相邻，加上河流的南流，云南省具有与这些国家交通的相对便利条件。因此，上述国家也是云南省主要的贸易国。云南省的对外贸易历史悠久，跨境民族使边民互市成为对外贸易的常态，这也是边疆地区边境口岸发展区别于内地的一大特征。云南省与邻近各国长期存在直接和间接的贸易往来，无论战时还是和平之时云南省与这些国家的民间贸易都不曾间断，尤其是边民的互市和贸易往来更是无时不在进行，民间贸易未必都是大额交易，但一定时期内的交易总量却不容小觑，更何况民间贸易本身就是因为环境的差异、生产的不同要求互有有无而产生的，这就进一步抬升了民间贸易在云南对外贸易中的地位。由于地理上处于近边的有利条件，滇西和滇西南既是对缅边境贸易最集中的地区，也是云南省对外贸易最集中的地区。

---

　　① 雍正《云南通志》卷29，艺文四。

3. 互利共赢的政策优势

为了扩大云南省的开放程度，国家及各级政府部门均出台了相关政策。云南省是"一带一路"倡议的关键参与省份，参与共商共建的六大经济走廊建设的就有两条。目前，全省已形成扩大对外开放、引进外资的共识，正在创建优良的投资环境、提供互惠双赢的政策支持，积极把云南省建设成为面向南亚东南亚辐射中心；此外，大湄公河次区域经济合作（Great Mekong Subregion Cooperation，简称GMS）是由亚洲开发银行于1992年提出，河流流域涉及中国、缅甸、老挝、泰国、柬埔寨和越南等6个国家，该合作旨在促成不同成员参与方间的经济联系和加强成员方间的国际合作从而推动区域经济和社会的发展。多年来，云南省利用自身优势积极参与GMS各层次、各领域项目的规划与实施，为提升成员方民生福祉作出了贡献。云南省参与东南亚合作是提升主动融入和服务国家战略能力和水平的举措。

从云南省政策来看，云南从1996年开始相继出台了《云南省边境经济贸易管理实施办法》《云南省边境管理条例》《云南省人民政府关于支持沿边重点地区开发开放若干政策措施的实施意见》等关于边境贸易的政策。重点开发开放试验区、沿边国家级口岸、边境城市、边境经济合作区等沿边重点地区是我国深化与周边国家和地区合作的重要平台，是沿边地区经济社会发展的重要支撑，是确保边境和国土安全的重要屏障，是实施"一带一路"倡议的"先手棋"和"排头兵"，在全国改革发展大局中具有十分重要的地位。2023年，云南省政府对外发布《中共云南省委　云南省人民政府关于新时代扩大和深化对外开放的若干意见》及其100条政策要点，进一步为发展对外贸易和口岸经济提供了经济支持。

（二）云南口岸基本情况

1. 云南口岸分布情况

口岸经济对于推动云南省高水平开放至关重要，云南省地处中国西南边陲，毗邻缅甸、老挝和越南三国，有8个边境州（市）、25个边境县（市）、110个沿边乡镇、19个沿边农场，878个行政村，373个边境一线行政村（社区），与缅甸、老挝、越南接壤。云南省是全国边境线最长的省份之一，国境线长达4060千米，其中中缅边界1997千米、中老边界710千米、中越边界1353千米，有25个边境县分别与缅甸、老挝和越南交界。

数据显示，截至2024年2月3日，云南省有口岸28个，其中国家一类口岸

22个，包括航空口岸4个，水运口岸3个，陆路口岸15个（公路口岸13个，铁路口岸2个）；国家二类口岸6个，均为公路口岸。其中国家级口岸22个，省级口岸6个，具体分布如表3-8所示。

表3-8　云南口岸分布表

	国家一类口岸	国家二类口岸
航空口岸	1. 昆明长水国际机场口岸 2. 丽江三义国际机场口岸 3. 西双版纳嘎洒国际机场口岸 4. 德宏芒市国际机场口岸	－
水运口岸	1. 思茅港口岸 2. 景洪港口岸 3. 关累港口岸	－
公路口岸	1. 腾冲猴桥口岸 2. 瑞丽口岸 3. 畹町口岸 4. 孟定清水河口岸 5. 打洛口岸 6. 磨憨公路口岸 7. 勐康口岸 8. 金水河口岸 9. 河口公路口岸 10. 都龙口岸 11. 天保口岸 12. 田蓬口岸 13. 勐满公路口岸	1. 片马口岸 2. 章风口岸 3. 盈江口岸 4. 南伞口岸 5. 永和口岸 6. 孟连口岸
铁路口岸	1. 磨憨铁路口岸 2. 河口铁路口岸	－

云南省的近100条对外通道和5类开放型园区形成了水陆空立体化的口岸分布格局。[①]按照云南省"1+3+4+N"现代化边境口岸发展布局，如图3.5所示，磨憨、瑞丽、河口三个重点枢纽口岸是龙头，主要原因是它们分别是泛亚铁路中路、西路、东路通道的关键节点，领衔面向老泰马新、缅甸、越南3个方向的口岸群，口岸进出口额、货运量分别占全省65%和50%。

---

① 加快发展口岸经济　为高质量发展赋能[EB/OL].(2023-02-15)(2024-02-04).
https://www.yn.gov.cn/ztgg/jdbyyzzsjzydfxfyqj/fxpl/202302/t20230215 254973.html.

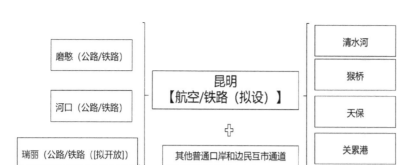

图3.5 云南省口岸"1+3+4+N"发展布局

云南口岸建设规划中，形成了自贸试验区、跨境经济合作区、综合保税区、国家级重点开发开放试验区、边境经济合作区在沿边地区布局，中国——中南半岛经济走廊、孟中印缅经济走廊以及中缅、中老、中越经济走廊，以口岸为支点联通国内国际两个市场、两种资源。在全省20个边境陆路口岸中（如表3-9所示），对越口岸6个：河口（铁路）、河口（公路）、金水河、都龙、天保、田蓬，均为一类口岸；对老口岸3个：磨憨、勐康、勐满，均为一类口岸；对缅口岸11个：畹町、瑞丽、清水河、打洛、猴桥为一类口岸，南伞、章凤、孟连、沧源、盈江、片马为二类口岸。在边境区县中，瑞丽市是目前我国最大的对缅贸易陆路口岸，拥有瑞丽、畹町2个国家一类口岸，疫情前进出口贸易总额占云南省对缅贸易的70%以上，占全国对缅贸易的30%左右。清水河口岸位于临沧市耿马县，是全省第二大对缅贸易口岸，也是疫情期间关闭时间最短的对缅口岸。

表3-9 云南省部分口岸通商范围

序号	口岸	通商范围	面向国家
1	河口（公路、铁路）	越南北部和中部地区	越南
2	金水河	越南西北部地区	
3	都龙	越南东北地区（箐门）	
4	田蓬	越南北部地区（苗旺、同文）	
5	天保	越南北部地区（何江）	
6	磨憨	老挝西部、北部、中部地区	老挝
7	勐康	老挝中部乃至大部分地区	
8	勐满	老挝西部、西北部	

续表

序号	口岸	通商范围	面向国家
9	瑞丽	缅甸全境，是进出缅甸的国际大通道	缅甸
10	畹町	缅甸东部、中部地区（受德勒）	
11	孟定清水河	缅甸东部地区	
12	片马	缅甸北部	
13	盈江	缅甸北部	
14	沧源	缅甸东部地区	
15	章风	缅甸东北部地区	
16	南伞	缅甸北部地区	
17	打洛	缅甸东部和中部地区、泰国北部地区	多国
18	孟连	缅甸东部地区、泰国北部地区	
19	腾冲猴桥	缅甸北部、印度东部地区	

数据来源：作者整理。

2. 云南交通运输长度

（1）铁路营业里程。如表3-10所示，2015～2021年间，云南省铁路营业里程从2929.36公里增长至4744.37公里。截至2022年底，云南省铁路运营里程4981公里，其中高铁运营里程1212公里，云南铁路建设速度不断提升，铁路作为重要的基础设施，对于促进区域经济发展具有不可或缺的作用。云南省地处中国西南边陲，铁路网的建设对于加强与周边国家和地区的经贸合作具有重要意义。随着铁路运营里程的不断增加，特别是高铁的开通，云南省的口岸经济得到了极大的促进，极大地缩短了时空距离，促进了人流、物流的快速流动。同时也加强了云南与周边省（区、市）的联系，也为云南省的旅游业发展注入了新的活力。并且，铁路的建设还推动了云南物流业的转型升级，提升了物流效率和服务质量，为口岸经济的发展提供了有力支撑。

表3-10　2015~2021云南省铁路营业里程数量

年份	铁路营业里程（公里）
2015	2929.36
2016	3651.5
2017	3681.67
2018	3847.89
2019	4053
2020	4220.38
2021	4744.37
2022	4981

数据来源：云南省2015~2022年国民经济和社会发展统计公报。

（2）内航道通航里程。从表3-11可以看出，2015~2022年间，云南省内航道里程数量增长速度较快，2022年内河航道通航里程数为5108公里，较2021年增加了约517.78公里，这一显著增长对于推动云南省口岸经济的持续发展起到了至关重要的作用。作为连接东南亚与中国内陆的关键通道，云南省的航道里程增加不仅提升了区域内的物流效率，也为促进中国与东南亚地区的经贸合作与交流提供了坚实基础。不仅反映了云南省在交通基础设施建设方面的持续投入与不懈努力，同时也预示着该省在促进区域经济一体化进程中的积极角色。

表3-11　2015~2022云南省内航道通航里程数量

年份	内航道通航里程（公里）
2015	3938.75
2016	3979.15
2017	3979.15
2018	4024.15
2019	4223.15
2020	4589.25
2021	4590.22
2022	5108.00

数据来源：云南省2015~2022年国民经济和社会发展统计公报。

（3）公路线路里程。综合表3-12和3-13看，云南省公路里程逐年增加，无论是等线外公路里程还是公路线路里程都呈现上升的趋势。2021年云南省公路线路里程数为300889.58公里，较上年增加了8410.28公里，同比增长2.88%，这一增长趋势与云南省口岸经济的发展紧密相连。首先，公路里程的增加为云南省的口岸经济提供了坚实的基础支撑。随着公路交通基础设施建设的不断推进和完善，云南省的物流运输能力得到了显著提升，为口岸的货物进出口提供了更加便捷、高效的通道。同时，公路交通的通达性增强也进一步促进了区域经济的发展，为口岸周边产业带来了更多的发展机遇。其次，口岸经济的发展也在一定程度上推动了公路建设的步伐。随着贸易往来的日益频繁和规模的扩大，对交通基础设施的需求也在不断增加。为了满足这一需求，云南省加大了对公路建设的投入力度，不仅提高了公路的质量和安全性，还不断拓展公路网络，为口岸经济的发展提供了更加坚实的交通保障。

表3-12　2015～2021云南省等级以及等外公路线路里程表

年份	等线外公路里程（公里）	等级外公路里程（公里）
2015	38936	197071
2016	37154	200898
2017	34020.71	208525.6
2018	32374.28	220554.35
2019	30667.81	231740.8
2020	20206.4	272272.9
2021	19275.85	281613.75

数据来源：云南省2015～2021年国民经济和社会发展统计公报。

表3-13　2015～2021云南省公路线路里程表

年份	公路线路里程（公里）
2015	236007
2016	238052
2017	242546.3
2018	252928.63
2019	262408.66
2020	292479.3
2021	300889.58

数据来源：云南省2015～2022年国民经济和社会发展统计公报。

3. 云南省货运量及旅客周转量

（1）货物周转量。从表3-14看，2015～2022年云南省货物周转量逐步提升，2022年云南省货物周转量1949.62亿吨公里，较上年增长6.8%，由此可见，云南省货物周转效率较高。口岸经济的效应集中表现在过货量上，货运量的递增充分说明口岸的价值得到了充分的展现，能够进一步带动经济的发展。云南口岸的过货能力得以提升、货运量的增加使得云南口岸地区渐渐形成了多个经济贸易开发区，为发展口岸经济奠定了基础。

表3-14　2015～2022云南省货物周转量

年份	货运周转量（亿吨公里）
2015	1465.3
2016	1569.2
2017	1798.67
2018	1943.85
2019	1524.03
2020	1551.07
2021	1824.94
2022	1949.62

数据来源：云南省2015～2022年国民经济和社会发展统计公报。

由表3-15可知，2015～2022年，云南省不同交通方式货物周转客运量均有不同程度的上升，总体呈现的特点，一方面，从货物周转总量看，货运仍以公路货物周转为主，铁路货物周转量次之，水路货运较少，民航最少。另一方面，从较上年增长速度来看，铁路货物周转量较上年增长了8.9%，增长速度第一。公路货物周转量较上年增加了6.2%，增长速度第二，水路货运周转量较上年增长了5.9%，增长速度第三，但民航呈下降趋势，较上年减少了41.9%。随着口岸数量的增加，云南省的铁路、公路、水路、民航货运发展态势良好，仍有较大的发展空间。客运量的增加活化了这个地区的经济能力，不论是旅游还是购物都在很大程度上起到了经济的推动作用。

表3-15　2015～2022云南省不同交通方式货物周转客运量

（单位：亿吨/公里）

年份	铁路货物周转量	公路货物周转量	水路货物周转量	民航
2015	371.91	1094.95	14.08	1.51
2016	379.44	1173.06	15.20	1.50
2017	420.67	1360.37	16.21	1.46

年份	铁路货物周转量	公路货物周转量	水路货物周转量	民航
2018	436.08	1489.23	17.33	1.22
2019	489.86	1641.48	17.44	1.54
2020	441.38	1101.54	7.18	0.97
2021	438.25	1377.57	7.92	1.20
2022	477.15	1463.38	8.39	0.70

数据来源：云南省2015~2022年国民经济和社会发展统计公报。

（2）旅客周转量。由于云南省的地理位置特殊，具有多民族聚集的特点，旅游产业是云南省发展的一项主导产业，口岸的建设与完善对于旅游经济的带动同样发挥了重要作用，此外，口岸经济的效应体现在对旅游业的贡献上，从表3-16分析出，2015~2021年间，云南省旅游客运量稳定增长，但2019~2022年增幅有所下降，2020年各类旅客周转量都呈下降趋势，但2020年后已经开始稳步上升。由此可以看出，近年来，云南口岸建设水平不断提升，与之对应的客运承载能力和过客能力的不断提升，还有对应口岸服务质量的提高，都极大地促进了人员流动，对整个地区旅游业的发展也起到了关键的作用。云南省旅游业产业结构也随着口岸建设水平提升以及经济的推动得到了很大优化，对老挝、泰国、缅甸以及周边城市的贸易辐射作用逐步增强。

表3-16 2015~2022云南省不同交通方式旅客周转客运量

（单位：亿人/公里）

年份	铁路旅客周转量	公路旅客周转量	水路旅客周转量	民航
2015	111.53	328.52	2.50	155.41
2016	110.92	319.99	2.70	151.93
2017	131.90	308.27	2.88	153.66
2018	150.99	269.63	3.02	173.40
2019	181.95	251.27	2.30	196.99
2020	117.39	138.47	0.74	119.46
2021	136.28	138.03	0.97	123.82
2022	136.88	103.34	0.48	72.12

数据来源：云南省2015~2022年国民经济和社会发展统计公报。

二、云南口岸经济发展现状

（一）进出口交易情况

1. 进出口交易总额

根据中华人民共和国昆明海关公布数据，如表3-17所示，2015～2022年云南省进出口额从1902032万美元增长至5176932万美元，2022年云南省（境内目的地/货源地）进出口额为5176932万美元，相比2021年同期增长了1055589.22万美元，同比增长25.6%。云南省进出口总额增长速度较快，对外经济活动活跃，对外贸易为对外开放和经济社会的发展作出了重要贡献。

一方面，与东盟、RCEP贸易伙伴进出口增长。2022年，云南省对RCEP贸易伙伴进出口1438.2亿元，增长2.1%。对东盟进出口1273.7亿元，增长2.3%，其中对缅甸、泰国、马来西亚、老挝进出口值分别增长6%、21.7%、73.2%和38.5%。另一方面，中老铁路对外贸的促进作用凸显。2022年，中老铁路进出口140.2亿元，其中出口99.4亿元，进口40.8亿元；云南省企业经中老铁路进出口58.7亿元。

表3-17 2015～2021年云南省（境内目的地、货源地）进出口总额

年份	进出口总额（万美元）	同比增长（%）
2015	1902032	−4.5
2016	1742733	−8.2
2017	2139450	22.9
2018	2720447	27.2
2019	3344730	23.1
2020	3419849	2.3
2021	4121342	20.0
2022	5176932	25.6
2023（1～2月）	289544	−17.5

资料来源：华经情报网。

2. 进出口贸易方式

进出口贸易方式也称海关监管方式，是指货物进出口的交易方式。通过分析2022年1～12月云南省进出口商品贸易方式表可以发现，如表3-18所示：在云南省进出口商品贸易中排名前三的方式（除其他类）分别是一般贸

易、进料加工贸易、边境小额贸易，这也说明云南省进口贸易方式主要以传统的贸易形式为主，贸易的商品结构相对单一；此外，出口下降比例较大的是（除其他类）：易货贸易、其他捐赠物资、来料加工装配贸易，分别下降95%、46.2%、20.6%；出口增长幅度较大的包括海关特殊监管区域物流货物、出口加工贸易、保税监管场所进出境货物，分别上升107.2%、100%、73.8%。总体而言，创新进出口贸易方式，对于推动云南省经济的高质量发展意义重大，激发云南省对外贸易的发展潜力不仅取决于政府政策和地理位置优势，还需采取一系列措施，进一步优化外贸结构，鼓励创新为云南外贸发展提供了有利条件。

表3-18　2022年1~12月云南省进出口商品贸易方式表

名称	美元	美元同比%
一般贸易	3561984	0.1
国家间、国际组织无偿援助和赠送的物资	1283	65.8
其他捐赠物资	764	−46.2
来料加工装配贸易	126509	−20.6
进料加工贸易	487561	74.6
边境小额贸易	257799	−2.9
对外承包工程出口货物	1229	2.8
租赁贸易	1259	32.2
出料加工贸易	2	100
易货贸易	1	−95
保税监管场所进出境货物	45456	73.8
海关特殊监管区域物流货物	242943	107.2
其他贸易	277379	−39.2

数据来源：中华人民共和国昆明海关。

（二）外资引进情况

从外资引进情况来看，云南省积极统筹利用好国际和国内两个市场、两种资源，形成了高质量发展和高水平开放协同互动良性发展的格局，外资注入，有效助力云南的外资企业跑出来发展的"加速度"。云南省外商投资企业进出口情况统计表显示，如表3-19，2015~2022年外商投资企业进出口总额从50367万美元增加至87855万美元，增长率接近74%，增长势头强劲。此外，2018~2022年，云南全省新设外资企业1364家，实际利用外资37.26亿美元。仅2022年，云南省全年新设外资企业超342家，实际使用外资7亿美元，云南省稳外资引进工作呈现出稳中向好态势。云南省着力提升利用外资水平，招商引资呈现新的变化，具体的情况如下所示。

表3-19　2015～2022年云南省外商投资企业进出口情况统计表

年份	外商投资企业进出口总额（万美元）	累计同比增速（%）
2015	50367	-22.3
2016	48744	-3.2
2017	43903	-9.9
2018	58665	33.6
2019	78900	34.5
2020	73908	-6.5
2021	62449	-15.5
2022	87855	40.7
2023（1～2月）	9129	-50.1

数据来源：华经产业研究院。

1. 资金支持外商企业在滇发展

《云南省鼓励外商投资奖励办法》政策执行过程公开透明、程序完善、高效务实，自实行以来已成功向19家，共计24项的外资项目发放了总计1.944亿元人民币的奖金，并且于近期完成了2021年度的奖励金兑现工作。这些奖励金三年来有效撬动外商直接投资14.5亿美元，放大政策效用50倍，覆盖60%的利用外资额，受奖企业和项目数量逐年增长，受奖企业涉及云南省高原特色农业、新能源产业、先进制造业、现代商贸服务业等重点行业领域。《云南省鼓励外商投资奖励办法》这一政策的强力推行对于提升外资公司的投资信念，帮助他们应对风险并减少开支起到了重要的推动作用，得到了众多外资企业的广泛好评和热烈回应。

2. 外国资本在大规模引入和发展方面取得了新的进步

积极吸引了许多国际知名的跨国公司的关键合作项目并获得了良好的成果。例如，亚洲的第一座由法国普德赋集团打造的主题公园已经落地到大理白族自治州，目前已有三家企业的注册手续办理完毕；作为全球最大的威士忌生产制造商，世界企业500强——英国帝亚吉欧已经在2022年11月份开始建设其位于大理的威士忌酿造工厂；来自世界的500强企业——法国电力也加入昆明市禄劝县的风能及可再生能源项目的开发中；此外，全球著名的光伏玻璃巨头信义玻璃的投资项目落地曲靖市，预计总投资额为230亿元人民币，其中一部分资金将会以外资投资的方式注入云南省。

3. 外商投资逐步向重点产业布局

全省利用外资产业结构进一步优化，制造业、现代物流业、新能源产业利用外资分别占总量的15%、14%和10%。其一，是绿色能源领域，昆明市、曲靖市、红河哈尼族彝族自治州、楚雄彝族自治州正在专注于吸引新能源项目的外国投资，华润、中广核、华能、协和新能源等多个新能源项目实现利用外资近1亿美元。其二，是绿色食品领域，美国卓莓、澳大利亚科斯达等投资力度持续加大，荷兰方德波尔格、澳大利亚林奇等国际知名花卉企业也成功入选云南省"十大名品"。其三，是健康生活目的地领域，新加坡鹏瑞利国际健康商旅城——昆明南站项目等外国康养类项目正在加快推进。其四，数字经济领域，已引进苹果、SAP等公司，在人工智能、物联网、新零售和新制造等领域展开了相应的合作。

4. 外资企业持续发力消费市场领域

国际知名家具和家居零售商瑞典宜家昆明家居店、全球最大连锁便利品牌7-11在昆正式开业；昆明市中心最大的外资单体商业综合体恒隆广场成功引进君悦酒店品牌，去年新到位外资3000万美元以上；特斯拉已在云南省开放38座超级充电站、166个超级充电桩，其中22座超级充电站遍布高速服务区；知名咖啡消费品牌星巴克在云南省门店数量增至59家；丽江晶玺希尔顿酒店、地中海国际度假区等重大外资文旅项目先后投入运营。

5. 外资招商活动取得新成效

为搭建平台扩大外资来源，先后举办了奥地利企业、法国企业、驻蓉世界企业500强产业合作对接等"跨国企业云南行"系列活动，下半年还将举办对日本、韩国、德国的系列活动。同时，充分用好上海进博会、重庆西洽会等重大展会平台，举办了云南省与跨国公司产业合作主题活动、推介会、恳谈会等系列外资招商活动。

（三）云南综合保税区情况

综合保税区和保税港区一样，是我国开放层次最高、优惠政策最多、功能最齐全、手续最简化的特殊开放区域。综合保税区是设立在内陆地区的具有保税港区功能的海关特殊监管区域，由海关参照有关规定对综合保税区进行管理，执行保税港区的税收和外汇政策，集保税区、出口加工区、保税物流区、港口的功能于一身，可以发展国际中转、配送、采购、转口贸易和出口加工等业务。

1. 红河综合保税区

红河综合保税区于2013年12月16日经国务院批准设立，是云南省首个获批的综合保税区。2015年1月，红河综合保税区获得海关总署等十部委验收，2015年5月8日正式封关运行。2017年12月13日，海关总署同意开通红综口岸作业区，2018年1月1日起实施。红河综合保税区规划选址位于蒙自经济开发区出口加工产业园内，红河综合保税区投资5.3亿元，海关特殊监管围网区规划面积3.29平方公里，一期建设面积1.97平方公里。定位为西部地区面向东南亚和走向亚太的口岸物流中心、保税物流基地、保税加工园区、生产性服务贸易平台。位于昆明—河口—海防港经济走廊的交通枢纽，连接铁路、高速公路、航空、城市轨道交通，交通便捷，融入和服务国家"一带一路"倡议的区位优势得天独厚，是投资兴业的理想平台。

作为红河经济发展的先行区和示范区，近年来，红河综合保税区坚持在"建链、强链、补链、延链"上下功夫，针对有色金属及新材料产业、先进制造业、现代服务业、现代化工产业、绿色生态产业等主导产业，大力推动传统制造业转型升级，加大重点项目服务力度，全力推进产业集群建设，两区并驾齐驱，开启了发展"加速度"。如图3.6所示，2016～2022年，红河综合保税区进出口总额增长趋势明显，2016年进出口总额仅有160000万美元，2022年红河综合保税区进出口总额达273691万美元，进出口贸易发展稳定增长；入驻进出口贸易企业78户，在全国封关运行的148个综合保税区中排名第63名。

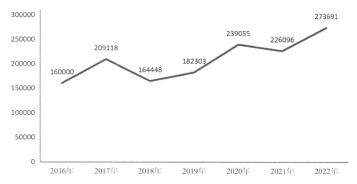

图3.6 红河综合保税区进出口总额（单位：万美元）

数据来源：中华人民共和国海关总署。

2. 昆明综合保税区

昆明综合保税区自2000年起开始申报，2016年2月3日获得国务院批复设立海关特殊监管区域。2017年5月12日，昆明综合保税区通过国家联合验收组验收并正式封关运行。昆明综合保税区总规划面积1.01平方公里，分A、B两个区。其中，A区即原昆明出口加工区，位于昆明经开区，规划面积0.42平方公里；B区位于昆明空港片区，规划面积0.59平方公里。空港片区位于国家级新区——滇中新区的临空产业带中部，距离昆明长水国际机场南侧约3公里。园区紧邻银昆高速、机场高速，320国道从门前穿过，最近的铁路货运场站距离仅约6公里，交通环境十分优越。

目前，园区已经形成了保税贸易和物流、保税加工、保税服务、跨境电商四大类产业集群。数据显示，如图3.7，2015～2022年昆明综合保税区进出口保持较好增长态势。2015年仅为5895万美元，2022年共完成进出口额201091万美元，增长了近3倍。

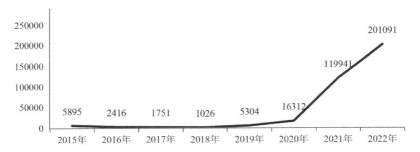

图3.7　2015～2022年昆明综合保税区进出口总额（单位：万美元）

数据来源：中华人民共和国海关总署

（四）云南边民互市贸易情况

1. 边民互市重要性

"边民互市促经济，边境绽开贸易花"，边陲地区的贸易活动已成为边境贸易的重要组成部分，不仅促进了当地经济的发展，也使边境地区充满了商机。从1984年至今，边陲地区的贸易活动在维护边境安定、推动边疆经济的发展方面发挥了重要作用，特别是对于帮助边境贫困县脱贫致富方面发挥了重要作用。对于云南、广西、西藏等边境地区来说，贸易一直是推动经济发展和改善民生的关键产业。多年来，边境贸易成为推动我国边境地区经济社会发展以及对外开放和改善民生的重要驱动力。

2. 边民互市现状

长期以来，云南省边民互市贸易监管以手工作业为主，效率低、速度慢。2016年，昆明海关在河口北山边民互市场所启动了边民互市贸易海关通关作业无纸化改革。改革后，参与边民互市贸易的边民通过指纹、刷卡就可实现自主申报、自动核放。到今年，边民互市管理新系统已在瑞丽、畹町、孟定、打洛、猴桥等20余个口岸运行上线。

云南省不断推动边民互市贸易转型升级，促进云南省边境贸易高质量健康可持续发展。一是在21个边民互市点推广上线全国统一版边民互市管理系统，规范边民互市管理；二是在12个边民互市点复制推广"互联网+边民互市"管理模式；三是探索通过水运、铁路运输方式进口边民互市商品。

3. 边民互市模式

（1）"边民互市+落地加工"出口模式。政府引进的边贸落地加工企业，该公司通过与当地边民合作社签订采购协议，将购进的原材料入境后能直接运到厂区，既节约了成本又提高了效益，其委托申报直通式运输等通关便利化措施扩大商品进口落地加工，助推边民互市贸易落地加工产业做大做强，真正做到留利于边留利于民，助力云南口岸经济高质量发展和边境民族地区振兴，让企业在边境享受到了互市贸易改革带来的红利。

（2）"电商跨境+边民互市"出口模式。通过口岸物流智能分拣系统，采取分送集报的形式，只需在跨境电商商品上贴具可查询商品信息的二维码，在流水线上进行分拣查验后，便可精准地将同类、同目的地跨境电商商品和边民互市商品进行拼车出口，既创新监管、降低成本，又解决了跨境电商信息不对称、难统计等问题。

（3）"互联网+边民互市"监管模式。"互联网+边民互市"的运作方式是采用线上推广、线下交易的方式。边境民众可通过在线购物平台选择或预订产品，然后到边境公民互助市场进行实物交易。交易订单信息发送至银行，结算凭证则送达海关，待海关对货品完成核准之后，交易便受到海关监管，此模式旨在改善边境商业活动，优化边境贸易流程中的海关监督机制，从而保证了"真实边境贸易"。

第四章　中国口岸经济发展的相关政策

第一节　国家关于口岸经济发展的相关政策

一、对《国家"十四五"口岸发展规划》（以下简称《规划》）的解读

（一）《规划》的出台背景

　　口岸作为国家的大门，是国内外贸易的必经之地，是对外开放的门户，也是人员经贸往来的桥梁和国家安全的重要屏障，担负着服务国家战略和外交大局的重任。做好口岸开放工作，对改善投资环境、促进经济和社会的发展，提高我国的国际知名度和地位都具有十分重要的意义。改革开放以来，我国不断推进口岸建设，取得了一定成效，口岸建设水平不断提升，口岸综合治理能力稳步提升。党中央、国务院历年来高度重视口岸发展与建设工作，自1995年以来，国家接续编制国民经济与社会发展规划纲要的同时，同步编制口岸发展五年规划，足以体现党中央、国务院对口岸工作的重视程度。"十四五"时期是我国全面建成小康社会、实现第一个百年奋斗目标之后，乘势而上开启全面建设社会主义现代化国家新征程、向第二个百年奋斗目标进军的第一个五年。习近平总书记强调，"我们构建新发展格局绝不是封闭的国内单循环，而是开放的、相互促进的国内国际双循环"。强大、韧性、可靠的国内大循环是我国发展的根基和命脉，良性互动、相互促进的国内国际双循环对于优化资源配置、提高发展质量具有关键作用。口岸在构建

以国内大循环为主体、国内国际双循环相互促进的新发展格局，以及开放型经济体系中发挥了积极作用。①

（二）《规划》的出台意义

为贯彻落实《中共中央关于制定国民经济和社会发展第十四个五年规划和二〇三五年远景目标的建议》精神，指导"十四五"期间口岸工作科学规范发展，海关总署还编制了《国家"十四五"口岸发展规划》（以下简称《规划》）。《规划》对"十四五"时期指导口岸发展工作，推动口岸工作高质量发展作出的重要部署，是指导"十四五"时期我国口岸工作的纲领性文件。

（三）《规划》的主要内容

《规划》包括7个部分，26节，2万余字，总结了"十三五"时期口岸发展成绩，分析了"十四五"口岸发展面临的形势，确定了"十四五"时期口岸发展的指导思想、基本原则、发展目标，部署了11项主要任务、4项重点工程和5项重大举措。

1. 11项主要任务

一是以口岸综合绩效评估为抓手，统筹推进平安、效能、智慧、法治、绿色"五型"口岸建设；二是着眼全面提升枢纽口岸功能，坚定不移推进口岸布局优化；三是坚持全国"一盘棋"，根据口岸所处区域、类型、功能定位等方面的差异性探索实施分级分类管理；四是统一规划、统一设计、统一投资、统一建设整体推进重点突破加强口岸基础设施建设；五是深入推进口岸智慧化建设，加强口岸信息化顶层设计，推进部门信息化升级和口岸数字化转型，深化国际贸易"单一窗口"建设，推进信息互联互通；六是加强口岸安全联合防控制度建设，有效防范、化解口岸风险；七是构建市场化法治化国际化的口岸营商环境，推动营商环境持续向好、显著改善；八是通过加快口岸经济发展平台建设和推动口岸优势产业发展，积极推动口岸经济发展；九是从法治理念、法治体系、执法监督出发深入推进口岸法治化建设；十是加强港澳和国际口岸交流与合作，发挥各自优势，实现资源共享、产业互补；十一是推进绿色口岸建设，实现港口经济与环境建设的协调发展。

---

① 习近平：中国新发展格局不是封闭的国内循环，而是更加开放的国内国际双循环[EB/OL].（2020-11-04）（2024-02-04）.https://www.gov.cn/xinwen/2020-11/04/content_5557396.htm

2.4项重点工程

为更好地推进落实11项主要任务，《规划》首次提出了重点枢纽口岸示范、以"补短板"为主的口岸设施升级改造、口岸智慧创新、口岸国际合作四项重点工程。

3.5项重大举措

建立口岸综合绩效评估管理制度、开展口岸标准化体系建设、建立持续优化口岸营商环境的长效机制、进一步完善口岸数据安全与共享机制、进一步完善适应口岸发展的投入保障制度五项重大举措。其中，重点工程旨在合理配置公共资源，引导社会资本投向，汇聚各方力量和资源，强长项、补短板；重大举措是为确保主要任务与重点工程如期完成而作出的基础性制度安排。

（四）如何贯彻落实《规划》

1.抓落地

加快制定《规划》的任务分工方案，同有关部门和地方政府共同认真做好《规划》落实工作。按照《规划》对组织实施已经作出明确安排。明确提出坚持中央统筹、省（区、市）强化主体责任、市县抓落实的工作机制。口岸所在地要明确各方责任，完善各项制度，建立联合防控机制，定期开展演练，确保口岸安全。

2.抓重点

抓住本次口岸开放的有利契机，对标国家"十四五"口岸发展规划目标要求，积极探索服务贸易发展模式，推动口岸经济发展实现更大突破。要全面推行"五型"口岸建设。其一是全面落实总体国家安全观发展"平安口岸"，其二是提高通关便利化整体水平建设"效能口岸"，其三是促进口岸数字化转型打造"智慧口岸"，其四是优化口岸执法环境构建"法治口岸"，五是以高效利用、低碳环保理念创建"绿色口岸"。

3.抓基础

建立健全工作机制，各相关部门加强协同配合，以综合绩效评估为抓手，加强统筹协调，形成工作合力，推动口岸工作高质量发展，为《规划》落实提供保障。

4.抓改革

以改革创新为动力，研究制定针对性有效性措施，破解制约口岸发展的体制机制障碍，推进口岸治理体系和治理能力现代化，促进口岸高质量发展。

（五）《规划》政策效果

根据《规划》要求，各地"五型"口岸建设稳步推进。目前，各地"五型"口岸建设已经取得了显著成效，为口岸的持续发展奠定了坚实基础。

1.智慧口岸建设不断深入

随着信息技术的快速发展，智慧口岸建设已经成为口岸管理工作的必然趋势。各地口岸积极引进先进的人工智能技术，通过数据分析和预测，为口岸管理提供更加精准、高效的支持。同时，还加强了对新技术的研究和应用，不断提升智慧口岸建设的水平和质量。

2.绿色口岸建设成果显著

在口岸管理工作中，云南始终注重环保和可持续发展。通过加强环境监测、优化物流运输等措施，不断推动口岸向更加绿色、环保的方向发展。目前，绿色口岸建设已经取得了显著成果，为口岸的可持续发展提供了有力保障。

3.平安口岸建设不断加强

安全是口岸管理工作的重中之重。如云南省各口岸通过加强安全监管、完善预警机制等措施，不断提高口岸的安全防范能力和应对突发事件的能力。同时，还加强了对口岸安全的宣传教育，提高了广大出入境人员的安全意识和防范能力。

4.效能口岸建设持续提升

不断优化服务流程、提升服务质量，为出入境人员提供更加便捷、高效的服务。同时，我们还加强了对口岸设施的维护和更新，加快口岸通关效率，确保口岸的顺畅运行和旅客的舒适出行。

二、对《国务院关于印发落实"三互"推进大通关建设改革方案的通知》（以下简称《方案》）的解读

（一）《方案》的出台背景

党的十八届三中全会提出"推动内陆同沿海沿边通关协作，实现口岸管理相关部门信息互换、监管互认、执法互助"（以下简称"三互"）的重要改革举措。[①]2015年，国务院公报正式刊登《国务院关于印发落实"三互"推

---

① 国务院印发《落实"三互"推进大通关建设改革方案》[EB/OL].（2015-02-03）（2024-02-04）.https://www.gov.cn/zhengce/content/2015-02/03/content_9448.htm

进大通关建设改革方案的通知》。《方案》为深入推进口岸大通关建设，推进口岸治理体系和治理能力现代化，指明了发展方向。李克强总理在政府工作报告中提出"加快互联互通、大通关和国际物流大通道建设"，对更好地贯彻落实《方案》具有十分重要的指导意义。

（二）《方案》的出台意义

1.《方案》的出台将有力促进开放型经济新体制的构建

《方案》积极落实了中央重大战略决策部署，提出了一系列改革举措，强调通过完善体制机制，推动跨部门、跨区域的通关协作，推进大通关建设，必将有力促进新一轮高水平对外开放和加快构建开放型经济新体制。

2.《方案》的出台将有效推进口岸治理体系和治理能力现代化

《方案》坚持安全与便利并重，强化立法与改革的协调，运用法治思维和法治方式推动口岸管理相关部门共同简政放权、放管结合，切实做到法无授权不可为、法定职责必须为，实现执法为民。

3.《方案》的出台顺应发展趋势与国际潮流

《方案》无论是整体理念谋划，还是具体改革措施设计，无论是强化口岸管理相关部门协同协作，还是加强国际机制化合作，都始终贯穿了互联互通、协同治理这一核心。

（三）《方案》的具体内容

《方案》由5个部分、20小节组成，其中第一部分是改革总体要求，第二、三、四部分分别从大通关的协作机制、管理体制以及整体环境等3个层面提出具体改革措施，第五部分是改革步骤安排和组织落实。《方案》部署的一系列改革，概括来说就是"一个立足点，三方面主题"。

1. 一个立足点

实施新一轮高水平对外开放，加快构建开放型经济新体制。《方案》是开放领域的一项重要改革，旨在安全便利并重，优化口岸管理机制，转变职能实现方式，推进口岸综合治理体系和治理能力现代化，形成既符合中国国情又具有国际竞争力的大通关管理体制机制。

2. 三方面主题

主题一是加强协作，切实提高口岸大通关的效率。着力争取政策扩大开放；着力建设国际快速物流通道；着力拓展国内航线航班；着力构建口岸联检工作良好环境；着力加快口岸基础设施建设。

主题二是搭建平台，着力优化口岸大通关的服务环境。一方面，方案要求强化大通关协作机制，推进国际贸易"单一窗口"建设，推行"联合查验、一次放行"的通关新模式，实施联合登临检查等"一站式作业"。同时，方案要求简化口岸现场通关环节，通过属地管理、前置服务、后续核查等方式将口岸通关非必要的执法作业前推后移，把口岸通关现场执法内容减到最低限度；另一方面，要加强口岸应急安全保障。立足口岸安全防控，保卫国家安全，建立常态化的联合工作机制。加大口岸安防设施设备等硬件的投入。完善口岸监管执法互助机制，强化口岸管理相关部门全方位合作。

主题三是深化改革，增强口岸大通关的制度保障。一方面，从深化改革上看，建设实现"单一窗口""一站式作业"、口岸监管设施资源整合、口岸作业环节前推后移等改革；全面实施区域通关一体化改革，加快推进内陆沿海沿边一体化通关管理。另一方面，从制度保障上看，首先要加快构建以信用为核心的海关监管体系，真正形成守信激励、失信惩戒、集约高效、协调统一的通关一体化的管理格局。同时继续修订完善口岸管理相关法律法规，完善通关法治体系建设。坚持立、改、废、释并举，增强法律法规的及时性、系统性、针对性、有效性，提高执法透明度和公信力。

（四）如何贯彻落实《方案》的安排部署

1. 完善口岸工作机制

根据实施更为积极主动的口岸发展策略，加强内陆与沿海沿边的通关合作，优化口岸工作流程。通过严格、公正、文明地执行法律规定，提高口岸管理相关部门的监督协调力度，增强各部门之间资源的共享和整合。

2. 着力完善口岸开放布局

基于"三互大通关"的成功构建，加快推进口岸管理的"一站式作业"改革，并持续推动"关检合作三个一"发展，即一次申报，一次查验，一次放行。加快优化口岸开放布局，增强对内陆及边境口岸的支持力度，以推动内地经济更快且协调地发展。

3. 加快信息全面共享

通过利用电子口岸平台，促进口岸管理相关部门之间的横向互联，从而实现口岸管理相关部门信息的全面共享。

4. 加强方案的组织落实

各相关部门需共同协作，全力以赴推动相关的改革措施实施，强化对改革计划执行情况的监督检查，完善大通关体制机制建设。

（五）《方案》落实效果

1. 在沿海口岸建成单一窗口的工作目标基本实现

建立了中央和地方统筹推进"单一窗口"建设工作机制，"单一窗口"在各地上线运行，服务功能不断完善。

2. "一站式作业"在部分地区和领域取得实效

关检合作"三个一"已经全面推广范围不断扩大，实现多部门"联合查验、一次放行"。

3. 积极探索口岸安全联防联控

公安、海关、税务、质检、工商等部门就反恐、反偷渡、打击骗退税、查处逃避检验检疫等方面加强机制合作，形成监管合力。

第二节　云南省关于口岸经济发展的相关政策

一、对《云南省人民政府关于加强口岸工作推进大通关建设的实施意见》（以下简称《实施意见》）的解读

（一）《实施意见》的出台背景

根据《国务院关于印发落实"三互"推进大通关建设改革方案的通知》《国务院关于改进口岸工作支持外贸发展的若干意见》等文件精神，为进一步增强云南省面向南亚东南亚国家的辐射力、影响力和引领力，将区位优势和口岸通道优势转化为发展优势，更好地为云南省建设面向南亚东南亚辐射中心前沿服务，努力提高云南口岸大通关工作整体水平，促进开放型经济发展，云南省人民政府制定了《云南省人民政府关于加强口岸工作推进大通关建设的实施意见》，主要内容包括总体要求；提高认识，夯实口岸发展物质基础，增强口岸大通关建设的紧迫感；搭建平台，努力实现口岸大通关新跨

越；优化口岸发展环境，提高口岸大通关效率，着力优化口岸大通关服务环境；全面深化改革；强化口岸大通关的制度保障六部分。

（二）《实施意见》的出台意义

口岸是国家的门户，口岸功能的强弱和运行效率的高低，对一个国家和地区的经济发展以及社会繁荣至关重要。尤其是在全球经济一体化的推动下，贸易自由度的提升使得边境管理的流畅度及通关效率变得愈发重要，这已逐渐成了评判一个企业或区域甚至国家的经济发展程度与竞争力的重要标准，对国际资本的流入以及云南口岸发展的进步有着深远影响。实行"大通关"的重点是联检单位对船货的联合查验通关放行，涉及单位和内容比较多。建立大通关后口岸货运流通效率会大幅度提升，对口岸经济快速发展帮助非常大，能以最短的时间、最低的成本为企业提供最好的服务。

（三）《实施意见》的重点任务

1. 加强协作，切实提高口岸大通关的效率

基于云南省的地理位置优越条件，以建设面向南亚东南亚辐射中心的重要前沿口岸为目标，依托口岸，让边民互市、进出口贸易及转口加工经济活动同向发力，形成"口岸+通道+城镇+产业+物流"协同联动的一体化互动模式，从而有力推动大物流发展。

2. 搭建平台，着力优化口岸大通关的服务环境

加快电子口岸建设；全面推进"三个一"（一次申报、一次查验、一次放行）；加快国际贸易"单一窗口"建设；加快跨境电子商务通关服务平台建设；创新通关服务模式；清理和规范口岸收费；加强口岸应急安全保障。

3. 深化改革，增强口岸大通关的制度保障

积极推行"一口岸多通道"管理模式；全面实施区域通关一体化改革；推进综合改革试点；完善大通关法治和信用体系建设；加强组织领导；加强队伍建设。

（四）《实施意见》的具体内容

1. 夯实基础

《实施意见》在夯实基础部分总的有三个方面。第一，加快口岸基础

设施建设。实施口岸基础设施建设对于提升口岸服务能力、保障国家战略安全有着重要意义，全力以赴推进口岸基础设施建设，对于提升口岸现代化、专业化、智能化、信息化水平，切实把口岸优势转化为经济发展优势具有重要意义。第二，扩大口岸开放。优化口岸布局，形成功能完备的口岸集群。优化口岸布局，形成功能完备的口岸集群。口岸作为国家的大门，是国内外贸易的必经之地。口岸开放可以缩短国际贸易的距离，让交易更加便捷和迅速，并且可以降低贸易成本，提高商品流通率，促进国民经济的发展，扩大口岸开放程度，对于各行各业的发展及国际商贸有深远的影响。第三，完善与周边国家合作机制。中国—东盟自由贸易区的全面启动、"一带一路"倡议的顺利实施，已经在中国同南亚东南亚等周边国家之间形成了大规模的人流、物流、资金流和信息流，要把握机遇，加强同南亚东南亚等周边国家的文化交流合作，增进彼此间友好关系，展示中国对外开放的良好形象，提升中国及云南省的影响力和吸引力，为区域经济合作奠定坚实的民意基础。

2. 构建平台

第一，加快云南电子口岸建设。电子口岸的有效运行是云南省建设面向南亚东南亚辐射中心进程的一个重要环节，是推动全省口岸通关服务进一步迈上新台阶的重要实践，有效缩短了通关时间，提升了云南口岸通关便利化水平。其将有利于云南省积极主动融入和服务国家"一带一路"倡议，提高商务管理信息化水平，搭建大商务综合服务平台，降低管理成本和贸易成本，提升云南省企业的国际竞争力。第二，全面推进"三个一"。具体要求是依托云南电子口岸平台，全面实施关检合作一次申报、一次查验、一次放行，"三个一"概括了云南电子口岸建设的基本要求。第三，加快国际贸易"单一窗口"建设。这有利于节约审批时间，提高口岸效率，有效拓展"单一窗口"的应用功能。第四，加快跨境电子商务通关服务平台建设。依托云南省国际贸易跨境电商公共服务平台功能，与海关跨境电商出口统一版进行对接，便于企业对订单、运单、清单、支付单、运抵单进行推送、申报和统一管理。

3. 优化环境

第一，完善大通关法治和信用体系建设。口岸工作涉及部门多，协调合作的难度相对较大，不断完善相应的法律基础，通过统筹推进项目审批、商事制度改革有利于积极构建现代化口岸体系，为营造国际一流营商环境打下坚实基础。今后，政府及多部门要全面落实《云南省优化营商环境条例》，持续优化口岸营商环境，提升跨境贸易便利化水平。第二，清理和规范口岸收费。推动口岸收费流程透明化、标准化，是推动口岸经济做出特色、做成品牌的基础性工作，有利于推进"口岸经济"向"通道经济"发展，持续扩大发挥口岸经济辐射效应。第三，加强口岸应急安全保障。口岸是对外开放的重要门户，是国家主权的象征，是保卫国家安全的重要屏障，是连通中国与世界的大门。口岸的发展情况与国门安全及总体国家安全紧密关联，要加强国家安全体系和能力建设，确保国家经济安全，保障人民生命安全，维护社会稳定和安全，此外，要落实云南口岸突发事件应急处置预案，建立和完善口岸常态化安全工作机制，把不安全、不稳定的因素排除在外。实行便利通关政策，提高通关效率。建立海关、税务、外汇、商务等部门间定期会商机制，研究解决跨境电商发展重大问题。

4. 深化改革

第一，积极推行"一口岸多通道"管理模式。第二，全面实施区域通关一体化改革。第三，推进综合改革试点。第四，推动口岸经济发展。构建更加公平高效、畅达便捷的通关体系，持续推进通关领域"放管服"改革，切实以改革创新促进贸易便利，推动口岸通关领域改革取得新成效。深化口岸机构服务机制改革，推进口岸机构服务功能向进出口货物集散地延伸，从单一的"国门安全"向经济安全转变，构建服务外延、就地办单、多式联运、无缝对接的口岸服务新格局。

5. 强化保障

第一，加强组织领导。要立足于边疆地区区位优势，结合口岸城市的资源禀赋，充分发挥组织的引领力、创造力、凝聚力、推动口岸经济高质量发展。统筹调动执法、边检、商务等部门协调合作，发挥各自组织优势，稳定推进跨境经济合作、口岸货运通道、边民贸易以及各类自贸区等重点项目建设，稳定推进双边贸易发展。第二，加大资金投入。把加快口岸建设，提升口岸城市经济高质量发展作为财政部门中心工作注重财政政策与各类政策的协同发力，积极化解地方政府债务，加大对口岸相关领域相关产业的投入，推动积极的财政政策提质增效。第三，加强队伍建设。扎实开展"高层次人才走边疆·助力强边固防"行动，坚持以支撑发展为基点，以用好人才为根本，以高端人才为引领，以增强人才的实践能力、创新能力为核心，以创新机制为保障。全面落实国家和省相关人才政策，结合港口行业特点，围绕引进好、培养好、使用好人才，创新人才政策机制，完善人才服务体系，增强人才政策的吸引力和竞争力，不断激发人才创造活力。第四，强化当地政府责任。要加强组织领导，狠抓责任落实，统筹谋划，各政府部门要主动担责、认真履责，各职能部门要靠前服务、联动配合，共同推进口岸强州战略向纵深发展。

（五）《实施意见》落实效果

1. 实现了口岸通关效率的大幅提升

磨憨公路口岸通过部署一站式通关系统、智慧验放一体机等，实现人员车辆信息自动采集，海关和边检共用通道联合验放，平均日通关量由360辆增长到900辆以上，历年来境外农产品入境高峰期季节性拥堵问题得到有效缓解。河口公路口岸实施"运抵直通"、"两卡合一"、智慧查验管理改造，实现货运车辆从国门入境后顺利直达海关监管作业场所，通行时间由30分钟缩减至10分钟以内。全省口岸进出口整体通关时间继续保持全国领先。

2. 实现了口岸与城市管理相互联动

河口公路口岸部署了跨境运输智慧管理平台，实现跨境车辆进入河口县即纳入管理，以时间换空间，与城市治理"一网统管"联动，保障了口岸高效通关和城市交通秩序。

二、对《云南省优化口岸营商环境促进跨境贸易便利化工作实施方案》（以下简称《实施方案》）的解读

（一）《实施方案》的出台背景

党中央、国务院高度重视优化营商环境、提升跨境贸易便利化水平工作。2017年7月17日，习近平总书记在中央财经领导小组第16次会议提出"要改善贸易自由化便利化条件，切实解决进口环节制度性成本高、检验检疫和通关流程繁琐、企业投诉无门等突出问题"。[①]2018年1月3日，国务院第196次常务会议提出，要"制定切实有效措施，提高我国跨境贸易便利度排名"。[②]2018年4月25日，李克强总理批示要求，以世界银行评价为契机，坚

---

① 习近平：知识产权保护是塑造良好营商环境的重要方面[EB/OL].（2017-07-08）（2024-02-04）.https://www.cnipa.gov.cn/art/2017/7/18/art_648_134550.html

② 部署进一步优化营商环境 持续激发市场活力和社会创造力确定加大支持基础科学研究的措施 提升原始创新能力[EB/OL].（2018-01-03）（2024-02-04）.https://www.gov.cn/guowuyuan/gwycwhy/20180103c01/index.htm

持问题导向，主动对标，抓紧落实好各项政策措施，持续深化"放管服"改革，推动营商环境取得实实在在的显著改善。9月18日、26日，国务院连续召开两次常务会议，对促进跨境贸易便利化、推动通关环节提效降费进行研究。9月29日，国务院口岸工作部际联席会议第四次全体会议上，胡春华副总理对相关工作又做了进一步部署，提出促进跨境贸易便利化、推动通关环节提效降费进行研究。[1]2018年，《国务院关于印发优化口岸营商环境促进跨境贸易便利化工作方案的通知》围绕"减单证、优流程、提时效、降成本"等工作提出了明确目标和具体要求。[2]

为全面贯彻落实国务院第25次、26次常务会议、国务院口岸工作部际联席会议第四次全体会议和全国提效降费工作会议精神，优化口岸营商环境，加快推进口岸提效降费，促进跨境贸易便利化工作提出以下实施意见。为贯彻落实党中央、国务院关于进一步优化云南口岸发展环境，加快推进口岸提效降费工作，不断提升跨境贸易便利化水平的决策部署，云南省人民政府研究在广泛征求多个口岸管理部门以及相关企业的意见建议后，结合云南省实际情况，最终形成了《关于优化口岸营商环境促进跨境贸易便利化工作实施方案》。

（二）《实施方案》的出台意义

第一，优化口岸营商环境促进跨境贸易便利化是发展壮大口岸经济的关键所在。

第二，优化口岸营商环境促进跨境贸易便利化是推动外贸稳规模优结构，立足新发展阶段、贯彻新发展理念、构建新发展格局、推动高质量发展的破题之举。

第三，优化口岸营商环境促进跨境贸易便利化是口岸通关业务办理变得更简单、更便利的现实举措。

（三）《实施方案》的主要内容

《实施方案》主要包括总体要求、工作任务、组织实施三个方面的内

---

[1] 优化口岸营商环境 促进跨境贸易便利化[EB/OL].（2018-12-06）（2024-02-04）.https://economy.nmgnews.com.cn/system/2018/12/06/012614592.shtml
[2] 减单证、优流程、提时效、降成本[EB/OL].（2018-09-27）（2024-02-04）.https://www.gov.cn/xinwen/2018-09-27/content_5325771.htm

容。工作任务从围绕简政放权，减少进出口环节审批监管事项；加大改革力度，优化口岸通关流程和作业方式；提升通关效率，提高口岸物流服务效能；加强科技应用，提升口岸管理信息化智能化水平；完善管理制度，促进口岸营商环境更加公开透明等五个方面进行安排部署，共有25条措施。《实施方案》要求高度重视，切实增强优化口岸营商环境促进跨境贸易便利化工作的紧迫性，围绕五个方面提出了扎实推动优化口岸营商环境、促进跨境贸易便利化进行的具体部署。

一是围绕简政放权，减少进出口环节审批监管事项。通过精简进出口环节监管证件、优化监管证件办理程序，简化工作环节，以实现高效运转流程的目的。

二是加大改革力度，优化口岸通关流程和作业方式。在优化通关流程上，要落实通关一体化改革，稳步推进出口"提前申报"模式，推广"双随机、一公开"监管模式，推广应用"提前申报"模式，探索实行"先放行后缴税"，进一步提高通关效率，压缩货物通关时间；在优化作业方式上，优化检验检疫作业，推行进口矿产品等大宗资源性商品"先验放后检测"检验监管方式。

三是提升通关效率，提高口岸物流服务效能。首先，要提升通关效率从口岸基础设施建设上发力，先进的口岸查验设施、优良的道路交通条件、完善配套设施是加快通关效率的根基。其次，从口岸服务上看，要推动查验电子化、多式联运信息化、口岸通关管理便利化、鲜活商品通关高效化、通关管理物流中介服务规范化，提高进出口通关货运效率，实现口岸进出口货运量稳步增长。

四是加强科技应用，提升口岸管理信息化智能化水平。通过"单一窗口"、协调简化单证格式和数据标准，减少数据重复录入，让数据多跑路，让企业少奔波，为企业提供"一站式服务"。加快推进口岸物流信息电子化、口岸查验智能化。

五是完善管理制度，促进口岸营商环境更加公开透明。加强口岸通关和运输国际合作。积极协调国家有关部委推动制修订国际运输双边、多边协定，推动与有关国家开展合作。管理制度上，其一要严格执行行政事业性收费清单管理制度，其二要实行口岸收费目录清单制度，其三要建立口岸通关时效评估机制。同时，要公开通关流程及物流作业时限，保障口岸营商环境的透明度。

另外，《实施方案》制定了从组织、落实、宣传3个方面的保障措施。落实责任单位共涉及11个部门和全省各州、市。

（四）如何贯彻落实《实施方案》的安排部署

1. 加快落实

将按照《实施方案》的要求，对标对表全面落实各项提升举措，加强与职能部门的沟通协调，争取尽快细化出台优化口岸营商环境提升跨境贸易便利化相关工作方案，进一步优化提升口岸跨境贸易便利度，推动营商环境建设不断改善，助力云南口岸高质量发展。

2. 持续发力

围绕"压时、降费、提效、透明"目标，持续深化"放管服"改革。深入推进审批制度改革，持续推进营商环境各领域各环节创新，为打造更加便利的营商环境注入新活力。

3. 落实反馈

要求全国海关第一时间反馈落实中的重要情况，确保政策措施落到实处，深入企业送政策、听意见、解难题，加强政策措施宣传，有针对性解决企业面临的实际困难，让企业有更多实实在在的获得感。

（五）《实施方案》落实效果

云南近年来"提前申报""放管服""一站式服务"等通关便利化措施落地生效，减免各类税款四百余万元，持续暖企惠企。如云南省德宏州根据《实施方案》出台《德宏州优化口岸营商环境十条措施》，在减环节、优流程、提效率、保畅通、降成本上下足功夫，不断提高工作效率和通关效率。深化"放管服"改革，推进法治化营商环境建设，开展处级领导挂钩重大项目和民营企业，着力做好各类要素保障工作。畹町口岸推进"人工+机检"监管模式，实行"保姆式"服务，推广实施"服务企业见面会"，设置专用窗口和绿色通道，对符合条件的产品实施"免到场查验""附条件提离"，即到即报、即报即验、即验即放。同时，推进绿美城乡建设，完善民生服务配套设施，为口岸经济高质量发展保驾护航。

三、对《关于支持云南加快建设我国面向南亚东南亚辐射中心的意见》（以下简称《意见》）的解读

（一）《意见》的出台背景

党的十八大以来，以习近平同志为核心的党中央提出对外开放的一系列新理念新思想新战略，为云南新时期的对外开放指明了方向、规划了路径、提出了目标。把云南建设成为我国面向南亚东南亚辐射中心，是以习近平同志为核心的党中央把握国内外发展大势，站在党和国家全局发展的高度，对云南在全国开放大格局的新定位。沿着总书记指引的方向，云南各族干部群众砥砺奋进。

为深入贯彻习近平新时代中国特色社会主义思想和党的十九大精神，充分发挥云南省在全面开放新格局和"一带一路"倡议建设中的区位优势，促进云南省加强与周边国家互利合作，为加快建设面向南亚东南亚辐射中心，特制定《关于支持云南加快建设我国面向南亚东南亚辐射中心的意见》。

（二）《意见》的出台意义

提升地区经济吸引力，吸引国内外资金特别是南亚东南亚资金，带动面向南亚东南亚的国内国际双循环，加快同周边国家开放合作，推动云南省主动服务和融入新发展格局，成为强大国内市场与南亚东南亚国际市场之间的战略纽带和"大循环、双循环"的重要支撑，更好地发挥云南在全国发展大局中的地位和作用。

（三）《意见》的主要内容

1. 进一步深化与周边国家农业合作

在种植业领域上，要立足于云南自己的特色经济作物，加大与周边国家的合作，建立农业生产基地、大宗农产品交易中心、仓储中心和配送体系，同时也要推动建设现代农业示范园区，推广先进的种植技术、设备走出去。在畜牧业渔业方面，推动畜牧业渔业养殖标准化、规范化、生态化。合作推广粮改饲，探索偶蹄类动物进口检验检疫监管办法。

2. 进一步深化与周边国家基础设施互联互通和产能合作

实施好面向南亚东南亚辐射中心的综合交通发展规划，加快建设面向南

亚东南亚的国际通信枢纽。建设区域能源合作中心，推进与周边国家电力联网，以云南省为基地建立与南亚东南亚国家的双边多边能源合作机制。加大国际旅游集散地建设力度，深化边境旅游业改革，支持云南省有条件的地区设立边境旅游试验区。打造区域跨境物流中心，深化与孟中印缅经济走廊、中国—中南半岛经济走廊等地区的交流合作，互利共赢建设一批境外产业园区，有序推动国际产能合作。

3.进一步深化与周边国家经贸合作

促进边民互市贸易发展，真正惠及沿边居民，活跃当地市场。继续提升贸易便利化水平，探索建立双方共同建设、共同管理、共同受益的合作机制，推动跨境经济合作区创新发展。

4.进一步深化与周边国家金融合作

推动云南省企业与周边国家的贸易、投资采用人民币计价、结算、支付，进一步完善与境外银行业金融机构之间的跨境清算结算渠道，探索非现金支付工具的跨境使用；同时对基础设施互联互通、政府合作、国际产能与装备制造合作、能源矿产合作等领域重大项目给予合理的金融支持。

5.进一步深化与周边国家的人文交流

支持云南省利用与周边国家地缘相近、人缘相亲的优势，承担国家交办的周边外交任务，研究将云南省列入主场外交系列配套活动目的地。同时要大力开展教育科技文化医疗方面的合作。

（四）如何贯彻落实《意见》的安排部署

1.产业发展方面

接续提升特色优势产业竞争力。做大做强优势产业，大力发展高原特色农业，推动铝、硅、磷等资源型产业绿色化精深加工，积极布局战略性新兴产业，服务和规范企业"走出去"。

2.交通运输方面

加快推进中老铁路沿线开发重大项目，促进"澜湄快线"与中欧班列、澜沧江-湄公河国际航运等有机衔接。

3.外交方面

密切与南亚东南亚国家人文交流。积极落实中央"与邻为善、以邻为伴"和"睦邻、安邻、富邻"的周边外交方针政策。

（五）《意见》落实效果

1. 加快智慧口岸建设

印发《云南省智慧口岸建设总体方案》及磨憨、河口、瑞丽（含畹町）、腾冲猴桥、孟定清水河5个智慧口岸建设实施方案，围绕智慧赋能、设施现代、监管高效、服务一流、融合发展等重点，大力推进口岸数字化转型和配套基础设施建设。省商务厅坚持创新驱动、对标一流，以智慧海关、智慧边检建设为重点，省发展改革委、省商务厅安排3.69亿元资金重点推进磨憨、河口、瑞丽3个智慧口岸项目建设，启动了腾冲猴桥、孟定清水河2个智慧口岸项目。目前，磨憨、河口智慧口岸建设已经取得明显成效。磨憨公路口岸货运车辆验放时间从原来的平均8～10分钟缩减至4分钟以内；河口公路口岸货运车辆从国门到海关监管作业场所通行时间压缩一半以上。昆明海关、云南出入境边防检查总站等单位全力支持参与智慧口岸建设，围绕智慧监管、精准监管、高效监管的目标，持续提升通关便利化水平，2022年云南省进出口整体通关时间继续保持全国领先，2022年12月当月进出口整体通关时间列全国第一。

2. 加快完善口岸功能

2022年，省商务厅安排2.9亿元资金，加大支持昆明市、西双版纳州共建磨憨国际口岸城市，开通磨憨—磨丁口岸货运专用通道，完成磨憨铁路口岸国家验收指出的8个方面问题的整改，建成铁路口岸综合性指定监管场地、磨憨新边民互市场。支持西双版纳州加快关累港口岸等项目建设，推动磨憨公路口岸出入境通道改扩建。积极完善口岸贸易基础设施，2022年，共推进7个指定监管场地立项申请上报海关总署。

3. 加快制定口岸建设三年行动

计划用三年时间，集中力量组织实施优化口岸布局、口岸交通建设提升、口岸基础设施补短板、口岸通关能力提升、口岸经济壮大、口岸营商环境优化提升6个专项行动，重点推动65个口岸项目加快建设，加快打造面向老、泰、马、新，面向越南，面向缅甸3个方向的口岸群和航空口岸群，着力提升口岸过货通行能力、便捷通关能力、联动发展能力，做强口岸产业，努力形成"口岸+通道+城镇+产业+物流"协同联动发展格局，为把云南建设成为我国面向南亚东南亚辐射中心提供强有力支撑。

第五章 云南口岸经济发展存在的问题

第一节 口岸城镇（市）化水平滞后

口岸城镇（市）是沿边口岸的重要载体，主要以外向型经济为主导。口岸城镇（市）化是积极整合国内和国外两种资源，整合两个市场的新型城镇（市）化发展道路。沿边口岸城镇（市）也具有城镇（市）的一般功能，但是还强调基础支撑功能与发展平台聚集功能，这两个功能对于提升口岸通关效率和整合土地、产业、园区、资金、人才等要素功能的保障与聚集有重要作用。口岸是国家对外开放的门户，是对外交往和经贸合作的桥梁。云南口岸城镇（市）不断发展，为经济高质量发展增加了新的动力，但是发展过程中也存在一系列问题，这些问题掣肘云南省沿边口岸的发展，主要问题表现在口岸城镇（市）聚集能力弱、口岸城镇（市）与口岸协调不足、口岸经济发展缓慢以及口岸城镇（市）水平不足。

一、边境口岸城镇（市）功能不完善

从历史的视角审视中国陆地边境口岸发展与其腹地的互动关系，可以看出东西部地区的口岸发展差距较大。云南省边境口岸城镇（市）与其他地区的城镇（市）形成过程有所不同，主要是以出入境和边贸互市点为基础，不断辐射形成口岸城镇（市）。这种边境口岸城镇（市）演变过程，相较于东部发达口岸城镇（市），经济发展速度较低，城镇（市）功能相对不完善。

第一，口岸城镇（市）功能不完善。一方面，城镇（市）经济发展水平低，城镇（市）基础设施薄弱。与东部地区海运口岸相比，云南省陆运口

· 101 ·

岸较多，口岸城镇（市）经济发展水平整体较低，边境口岸城镇（市）发展水平远低于我国边境口岸城镇（市）平均水平。如云南高黎贡山国家级自然保护区西坡腹地的片马口岸、腾冲西部的猴桥口岸以及临沧耿马的孟定清水河口岸等，这些口岸存在为促进口岸所在城镇（市）以及沿边开放开发、经济发展和为边疆民族地区繁荣稳定作出了巨大贡献，但相较于中国其他口岸体系构建的完整性而言，仍然处于最低层次。再比如，从位置上来看，章凤、沧源、临沧等口岸仅属于县域城镇的一部分，其布局发展与口岸城镇（市）区域规划不匹配，发挥的口岸集镇中心作用较弱，不能推动周边城镇（市）的资源要素集聚，城镇（市）功能短缺和功能发育程度低下。另一方面，口岸经济发展层次低。口岸经济在整个经济发展中处于"边缘化"地位，缺乏强有力的经济增长点，发展速度缓慢。

第二，交通基础设施薄弱。随着边境口岸城镇（市）的开发、开放和经济发展，口岸城镇（市）发展的基础设施条件也得到了很大改善。但云南口岸城镇（市）在交通基础设施方面还存在一些问题：一是口岸城镇（市）通乡公路等级低、等级差，通车里程短、通行能力差。边境口岸城市周边公路、铁路等交通体系层级相对较低，导致口岸货物吞吐能力低，境内外运输衔接不畅通，通关困难，通关速度慢、效率低。二是由于交通基础设施落后，与我国西部地区一些中小城镇（市）相比存在较大差距，边境口岸薄弱，基础设施、设备技术不配套、老化问题严重，口岸仓库、货运场站规模小、占地有限，通关、报关、报检设施不完善、落后等原因导致通关成本高、时间长的问题。此外，口岸通关配套设施相对匮乏，口岸查验设施、口岸道路设施、口岸办公设施等缺乏均影响了口岸通关效率。三是边境口岸城镇（市）公共交通、通信网络、信息网络、广播电视等基础设施建设严重滞后，对口岸经济发展的带动能力较弱。如临沧仅有1座飞机场，基础设施严重滞后，不能满足口岸经济发展的需要；沧源至腾冲公路虽然已通车，但仅限于城镇（市）与公路相连的部分地段，离彻底解决交通瓶颈还有一定距离；耿马、沧源等口岸的通信网络建设落后于内地同类型口岸。四是第三方物流企业集中在边境口岸，尚未形成规模，缺乏足够的配套服务。边境口岸物流基础设施差，物流企业未形成规模，无法使相关生产要素向边境口岸集聚。

二、边境口岸城镇（市）聚集能力弱

云南省相较于其他发达省份而言，发展不平衡，经济基础薄弱的现象较为突出，特定的地缘因素和历史背景决定了云南边境口岸发展以要素开放型为主，是渐进式地推进生产要素配置和资源流动的对外开放道路。从地域来看，以经济特区或其他经济开放城镇（市）为核心，逐步辐射全省其他地区。从要素类型来看，先从开放贸易出发到开放商品货物进出口再逐步开放贸易；然后引入外资，鼓励商品"走出去"；最终有序引入资本市场。这种要素开放型的基本逻辑是为了满足不同阶段对外开放的需求，逐步消除各类要素在跨界流动时的壁垒，发展中容易忽视整体，具有多变性、碎片化和局部性的特征，云南边境口岸城镇（市）的城镇（市）聚集能力是偏弱的。

第一，由于地形等多要素限制，云南很多偏远山区城镇（市）的交通体系尚未实现全覆盖，这对边境口岸的经济的现代化发展造成了一定的影响。云南省诸多边境地区城镇（市）的公共服务设施建设不足，且主要集中在省会城市及其周边城镇（市），分布覆盖程度逐渐降低，不利于提升口岸城镇（市）的经济建设能力。以瑞丽口岸为例，该地区统筹配置公共资源和服务的能力不够，社会基本服务水平相对较低，口岸城镇（市）的优势发挥不足，发展不均衡不充分的问题在该地区尤为明显。

第二，周边国家生产力发展水平较低。云南省沿边城镇（市）与越南、老挝和缅甸三个国家接壤，间接辐射印度、泰国等南亚东南亚国家，这些国家多为不发达国家或发展中国家，受限于政局动荡和国家经济体制等因素，边境合作区和开发区建设与发展并未非常顺利，因此云南省边境城镇（市）的与这些国家的开放经济合作也有一定限制。云南省出口到老挝、越南、缅甸等工业基础薄弱国家的，主要是农、矿等资源型初级产品，以价值低、收益不稳定的低附加值产品为主。同时，由于这些国家的社会经济发展整体水平偏低，购买能力相对较弱，边境贸易只能处于较低层次和规模的状态。

第三，缺乏边贸建设人才。人才是制约云南省沿边开放和发展的关键因素之一。云南省贫困县较多，经济发展水平相对落后，尤其是边境地区经济发展水平远低于沿海地区，特别是在边贸发展和口岸建设人才等方面的人力资源优势存在不足。相关数据显示，截至2022年，云南省专业技术人才有190.4万人，高技能人才130.3万人，现有各类专业技术人员数量较少，其中高级专业技术人员、高支能人才的人数更是少之又少。①以红河州的河口为例，2023年，外贸专业有硕士学位和博士学位人才不到1%，大专以上学历才占51.5%，89%的副高以上专业技术人才主要集中在教育卫生系统，正高级专业技术人才仅20人，缺乏领军型人才、创新型科技等人才。此外，边境贸易人才队伍建设也不足。云南省毗邻的国家的人口和国情也相对复杂，在新时代扩大和深化对外开放的背景下，需要大量掌握外贸知识并熟悉当地语言、文化的复合型人才。而云南省目前在人才培养和引进方面比较落后，由于处于边陲之地，人才培育资源和基础硬件设施远不及东部沿海地区，加之多数边境城镇（市）的生存条件艰苦，难以引进和留住高素质人才，边贸人才的培育力度不够、人才吸引力不足，人才质量参差不齐，人才优势尚未完全发挥，人才规模仍需进一步扩大、人才效能仍需进一步提升；与外贸企业生产经营相适应的管理人才和各类经营人才紧缺等问题会使云南省在出口贸易中失去竞争优势。

第四，贸易便利化水平低。尽管近年来云南省的边境口岸城市基础设施建设得到了显著提升，口岸之间联通路线正在持续扩展与修复，各种类型的港口物流中心也正在筹划建造过程中。然而，口岸城市的建设进程仍待改善，城镇化率较低，运送量较少且耗时过长，仅能满足基础的交通需求及初级的物流服务。现阶段，一部分港口物流中心并未完全达到现代化仓库管理、全球物流配送和流通过程中的处理能力，许多物流企业难以适应口岸经济发展的需要，贸易便利化仍处于中低水平。此外，云南口岸建设滞后于经济社会发展，口岸通关效率低和通关成本偏高等现实问题仍制约着云南省边境贸易发展。

三、边境口岸城镇（市）化资金缺口较大

随着口岸流量逐渐增加、口岸建设质量逐步提升、口岸和监管场所的增加和扩大，口岸改造提升项目也随之增加。口岸建设是高成本支出项目，高增长的口岸建设速率要有相匹配的专项资金作为支撑。现阶段，云南口岸建设专项资金总额还未满足口岸建设发展的需求。

① 加快发展口岸经济 为高质量发展赋能云南拥有专业技术人才190.4万[EB/OL].（2022-03-11）（2024-02-04）.https://www.yn.gov.cn/ztgg/jdbyyzzsjzydfxfyqj/gcls/yw/202203/t20220311_238340.html

第一，现有的资金难以满足现有口岸的城镇（市）化需求，无法带动更多口岸城镇（市）发展。由于缺乏必要的资金支持，很多口岸城镇（市）的口岸建设基础设施老旧，难以承受现行通关模式下满足目前大量人流和客流，甚至道路拥堵现象时有发生，不利于口岸城镇（市）的综合发展。从资金来源看，自2009年以来，国家财政拨款中有用于云南省一类口岸基础设施建设和运行维护的资金，云南省财政支出中也有财政资金专门用于二类口岸、拟新开口岸和部分重点通道基础设施建设和维护，资金支持给予了云南省一二类口岸自由发展的空间，也取得了一定成效，但由于诸多因素限制，云南口岸建设总体城镇（市）起步晚，底子薄的特点难以在短时间内改变，现有的资金投入仍然难以满足现代口岸建设的需求。目前，云南省通道管理检验设施主要依托公安边防的驻点营房和部分海关、检验检疫设施，缺乏国家及省级专项资金，成为制约口岸发展的一大制约因素。

第二，基础欠债较多。一方面，由于云南口岸数量较多，基本的运营维护成本高，目前的资金投入基本上用于偿还历史欠债；加之，在云南省的沿边边境县，大多为贫困县，脱贫攻坚的难度较大，特别是在国家取消口岸行政收费后，很多地区的地方政府的口岸建设资金没有固定收入来源，甚至部分口岸连正常的口岸运行维护资金都难以承担。另一方面，由于资金支持不足，部分政府只能通过发放债券的方式缓解财政压力，但是长期来看，这也是一种财政负担。如表5-1所示，据统计，2020～2022年，云南省发债项目中，经济口岸项目共有16个，共计发债金额29.78亿元，用作资本金15亿元；其中2020年发债项目6个，国家级口岸发债项目有3个，共计发债金额8亿元；2021年口岸发债项目有8个，国家口岸发债项目有3个，共计发债金额9.04亿元；2022年口岸发债项目共计2个，国家级口岸发债项目1个，发债金额3亿元。

表5-1　云南省发债情况2020～2022年

日期	序号	所属州市	所属区县	项目名称	项目本次专项债券发行金额（亿元）	其中：用作资本金数额（亿元）	债券期限（一年）
2020年	1	普洱市	江城哈尼族彝族自治县	江城县勐康口岸冷链物流园区建设项目	0.60		7

续表

日期	序号	所属州市	所属区县	项目名称	项目本次专项债券发行金额（亿元）	其中：用作资本金数额（亿元）	债券期限（一年）
2020年	2	临沧市		临沧边境经济合作区孟定清水河口岸经济区标准厂房建设项目	0.6		7
	3	红河州	河口县	河口城镇（口岸）公共停车场（一期）	0.4		7
	4	西双版纳州		勐腊至勐满口岸公路	6.00	6.00	30
	5	西双版纳州	西双版纳州	景洪至勐海至打洛（口岸）高速公路工程	3.07	1.00	30
	6	红河州	河口县	河口城镇（口岸）公共停车场（一期）	1.60		7
2021年	7	文山州	马关县	马关县茅坪口岸供水工程	0.25		
	8	红河州	金平县	金平县金水河口岸片区城乡一体化供水工程	0.42		10
	9	怒江州	泸水市	云南省怒江州泸水市片马口岸边境贸易综合服务中心建设项目	1.00		10
	10	红河州	河口县	中国（云南）自贸试验区红河片区河口口岸北山国际冷链物流建设项目	0.54		10
	11	红河州	金平县	金水河口岸物流冷链建设项目	1.80		10
	12	文山州	本州级	麻栗坡县天保口岸供水工程	0.50		10
	13	西双版纳州	本州级	云南省勐腊县勐远至关累口岸高速公路	8.00	8.00	30
	14	怒江州	泸水市	云南省怒江州泸水市片马口岸边境贸易综合服务中心建设项目	1.40		10

日期	序号	所属州市	所属区县	项目名称	项目本次专项债券发行金额（亿元）	其中：用作资本金数额（亿元）	债券期限（一年）
2022年	15	文山州		麻栗坡天保口岸国际货场建设项目	3.00		10
	16	普洱市	江城县	江城县勐康口岸冷链物流园区建设项目	0.60		10

数据来源：中国专债信息网。

第二节　口岸城镇（市）经济辐射带动能力不足

随着"一带一路"倡议的提出，云南省加快推进口岸经济高质量发展，面向南亚东南亚的影响力逐步加深，同时云南省通过加快与周边国家的联系和交流，积极参与印缅经济走廊、中国—中南半岛、澜湄合作等重大合作项目，与周边国家的关系得到稳固的提升，有效发挥了沿边口岸功能的基础支撑和发展平台聚集功能。但是，当前云南省沿边地区的口岸城镇（市）经济辐射带动能力仍显不足，口岸城镇（市）为口岸发展提供的商贸、金融、劳动力以及其他方面的支持还不能满足现代化口岸建设的需求，不仅影响了口岸城镇（市）的高质量发展也制约了进出口企业的正常经营活动和外贸企业的发展。主要表现为边境口岸城镇（市）产业发展不足，以及边境口岸经济发展相对缓慢以及口岸与城镇（市）之间互动不足。

一、边境口岸城镇（市）产业发展不足

随着"一带一路"倡议的提出，国家间互动交流活动进一步增加，边境地区口岸经济逐步由传统以商品流通为主的要素型开放逐步向以规则为主导的制度转变，逐步实现由"通道经济"向"产业经济"转型。但不能忽视，边境口岸城镇（市）的发展是一个区域间要素整合配置不断优化的过程。边

境地区经济建设是一个系统性工程，边境口岸作为连通两个区域的窗口平台，承载着制度探索的重要使命，产业发展不足会严重制约口岸城镇（市）经济发展。目前，云南省的口岸城镇（市）产业发展不足的问题主要体现在几个方面。

1. 新兴产业发展不足

云南省是一个旅游城市，拥有优越的自然条件，然而由于开发程度低，很多产业难以形成体系，吸引外资企业参与口岸经济的发展，构建跨境产业链、推动国际产能合作的能力相对较弱。口岸城镇（市）发展高端化、智能化、绿色化程度较低，重点产业在技术改造、减污降碳领域创新不够，且仍以传统产业为主，新兴产业较少，新兴产业科技化水平低，基础相对薄弱，竞争优势发挥不足。此外，拓宽新赛道和细分市场，加快价值链向中高端延伸，充分发挥传统产业在构建现代化产业体系压舱石作用不明显。云南省的大多数口岸城镇（市）中，有主导产业的城镇（市）较少，新兴产业科技转化平台、科技创业人才服务平台、科技特色基金投资平台不足，难以提升科技型中小企业的能力，离形成上端聚集科技创新要素资源，下端对接地市科技需求的科技服务网络的产业发展格局还有一段距离。目前，云南口岸城镇（市）小、散、弱的特点相对明显，加之土地资源要素稀缺，发展新兴产业的能力较弱，必须加快推进新兴产业建设，新兴产业是经济高质量发展的加速器，着力开展先进制造业突破行动，才能抢占发展先机。

2. 三产融合度不高

云南省沿边口岸城镇（市）发展的一大趋势是大多口岸城镇（市）的支柱型产业依赖于自然资源，如咖啡、农业等，经济核心型产业发展不足，工业化和城镇（市）化总体水平偏低，第三产业比重较高，国内外商品贸易及旅游业等第三产业占据支柱地位。如作为德宏州"经济重镇"的瑞丽市，2020年三次产业比仅为9∶16∶75，这一数据显示其工业基础仍较为薄弱，发展缓慢。支撑产业发展不足，区域间产业集群同质化分散化问题突出，部分地区的产业发展盲目追求"大而全、小而全"的产业体系，在产业布局上注重发展战略性新兴产业，区域间产业布局统筹不合理，进一步释放产业聚集效应的能力较弱。

3. 结构亟待调整

目前云南边境口岸城镇（市）还存在产业结构调整慢，产业发展不平衡等问题，城镇（市）建设规模偏小，城镇（市）人口密度低，产业结构相对单一。尽管一直以来云南省的出口规模扩大趋势明显，但具体到细分内容来看，形势并不乐观，云南省的边境贸易大多以附加值低、科技含量低、劳动和资源密集型的农副产品、工业原材料和半制成品为主，技术贸易、服务贸易和加工贸易所占比重小。加之很多出口商品来自省外，不属于本地企业生产。例如，在缅甸建设的邦郎水电站的主要设备均来自外省，这不仅耗费了时间成本，也造成了生产效率低下。此外，也可以看出云南省边境贸易产品结构单一、规模小、出口创汇能力和竞争力都比较弱，没有形成自身的特色和优势，产业结构需调整。

二、边境口岸经济发展相对缓慢

1. 口岸城镇（市）缺乏特色产业作为支撑

没有产业支撑的经济难以发展，云南省边境口岸经济发展的特点是产业结构单一且产业发展难以形成规模，经济发展质量和效益都不高，经济体系构建缓慢，部分地区由于信息滞后或者资源要素稀缺，常常呈现"难发展、不发展"的状态，发展不好的状态又会影响外资投入。长此以往，陷入了难发展—缺投资—更难发展的恶性循环。另外，多数口岸的功能发挥仅限于"过货通道"，口岸的其他功能相对薄弱，贸易结构层次较低，贸易加工产业不发达，贸易产品多以附加值低的边贸产品为主，深加工、高科技、高附加值的产品比重低，边境贸易优势不明显，与周边口岸贸易产品同质化严重。口岸城镇（市）缺乏特色产业的支撑和拉动，经济发展与腹地产业、工业园区联动性不足，难以形成产业集聚效应。

2. 口岸城镇（市）经济吸引力弱

口岸城镇（市）服务外贸能力、促进区域经济一体化能力是衡量口岸经济发展质量的重要内容。其中，口岸城镇（市）在发展口岸经济中发挥着基础性作用，但是与其他发达省份口岸发展情况相比，云南省的发展水平相对较低。一方面，由于地理位置的局限性，云南省临海口岸较少，以边境陆路口岸为主，且分布在经济欠发达、后发展的落后地区、边疆民族地区，加之云南省口岸数量较多且发展相对落后，没有更多的资金用于口岸的发展与建设，口岸经济发展口岸投资不足。另一方面，云南省口岸大多分布在县级城镇，城镇化规模较低，基础设施薄弱的现象尤为突出。边境口岸城镇（市）对开放型经济的带动作用不明显，与国家对云南省对外开放要求相比仍有较大差距。此外，运输成本高也是发展缓慢的重要因素，部分城镇（市）口岸交通条件差，周边交通不便利，货物运输成本高，制约了口岸功能的发展。

3. 资源开发能力不够

一方面，旅游资源开发水平较低。云南边境口岸城镇（市）多属于边境旅游和生态旅游资源较为丰富的地区，由于云南省边境旅游产品开发水平较低，很多口岸城镇（市）尚未形成独具特色的旅游产业集群和支柱产业。另一方面，目前云南边境口岸城镇（市）中，旅游产品的开发层次较低，在旅游资源的深度开发方面做得不够。如临沧、沧源等地的茶叶、咖啡、坚果等特色产品开发层次较低，只停留在初级加工阶段。

三、口岸与城镇（市）之间互动不足

截至2024年2月，云南省共有28个一类口岸。这些口岸的建设极大地推动了口岸城镇（市）的发展，有效地提升了交通物流水平，也使得口岸真正成为全省产业转型升级的重要突破口和新的增长点。但是云南口岸发展总体仍以发展"通道经济"为主，这种结构不利于口岸城镇（市）拓宽发展空间。所谓"通道经济"是指，在一定区域内实行城乡分工、地区分工，形成一个主干线贯通、支线流畅、横向到边、纵向不断延伸的集工业、农业、商贸、旅游等产业全面发展的新的经济网络。这种经济的主要特点是贸易产业结构单一，加工制造业、商贸服务业等产业尚未大规模聚集，口岸城镇（市）中与口岸经济相关的产业发展仍未形成体系，口岸经济与口岸所在城镇（市）的经济发展关联度相较于港口城镇（市）、沿海城镇（市）口岸经济的关联度明显不足，突出的表现是口岸与城镇（市）之间互动较弱。

以瑞丽口岸为例，瑞丽与临沧、保山、西双版纳、普洱等地区相邻，但是与这些城镇（市）在产业发展各方面的联系不够紧密，在产业链分工、口岸错位竞争方面依然是"单打独斗"，彼此之间的协调不紧密，尚未形成体系。此外，口岸与中心城镇（市）、中心城镇（市）距离较远，彼此之间的互动较弱，口岸城镇（市）难以产生积极作用。如，天保口岸距县城40公里，磨憨口岸距县城42公里，口岸城镇（市）空间格局上的割裂，导致资源要素难以集聚，产业发展难以形成规模。

第三节　口岸外贸能力亟待提升

云南口岸经济发展要注重发挥口岸服务外贸能力，口岸服务外贸能力是口岸经济发展的支撑，承担口岸衍生的经济活动。口岸外贸能力，狭义上是指货运流通过程中的"硬环境"与"软环境"，是指通过一定的手段改善和提高跨境贸易速率以及扩大贸易规模的能力；广义上不仅包括口岸贸易规模发展能力，也包括口岸载体城镇社会发展支撑能力、口岸加工能力、口岸服务能力。此外，口岸外贸能力还包含一些难以用具体指标衡量的内涵，如口岸通关效率、环境等。口岸外贸能力是衡量一个地区口岸发展质量的重要指标。总的来说，云南口岸建设发展起步较晚，外贸能力不高。

一、口岸经济发展不均衡，口岸发展同质化

1. 口岸布局不合理，结构亟待优化

边境口岸发展不均衡成为对外贸易高质量发展的桎梏。除了陆地口岸较多外，云南口岸整体分布也比较分散，一类口岸主要集中在瑞丽、河口和磨憨等地，贸易比重大；二类口岸均为陆路口岸，贸易比重相对较少，且较为分散。一类口岸对二类口岸具有较强的吸引力和辐射力。同时，由于地理位置邻近所带来的贸易便利和成本优势也是一类口岸具有较强竞争力和辐射力的重要因素之一，这种分布结构的不均衡也导致了一个直接的结果，即贸易能力强的口岸城镇（市）经济建设能力越来越强，反之，发展缓慢口岸城镇（市）的经济建设水平依旧难以提升，间接影响了口岸发展的整体质量，口岸领域发展的"马太效应"显现，难以发挥口岸的"通道"作用，甚至还会造成资源的浪费。

2. 口岸运行效率低

云南口岸数量多，规模小，运行效率低且处于分散发展的状态，难以满足区域经济一体化发展需要。其一，口岸数量多，资源有限。建设资金相对较少，除瑞丽、河口、磨憨等枢纽口岸具有一定规模外，其他边境口岸规模较小，且由于不同边境口岸分布在不同县（市），各边境口岸独立运营，争

夺投资、腹地市场和资源，导致许多口岸功能相同或重叠，难以形成互补的边境口岸经济集群，经济效益下降影响云南口岸经济高质量发展，也极易造成航运城的重复投资和资源浪费，影响口岸经济的有序合理发展。其二，口岸密集布局影响市场竞争。一方面，云南口岸分布密集，相同类型口岸发展同质化趋势明显，同类口岸发展和运行过程中存在相互低层次的竞争关系，但其中的一类口岸竞争力较强，而二类口岸的竞争力较弱，使得口岸间的竞争也存在着较大的问题。另一方面，外贸类专业型口岸与商贸型口岸之间也存在竞争。云南省各类外贸类专业型口岸主要包括边境贸易类专业型及进出口产品加工制造类专业型两大类，竞争优势相对不足。

二、口岸对外窗口与平台功能没有完全发挥

1. 口岸承载能力亟须提升

随着"一带一路"倡议的深入推进，云南省不断加大口岸建设的资金投入。然而，随着口岸基础建设水平不断提升，口岸规模小、效益低、布局不合理，以及边检查检验水平低的问题仍没有改善。譬如，由于猴桥口岸周边设施布局不够完善，不利于货运进出口，影响了过货效率。在猴桥口岸联检楼旁没有专门的大货车停车场和专用货车过货通道，加之周边地区地势狭窄，向外拓展困难，所有车辆只能从单一通道通过，从统一通道进出货物中转地，但是车辆停放地单次只能容纳4辆货运车，难以满足现阶段每天至少1000辆车的通行需求，剩余车辆只能停留在腾密公路沿线办理申报手续，不仅浪费时间，还容易造成拥堵，由于交通堵塞，腾密公路国门外一段也成为交通事故易发地。云南省大多数口岸的过货能力与口岸过货需求不匹配，难以保障口岸正常通关运行与周边城市的跨境产业链供应链稳定畅通，对周边地区的带动发展能力弱。

2. 多数口岸周边道路等级低，影响与周边国家互通能力

首先，城市交通网络规划、重构与改进能有效解决城市交通问题，也能实现与国家交流和互动，实现城市交通网络的优化，对于改善民生、促发展意义重大。然而，由于气候原因，导致云南省很多口岸城市道路常出现季节性、阶段性拥堵，边境双边贸易也受到了影响。比如，"昆明—瑞丽—缅甸木姐—曼德勒—仰光"通道承载了中国—缅甸超过30%，以及云南—缅甸70%的贸易额。但是上述通道所包含的道路级别仍是三、四级公路。受大环境影

响，通道物流缺车现象突出，货物堆积，运力不足，自有车辆远远不能满足货物运输。其次，一些口岸规划建设起步较早，设计标准已远远不能满足当前贸易发展的需要。如瑞丽口岸联检大楼设计承载能力为货运量200万吨、出入境人员500万人次，而2019年，瑞丽口岸的货运量、出入境人员已双双超过2000万大关。口岸承载能力的严重不足，造成口岸超高负荷运行，拥堵情况严重。尽管瑞丽、畹町口岸是全省智慧化口岸试点之一，然而在近年的发展中，受口岸基础设施陈旧老化影响，通关效率低下，贸易量与货运能力矛盾逐步凸显，口岸通而不畅问题十分突出，难以满足日益增长的中缅贸易需求，与对缅贸易主通道地位不相适应。

三、口岸跨境服务能力不足

云南省是我国面向南亚东南亚的重要门户和通道，也是中国—中南半岛经济走廊、孟中印缅经济走廊，中老、中缅、中越经济走廊建设的主体省份，边境口岸在区域一体化建设中扮演着非常重要的角色。但是，在大通道建设涉及国家较多、协调与沟通的环节较多、沟通成本高，特别是在构建国家间通道建设、口岸通关方面涉及领域和方面较多，是一项复杂系统的工程。如，中老铁路打开了中国与东盟间互联互通新通道，以大通道带动大物流、大物流带动大贸易、大贸易带动大产业，为区域经济合作注入新动能。但是回看中国与老挝构建沟通桥梁——中老铁路的修建历程，过程繁琐、耗时较长，从2006年，中国和老挝在万象发表《中老联合声明》、签订《中老两国政府经济技术合作协定》，之后开始就铁路建设进行磋商，到2008年两国政府达成协议，共同建设中老铁路。2009年，双方签署了铁路合作协议并在同年11月开始了前期勘察和设计工作。2014年，中老铁路正式开工，铁路建设由中国企业承包，并采用了中国的标准和施工工艺。2016年，中老铁路贯通老挝国境线，实现了中国云南省至老挝万象市的联通，标志着中老铁路建设迈出了关键的一步。直到2017年，中老铁路全线通车，整整耗时11年，通过与老挝共建"一带一路"相关项目，最终构建了中老铁路走廊。国家间通道建设是一个系统性工程，应该全盘考虑，通关信息不透明、检查步骤繁琐、通关时间长以及通关服务不优化等原因均会影响口岸的整体发展水平，还会使其无法与云南省境内的口岸实现无缝对接，导致出现口岸发展不对等的问题。

四、边境贸易发展障碍

发展边境贸易是加强共建"一带一路"和解决区域经济发展不协调问题的客观需要，对构建进出口协调发展新格局具有独特意义。云南省位于我国西南边境，边境贸易是其开展对外贸易和发展开放型经济的主要途径，在边贸脱贫、边疆稳定、改善云南人民生活、发展云南口岸经济等方面都发挥着重大作用。事实上，在云南省发展边境贸易中存在着一些现实阻碍，一定程度上制约了云南经济的高质量发展。

1. 边境贸易竞争力弱

边贸企业在边境贸易中处于主体地位，其经济实力，管理能力和市场竞争能力影响着边境贸易整体发展，但云南省边境贸易的竞争力弱，外贸水平亟待提升。其一，边贸企业缺乏竞争力。云南省现有边贸企业约800家，多数以民营贸易流通为主，少部分以加工贸易为主，整体实力较弱，人才匮乏，组织化、集团化水平不高，抗风险能力较差。其二，边贸产业缺乏竞争力。云南省边境贸易多为边境小额贸易、服务贸易、技术贸易和加工贸易，在贸易形式中所占份额不大。就边境贸易出口而言，因技术与资本优势不足，出口商品多为日常生活用品与农副土特产，工业原材料与半制成品以及其他加工或者粗加工产品，技术含量不高、附加值不高、出口创汇能力和在国际市场上的竞争能力不强，致使边境贸易中出口商品等级不高、规模不大、形式简单。其三，人才竞争力弱。口岸经济发展需要人才队伍建设，但由于云南省地处边境山区，经济文化环境远不如沿海地区发达，尤其是大多数边境城市的条件较差，虽然近年来各级政府出台了许多吸引高素质创新型人才的措施、优惠政策，但在口岸经济、商业、旅游和营销等方面人才仍然缺乏。

2. 边境贸易效益不高

近几年，云南省对外贸易经济虽然有较大的发展，对外贸易总量持续增长，但云南省的对外贸易经济效益相较于其他发达地区仍处于较低水平，就目前来看，其原因主要有以下几点：其一，进出口货物价值较低。与云南省相邻国家经济落后，进口商品以原木、矿石等原材料和农产品为主。云南省陆路口岸数量在全国占比超过四分之一，但由于进出口产品货物价值较低，口岸通关货物贸易额也较低，边境贸易效益不高。其二，进出口产品结构单一。能源和资源的进出口一直是云南省口岸进出口的"压舱石"，但是必须看到，云南省以资源型产品为主的贸易方式过于单一，还存在着自身产业结构不平衡、发展不充分等问题，口岸经济发展层次不够高，缺少产业支撑，围绕口岸延伸的产业链较短，尤其是加工制造业发展不足，对外贸易主要是代理进出口，边境口岸只是起到产品运输通道的作用。其三，边境口岸经济发展模式单一。一方面，口岸货物"穿肠过"问题依然突出，口岸并未成为带动云南经济和产业发展的重要载体，仅发挥了通道作用，与境外尚未形成产业链合作范式，产业链合作、物流网络布局方面发展依然缓慢。另一方面，当边境口岸经济发展模式相似且功能重合时，会减弱地域分工带来的优势，甚至导致一定程度的无序发展和恶性竞争，使口岸经济整体效益降低。由于云南省口岸的密集分布，相同类型口岸发展同质化趋势明显，同类口岸发展和运行过程中存在低层次的竞争关系，但其中的一类口岸竞争力较强，而二类口岸的竞争力较弱，使得口岸间的竞争也存在着较大的问题。

3. 边民互市贸易发展存在限制

其一，边民互市日免税额度偏低。根据《国务院关于促进边境地区经济贸易发展问题的批复》的精神，关于"边民互市贸易的管理办法"，这个办法是1996年出台的，但是之后除了限额由1000元人民币到3000元人民币再到8000元人民币，加之商品价格日渐上涨、高昂的物流成本等因素的影响，该额度已不能满足边民日益增长的经济活动需求，进一步提升经济贸易水平遭遇阻碍。其二，边民互市政策局限性较大。2010年，财政部、海关总署、国家税务总局联合印发了《关于边民互市进出口商品不予免税清单的通知》，制定了优惠政策的适用进口税收贸易政策。由于初期的小额贸易、边民互市和旅游购物等简单贸易形态正在改变，边境贸易由生活必需品贸易转向大宗原材料贸易，转口出口加工的发展不能适应当前边境开放的形式和内容，因此，边民互市的政策需要根据边民的实际需求作出相应调整。其三，边境地缘政治不稳定是边民互市发展的掣肘因素。云南省通道密集，且毗邻"金三角"地区，地缘政治、环境因素复杂，给云南边境口岸经济的发展带来了不确定性。缅甸北部的民族地方武装尚未得到合理解决，武装冲突时常爆发，对口岸附近的正常贸易乃至生活造成影响，如2011年10月发生的"湄公河惨案"、2013年初中缅边境的"克钦邦冲突"等中越历史遗留问题是中越口岸外贸发展的重要阻碍，而潜在的中越南海争端问题更是使得中越关系日益紧张，这都给边民互市贸易和云南边境口岸经济的稳定发展带来挑战。

4. 边境口岸大量出口商品来源于内地和沿海发达地区

与云南省相邻国家经济落后，进口商品以原木、矿石等原材料和农产品为主。云南省陆路口岸数量在全国占比超过四分之一，但受制于进出口产品货物价值较低，口岸通关货物贸易额也较低，边境贸易效益不高。此外，云南省边境口岸贸易进出口运距相对较长，加之口岸与腹地之间交通通达能力低、口岸地形限制等因素也制约口岸经济发展。

第四节　推动口岸经济转型面临障碍

推进"一带一路"倡议建设背景下，云南发展口岸经济对于推动沿线区域经济发展的意义重大，但在"一带一路"建设的过程之中，也存在一系列问题。口岸的数量和规模不断增加原本主要依托于口岸有利的条件，然而，这种增长现在却导致原本又具备传统的"通道"作用的口岸在激烈竞争的市场中难以发挥优势，从而逐渐失去了竞争力。

一、可能存在过度路径依赖

一是口岸发展依赖区位。不同于其他经济形态，口岸经济以口岸为载体，对口岸所在地区的发展条件和区位条件高度依赖，一旦遇到劣势发展条件，口岸经济发展将会受到较大的冲击，而云南多数口岸位于偏远边境地区，这一定程度制约了发展高质量口岸经济。随着"一带一路"倡议的逐步推进，沿线口岸辐射范围扩大，沿线节点口岸城市的数量和规模也逐渐增加，这种情况下，云南口岸经济在发展过程中维持现有的竞争优势更为困难。

二是存在政策依赖。云南省经济发展不平衡、不充分，提出"一带一路"倡议以来，政府为发展口岸经济出台了诸多有利政策，为推进口岸经济的持续健康发展提供了政策支持，也有效地吸引了更多主体参与。然而，过度的政策依赖也可能会导致市场作用被弱化，市场发展的适应能力被削弱。

二、重量轻质、重点轻面

现阶段，云南省口岸经济发展主要以增加口岸数量为主，口岸建设尚未实现以质量持续提升为目标的转变，特点主要以"量"为主，以"点"为主，没有辐射到"面"，具体表现在经济投资和收益方面。一方面，云南口岸经济主要投资在发展较好的一类口岸和沿线口岸，对偏远的边境口岸关注较少；另一方面，对口岸的经济收益关注主要聚焦于"流量指标"，如吞吐量、同比/环比增长率等，然而这些指标是否能够真实、全面地反映口岸经济发展水平还需进一步探讨。

三、口岸产业融合发展成效不足

口岸经济的发展形式主要以人口流动、货物流通、交易等实体内容为主，经济形态以实体经济为主，其独特的经济发展结构对于推动口岸经济发展取得新突破、高质量推进现代化口岸建设奠定了良好的发展基础。但不可忽视的是，这种经济形态增加了与其他产业的融合难度，尤其是与互联网产业的融合。一方面，口岸产业发展结构相对单一。长期以来，云南部分偏远边境地区的口岸经济发展仍然是依靠相对传统的货物集散带动，发展产业单一的困局尚未被打破，因而导致口岸经济市场活力不足。部分地区的智慧口岸基础设施亟待建设完善，互联网平台只能开展基本的业务，经济发展形式主要仍以线下的实体货物流通为主，效益不高。另一方面，对口岸产业融合缺乏整体规划。沿线口岸城市依据自身情况为产业的深度融合制定了相应的产业发展规划，然而，这种规划虽有利于口岸主导性产业发展，但对于其他相关产业参与融合发展缺乏明确的说明，导致口岸产业融合的方向不明、动力不足。

第五节 口岸制度机制亟待健全完善

口岸是一个多系统、多环节、多部门口的综合体，口岸效率的高低是由口岸各部门的综合效率决定的，任何一个环节出现问题，都将影响整个口岸的运转效率。口岸的运转一环扣一环，需要各个环节密切配合，从大局利益出发。然而，目前由于各口岸部门只关注于各自部门利益及工作完成情况，部门之间沟通较少、了解较少，发生冲突时只站在自己的部门立场看问题，没有站在提高口岸总体效率的高度来考虑问题，因为导致矛盾丛生，效率无法进一步提高。[①]

虽然云南省正在大力推进"一站式"通关改革，但各联检部门间的协调配合水平亟待加强。目前，在口岸联检工作中，海关主要管货物、边防主要管人、检验检疫主要管疫病、海事主要管货轮……虽然各有侧重，但实际工作中存在较多内容交叉。由于部门之间协调沟通不充分，条块分割、职责交叉的现象仍较为普遍，多家单位反复查验的情况仍时有发生，影响了通关效率的提升。

一、口岸管理体制不健全

1. 口岸管理权限不足

近年来，我国经济进入了经济增长放缓、结构优化、创新驱动的新常态，对外贸易发展方式亟待改变。然而，边境口岸管理权限的不足已经成了口岸建设发展的一大制约因素。一般而言，口岸进出口管理机构及部门均有自己的审批职责，这些管理部门对于货物进出口、客运周转管理等基础业务相对熟练，而在涉及口岸对外贸易相关的非基础性业务上，它们却难以作出合理"反应"。面对中外重要贸易和事项，往往需要层层上报，各级审批流程繁琐，极大地增加了时间成本，也会在一定程度上失去发展先机。例如，尽管瑞丽口岸是靠近瑞丽翡翠原产地最近的口岸，但是由于中国与缅甸两国间的贸易政策差距较大，以及边境地区贸易习惯的差异，翡翠的出口大多从云南省沿海口岸出口，从瑞丽口岸出口的数量相对较少。这种出口模式增加了翡翠的运输成本，直接影响了瑞丽珠宝翡翠产业的发展，整体来看，瑞丽口岸的翡翠出口量、商品成交量和行业影响力都远低于沿海口岸，无法满足口岸建设现代化的需要，跨国贸易水平不高。

2. 口岸管理职能混乱

云南省边境口岸管理呈现多层次、多元化的格局，这种管理模式虽有利

---

① 李妮. 烟台口岸管理问题研究[D].山东大学，2015.

于加强各部门之间的联系与联动，但是由于各部门间的管理权限和管理职责不清晰，在对外贸易方面仍然存在条块分割、多头管理等问题，不利于云南省对外开放和推动经济增长的要求。一方面，由于我国的口岸管理体制是由地方政府主导，由国家主管部门来实施管理工作的多层级垂直式管理模式。这种模式既影响了口岸管理部门与地方政府之间的信息沟通与协调，也导致了口岸管理部门对口岸实际情况掌握不清，从而影响口岸管理工作的开展。另一方面，政府职能划定不清、事权划分不明也是造成口岸管理机构之间职责不明、分工不清、协调不力、统一不足，口岸管理效率低下的主要原因。

3. 口岸监管和服务存在差距

目前，云南省的口岸监管和服务还存在着一些不完善和不足之处，主要表现一是缺乏对企业通关流程的跟踪服务，从而造成部分企业在通关过程中遇到问题且找不到根源，从而增加了成本。二是缺乏对口岸服务的监督和管理。由于缺乏对口岸服务的监督和管理，使得他们企业在通关过程中无法得到真正的帮助和支持。

4. 缺乏配套的业务发展联动机制

近年来，云南省经济开放度提升，但口岸查验机构数量明显不足，且尚未确定查验机构数量与量化指标挂钩的联系机制（比如口岸贸易量和海关收入等）。一些查验机构呼吁，人员数量应与口岸开放、协调人员数量或加班经费挂钩。此外，地方政府开办和管理港口的成本越来越高，因此必须提供适当的配套业务作为口岸经济发展的制度支撑。

二、口岸立法缺位

1. 通道管理法规缺位

云南省已先后颁发了一系列有关口岸管理的专项法规，但现在口岸法规仍不完全配套，加之复杂的地理位置和环境给云南省边境管理也带来了诸多困难，口岸各单位在具体执行中，由于所处角度不同，对法规解释不同，所以经常出现业务交叉、重复检验、重复收费等矛盾，影响口岸综合管理部整体功能的发挥。边境管理法缺位，导致开放与监管无法可依，监管力度有待提升，境外口岸不合理收费现象仍然存在。[①]

---

① 朱东晖.口岸综合法规建设亟待加强[J].决策探索,1997,(12): 44-47.

2. 配套政策不健全且扶持力度弱

由于边境贸易口岸的特殊性，口岸建设、通关设施、配套政策等方面的政策扶持力度比较弱。目前，我国口岸的主要功能是进出口货物的换装和清关，通关服务等相关配套措施较少，而且在发展过程中出现了诸如基础设施建设不完善、管理体制不健全、边境贸易发展缺乏后劲等问题。

3. 市场管理体系不完善

我国口岸体制改革和市场管理体系不完善，边疆地区则尤为突出。云南省整体的口岸管理水平与其他发达地区相比较为落后，一定程度上制约了对外开放的水平。此外，云南省口岸城市建设相对落后，这也阻碍了口岸经济发展进程。

三、跨境物流体系亟待构建

1. 边境口岸物流功能和格局雷同，优势互补的边境口岸物流群尚未形成

云南省边境口岸以陆路口岸为主。不同边境口岸分属不同的行政区划，因此，不同边境口岸的同类型功能定位和发展模式具有一定的相似性。即使是同一地区，同类型边境口岸也存在功能的交叉重叠，这在一定程度上抵消了地域分工的优势，使得口岸优势无法完全发挥，不利于总体边境口岸物流效益的提升。

2. 跨境口岸物流体系尚未完善

云南省地理位置特殊，口岸城镇（市）分布不集中，很多口岸城镇（市）与中心城镇（市）及其周边城镇（市）的交通、物流网络构建不完善；在以中心城镇（市）和边境口岸为重要枢纽、连接国内外重要的货物仓储中心、生产基地以及国外商品市场的跨境物流网建设中，由于诸多因素限制还面临诸多"堵点"和"难点"，且口岸进出口商品中加工制造业占比较低，商贸物流和保税仓储物流服务难以匹配现有口岸建设水平。

3. 物流资源难以得到科学有效、合理统一的配置

一方面，由于云南省边境地区经济发展落后，贸易结构单一、市场竞争激烈、市场开发程度低等原因造成云南省边境口岸的进出口企业报关环节多、时间长、效率低。另一方面，由于云南省与周边国家在地形地貌、资源禀赋、交通网络基础、快递环境等方面均有较大差别，构建一体化的物流网络较为困难；考虑到人口数量、区域经济、地形地貌、业务发展、邮路距离等因素，搭建物流体系建设架构也存在问题，因而，想要加快网点、站点由单一型向综合型服务平台转变存在较大的困难。

四、口岸信息数据共享体系亟待完善

口岸信息数据是口岸发展赖以生存的基础，是口岸发展的核心要素，对解决信息不对称、扩大口岸交易、提高口岸效率起着重要的基础性作用。因此，搭建一个有效的口岸信息数据共享体系，是当前口岸经济建设急需的。

实践证明，完善制度、统一标准、明确口岸信息数据共享体系的建设目标和服务定位是信息数据共享工作的关键。随着大量人力、物力和财力的投入，云南口岸信息数据共享体系建设进程加速。然而，由于口岸信息数据不对称的问题始终存在，导致口岸发展难、政府监管难和个人维权难等问题仍然存在。

第一，口岸信息数据尚未形成一套有效的共享标准体系，"各自为政，圈地服务"的情况比较普遍，整个口岸信息数据共享体系连通性不强，"数据孤岛"现象严重。究其原因，一方面，由于口岸信息系统繁多，系统之间数据不共享；另一方面，又缺少权威有效的协调和整合手段。目前，一些地方政府缺乏统筹协调，各部门在口岸大通关建设的过程中存在大量无用数据和低价值数据，加之地方电子口岸平台与查验单位的平台很难做到互联互通，信息资源共享始终停留在纸面上、口头上，因而难以真正实现"一个门户"入网、一次认证登录的"一站式服务"，难以达成降低通关成本等发展目标，口岸大通关建设中"信息孤岛"问题十分突出。

第二，信息共享机制不健全。目前，由于各部门之间缺乏有效的沟通和协调，信息交流存在延迟和滞后，口岸管理效率比较低下，函需一个规范且高效的信息共享机制。

第三，信用信息供需不匹配。近年来，我国信息数据共享体系建设取得了长足进步，但距离"全覆盖"这一目标仍有较大差距，信用信息供需仍存在不匹配的问题。主要体现在各层级之间的相互掣肘，数据碎片化现象严重，信息共享受阻，以及政务统筹机制不完善等方面。

第六章 云南壮大口岸经济的路径

第一节 云南边境口岸经济功能提升思路

一、云南边境口岸经济发展总体战略

加快发展口岸经济是云南省委、省政府贯彻落实习近平总书记关于将云南省建设成为面向南亚东南亚辐射中心重要指示精神，紧紧围绕高质量发展这一首要任务，在深刻分析云南省比较优势和潜力基础上作出的重大决策部署。回顾口岸发展的关键节点，2015年1月，习近平总书记指出"云南经济要发展，优势在区位，出路在开放"[①]，云南时刻牢记习近平总书记的殷殷嘱托，以壮大口岸经济为发展思路，推动云南经济建设提质增效。2021年11月，云南省第十一次党代会上提出"以大通道带动大物流、大物流带动大贸易、大贸易带动大产业"[②]，云南省充分利用自身面向南亚东南亚的区位优势，主动服务和融入国家对外开放战略，不断深化与南亚东南亚国家的交流与沟通、在重大政策制定上考虑与云南省接壤的各国人民的惠及性，在设施建设上相互联通、贸易上相互畅通、资金上相互融通，推动各国人民交往交融，着力打造区域联盟、国际经济贸易中心、科技创新平台、金融服务平台，以及不断破除体制机制障碍，通过搭建平台、构建新的体制机制以及各

---

① 构筑开放新高地[EB/OL].（2021-07-01）（2024-02-04）.https://www.yn.gov.cn/ztgg/jdbyyzzsjzydfxfyqj/gcls/yw/202107/t20210701_224466.html

② "云南这十年"系列新闻发布会·重点产业及战略性新兴产业发展专场发布会[EB/OL].（2022-08-17）（2024-02-04）.https://www.yn.gov.cn/ynxwfbt/html/2022/zuixinfabu_0816/4879.html

类区域合作中心，使得中国对外开放的门越开越大，对外开放的速度越来越快，对外开放的领域不断拓宽。2023年4月，云南省委书记就发展口岸经济问题强调："要壮大口岸经济，找准口岸定位，做强口岸产业，提升交通物流水平，使口岸真正成为全省产业转型升级的重要突破口和新的增长点，以更高水平开放促进更高质量发展。"可见，口岸的发展对于云南省未来的发展影响重大，未来几年，要以建设国际化、现代化、绿色化、特色化、可持续的口岸城镇（市）为发展的载体，通过提升云南省的口岸建设水平来提升云南口岸的综合竞争力。做好壮大口岸经济这篇文章，推动云南省由口岸大省向口岸强省转变，将进一步优化资源配置，促进云南省重大战略机遇转化为高质量发展优势，推动以大通道建设构建新格局，为云南省加快建设成为全国面向南亚东南亚辐射中心提供有力支撑。

二、云南边境口岸经济发展原则

1. 坚持统筹协调，有序发展的原则

相关的商务口岸部门要进一步完善、细化保障口岸畅通工作方案，按照口岸实际情况加快优化通关模式，加强统筹协调，强化与相关部门的联动配合，形成工作合力，精准发力、靶向施策，助力口岸经济高质量发展。云南省要充分利用口岸资源优势，进一步强化要素保障，主动应对国内外形势的新变化，积极落实关于对外开放各项政策，在云南口岸经济发展取得成果的基础上实现对外贸易领域新发展。

2. 坚持科学布局，联动统一的原则

口岸服务要依托"一带一路"倡议、促进内陆开放型经济发展、进一步强化对外贸增长的支撑作用，初步形成科学合理、协同发展、优势互补的口岸发展布局。此外，要联动各部门形成统一的发展规划，体现多规合一，融合发展。

3. 坚持突出重点，错位发展原则

明确口岸发展的重点任务，提升经济效益，要确定一批优先发展口岸并给予必要的政策和资金支持，不断提升口岸的辐射能力。适应区域开放型经济发展需要，结合港口类型和功能，按照"总量控量、盘活库存"的原则协调港口布局，既要充分发挥现有港口功能，又要严格论证新建港口的必要性和可行性，实现区域内港口协调化、网络化、优势化发展。

4. 坚持改革创新，集约发展原则

落实云南省口岸通关一体化改革安排，推进口岸工作简政放权、优化后续服务，创新口岸查验监管模式、提高口岸通关效率，实现"信息互换、监管互认、执法互助"；加快政府职能转变，加大简政放权，优化口岸资源配置，推动口岸集约化发展。

5. 坚持法治先行，维护安全原则

强化港口监管力度，鼓励群众及企业遵守法规，并优化港口管理的环境，提升其标准化、正规化程度。习近平总书记在首次中央国家安全委员会中强调了"既重视传统安全，又重视非传统安全"[①]，因此，要站在国家的整体安全策略的高度来考虑问题，同时根据区域产业发展的需求，结合口岸与地区的特色，运用风险评估的方法深入探讨，推进口岸有秩序地发展，助力地区的健康发展，同时保护国家安全和人民的利益。

6. 坚持强化协作，共赢互商原则

遵循对贸易冲击最小的原则，首先，确定哪些行业或范畴适合实行特定口岸制度；其次，扩大相关的商品进出口途径及品种，以满足消费者需求的变化；再次，要寻找政府对产业规划、地域供给和财税援助的支持；最后，要推动特定的产业发展，并为之提供相应的政策指导和服务，汇集各种资源，构建联合防控体系，从而提高云南省周边国家的外贸实力和沟通互动水平。

三、云南边境口岸经济发展方向

1. 制定合理的口岸经济战略发展规划

口岸建设与发展是一个综合性、系统性工程，相关业务涉及的边境口岸企业、口岸管理部门和相关行业较多，制定的战略目标应该主动融入国家口岸发展规划，具体的目标实现形式则需以项目投资经营为依托，确保企业投资取得适宜的回报。在制定相关发展目标时，要有长远的眼光、立足于省情，大胆设想、长远构思、谨慎规划、稳步持续地推进。口岸投资可以涉及多领域、多行业，通过成立各类型的国内、国际项目融资公司，推动口岸经

---

① "统筹传统安全和非传统安全"[EB/OL].（2020-11-13）（2024-02-04）.
https://news.gmw.cn/2020-11/23/content_34389815.htm#:~:text=c1024-32258357.
html

济与其他城市经济同频发展，切实提升云南省口岸的竞争力。依托资源优势，立足区位特点，积极抢抓国家支持云南省加快建设我国面向南亚东南亚辐射中心的政策机遇，探索沿边开放合作先行先试体制机制，规划建设外贸特色产品深加工工业园区、口岸边境贸易综合服务中心等工程，为增强跨境经济合作做好铺垫。

2. 推动国内外企业深度融合

口岸是国家对外开放的门户、经贸往来的桥梁、国家安全的重要屏障。通过建立国际产业创新中心，深化区域创新，依据区域产业定位、区位及政策优势，链接当地大企业、中小企业、高校科研院所等机构，同时深度整合国内外优势资源，可以为地方政府提供全维度产业创新服务。进一步提升联动发展能力，推进国内外企业深度融合，切实补齐口岸经济发展短板弱项，为把云南省建设成为我国面向南亚东南亚辐射中心提供强有力支撑。

3. 发展物流行业

物流是畅通国民经济循环的重要环节。要补短板、重创新、促融合、添绿色，继续巩固物流业恢复向好基础。物流一头连着生产，一头连着消费，是畅通国民经济循环的重要环节。同时，要深化现代物流与制造、贸易、信息等行业的融合发展，在汽车、家电、电子、医药、服装等产业链条长、配套环节多的产业领域，引导企业加大专业物流投资力度，确保产业链、供应链安全稳定畅通，助力推动全社会物流成本下降。

4. 转变出口结构

推动劳动密集型企业转型，向产业中更高端的方向迈进，否则企业的生存将越来越困难。扩大优质商品进口能够优化供给结构、满足市场需求、促进消费升级，也能推动国内企业提升效率、加强品牌建设，实现供给端的提质增效。

5. 培育本土产业

立足独特区位优势，云南省用好边民互市、边境贸易等平台，聚焦产业兴边富民，培育特色优势产业，促进边境地区经济社会发展和边民增收。

第二节　云南口岸经济发展对策

一、提升口岸城镇（市）化建设水平

作为一个多层次、跨领域的复合经济，口岸经济是一个社会关联度极高的经济类型，能对所在城市、区域、腹地经济的发展发挥重要带动作用。云南省应进一步凸显其区域优势，强化内部联系与外部沟通的纽带作用，全面协调对外开放与对内合作，实现引进外资与对外投资的有机结合。云南省应更积极地融入和服务"一带一路"建设、长江经济带发展、泛珠三角区域合作等国家重大发展战略，为其他地区提供通道，助力拓展南亚东南亚国家市场。在全国构建陆海内外联动、东西双向互济的开放格局中，云南省应发挥更加积极的推动作用。

（一）聚焦口岸"城市功能"发挥

1. 推进口岸城镇（市）与中心城市、腹地城市之间的通道建设

边境地区是当前全省实现高质量跨越式发展的短板地区，应积极加快口岸建设，做大做强口岸经济，将口岸经济培育成沿边地区经济发展的强劲新引擎，从而有效促使传统的通道经济向口岸经济转变。此外，需改善现有口岸、边境城市和腹地城镇（市）交通网络建设，强化口岸交通基础设施建设，围绕构建区域立体交通枢纽。实施好面向南亚东南亚辐射中心的综合交通发展规划，继续推动孟中印缅经济走廊、中国—中南半岛经济走廊基础设施互联互通。推动跨境公路建设，优先打通瓶颈路段和关键路段；加快落实与周边国家的跨境汽车运输协定，方便跨境货物运输和人员往来，促进云南省与周边国家互联互通，同时，要推进口岸沿边沿线通信基础设施建设，通过出台促进进出口、通关、结算与物流等的政策，不断整合公共资源、社会资源，推动协调联动，促进口岸城镇（市）城乡融合，发挥城市经济的辐射作用。

2. 深化边境口岸的特色贸易建设

要立足云南优势，加强与周边国家的合作。一方面，加强与周边国家农

业合作，因地制宜发展甘蔗、水果、茶叶等特色经济作物，对标先进，对农产品进行深加工，提高产品附加值；同时，要加强与周边国家在畜牧业、渔业方面的合作，加快推进云南省与周边国家合作畜牧业标准化、规范化、生态化。另一方面，加强发展区域能源产业，立足云南自身能源优势，打造集电力供应、交易、技术、装备于一体的区域性国际化电力中心。

3. 统筹规划协调口岸城市综合发展

一方面，科学规划口岸城市发展，优化口岸城市布局。加速形成完善的口岸城市与沿边城市体系，完善口岸城市的贸易与经济发展功能。加强口岸城市功能分区的顶层设计，不断调整优化口岸城市产业结构布局，以科学规划、管理、运营为原则，推进特色产业发展中心、边境特色产品加工基地、商贸交流中心及物流仓储服务基地等区域交流中心开展交流活动。另一方面，畅通口岸城市物流规划，使云南省成为出入境货物的"中转站"和"枢纽站"，支持云南省与周边国家合作在孟中印缅经济走廊、中国—中南半岛经济走廊的重要节点，建设一批国际物流园区，提升物流效率。鼓励云南省有实力的物流企业走出去，拓展国际业务，推动组建一批跨国物流企业。加快建设面向南亚东南亚的跨境物流公共信息平台，逐步实现区域内国际物流信息互联共享；加强与周边国家政府间的协调，推动跨境运输车辆牌证互认，完善跨境物流保险合作机制。

（二）聚焦枢纽口岸城市辐射作用

云南省口岸中瑞丽、河口及磨憨口岸对本省的经济贡献较大。对内来看，这三个口岸在与周边国家"五出境"通道建设中均实现了在云南省境内段的高速化，河口、磨憨将实现高铁联通，大瑞铁路正在加速推进。瑞丽口岸是云南省面向缅甸的最大陆路口岸，对于云南瑞丽边境社会经济发展起到了重要支撑。河口口岸于2010年启用快捷通道，是云南省投入使用时间最长、出入境旅客使用率最高、快捷通关类型最全的口岸，作为云南省对越贸易的最大陆路口岸，发展口岸经济优势明显。磨憨口岸目前由昆明市托管，加快磨憨口岸建设，能有效打造产业转移新平台。对外来看，瑞丽口岸主要辐射通道可以到达缅甸腊戍、缅甸曼德勒、缅甸仰光等；河口口岸与越南老街市隔河相望，是滇越铁路昆河段终点站，可以通过滇越铁路经越南首都直达海防港，还有公路和水路可以通达河内；磨憨口岸主要辐射通道可以到达老挝万象、南塔，泰国廊开、曼谷，缅甸土瓦等，磨憨不仅是中国南向开放、昆曼国际大通道的重要节点，也是我国通往东南亚最便捷的陆路枢纽通道，具有不可替代的作用和价值。

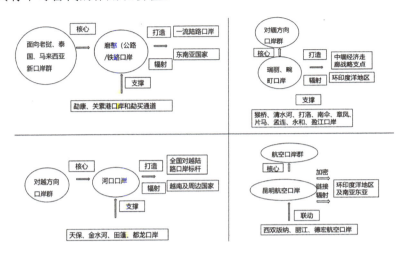

图6.1　云南重点口岸功能分布

如图6.1所示，为加快云南建设成我国面向南亚东南亚辐射中心，必须大力支持瑞丽、磨憨、河口建设，发挥枢纽口岸城市的经济带动作用。推动枢纽口岸城市建设，以物流通道赋能产业发展，以产业集群做实通道建设，在大通道和产业集群的相互连通、互相融合中提升口岸综合竞争力。注重发挥三大口岸的比较优势，打造枢纽口岸城市，发挥枢纽口岸城市"内引外流"的作用，广泛吸引和聚集人口，增强口岸城市经济内生发展动力。保障资金、资源、政策保障等要素聚集流动，消除口岸通道建设的"梗阻"，尤其是保证重点口岸、重点通道的物流、货运畅通，以提升口岸经济外向发展的水平、程度和利益。具体而言，对缅方，重点发挥瑞丽口岸的作用。缅甸土地资源、矿产资源、自然资源、生态资源、人力资源等禀赋得天独厚，原油、天然气、矿产品、海产品、农副产品、中药材、贵金属、橡胶、热带水果、珠宝翡翠、红木等均是国内市场需求量较大的商品。而中国生产的新车、手机、摩托车、五金建材、温带水果、机械设备、纺织品、塑料品、日用百货、农资等则是缅甸民众生产生活的刚需产品，双边经贸合作互补性强，搭建跨境产业链条市场潜力广阔。同时，缅甸丰富、廉价的劳动力资源也促进了其农副产品在国际市场上的竞争优势。瑞丽口岸是中缅边境口岸中人员、车辆、货物流量最大的口岸，是国家重点开发开放试验区口岸。云南省应注重将瑞丽打造成枢纽口岸城市，以猴桥口岸和南伞口岸为枢纽口岸的城市建设补充，同时，以腾冲市、盈江县为重点口岸城市建设发展的载体城市，提升口岸潜力。对越方，依托河口口岸，注重将河口县打造成枢纽口岸重点城市，以金水河口岸、天保口岸为对越第二梯队口岸，强化金平县、麻栗坡县发展重点口岸的支撑作用。对老方，应重点依托磨憨口岸，将勐腊县打造成枢纽口岸城市，将猛康作为枢纽口岸的补充。

（三）聚焦口岸城市"平台功能"发挥

立足"沿边""跨境"的特点，找准融入国内国际"大循环、双循环"的切入点和发力点，主动服务和融入国家"一带一路""两廊一圈"建设。以重点口岸城市为引领，加强与区域内经开区、综保区的联动发展，增强产业集聚功能，承接国际、国内产业转移能力，实现"以城载区、以区兴城、区县融合"。以开放试验区为主体的平台带动体系，有助于提升口岸现代化、国际化、特色化水平。

1. 加强基础调研，优化调整口岸功能

其一，要在充分调研的基础上，综合分析口岸发展条件，包括交通条件、区位特点、经济腹地产业及口岸城市、腹地发展情况、人口情况等，结合城市发展规划，综合考量不同区域范围内口岸发展的实际需求和功能定位，以及口岸的发展优势，认真分析不同层级口岸，尤其是边境口岸、沿线口岸的发展潜力和前景，优化全省范围内口岸分工，以口岸核心产业为支撑，带动口岸片区发展。

2. 着力打造口岸集群

云南省人民政府官网发布的《云南"十四五"发展规划》明确了云南自贸试验区四大战略定位，其中提到，要将云南建成国内大市场与南亚东南亚及环印度洋地区国际市场之间战略纽带的先行示范区；落实国家重大区域发展战略，进一步优化整合口岸资源，深入推进口岸集群一体化融合发展，加快大通关一体化建设，进一步提升云南省重点枢纽海运口岸参与国际竞争和服务腹地经济社会发展能力；加快形成口岸集群布局，破解云南省口岸分布多而散的问题；发挥畹町、瑞丽、河口、勐腊、景洪等重点口岸枢纽作用。

3. 着力打造重点枢纽型智慧口岸

打造一批以磨憨口岸（铁路、公路）等为核心的对老口岸群，以河口口岸（铁路、公路）等为核心的对越口岸群，和以瑞丽和畹町口岸（芒满通道）等为核心的对缅口岸群；推进口岸吊装、甩挂等非接触式货物接驳；细化完善口岸闭环管理措施，引导企业实施进口货物"提前申报""两步申报"等模式，有条件的口岸实施"运抵直通"模式，不断提升通关效率，全力"保货畅通"。

4. 以重点口岸城市为试点构建开放试验区

其一，以瑞丽作为对缅贸易的开放试验区试点，持续推进缅甸与云南省的经济和文化交流，推动贸易合作往来，培育口岸新产业、新业态、新产品的进出口加工基地，加快发展对缅加工产业，支持缅甸的玉石、肉牛、林木、矿产等特色资源到汇构建加工生产基地，推动交通、物流、商贸、产业深度融合。目前，德宏已成为云南省口岸城市中经济功能区最为齐全、人口密集度最高、对外贸易额最大的州市，成为云南省口岸建设的试点城市。德宏发展如此迅速的原因归于政策支持和良好的制度环境以及中国（云南）自由贸易试验区德宏片区和中国（德宏）跨境电子商务综合试验区等先后落户德宏给予了其发展的条件和机遇。此外，瑞丽作为德宏的重要口岸城市，瑞丽口岸经济的高质量发展为德宏经济发展注入了动能。其二，以勐腊（磨憨）为面向老挝贸易往来的开发开放试验区，发挥其与老挝连接的"通道"作用，深化与老挝的国际贸易投资活动，积极发展外贸型产业，构建农工商一体化的格局；其三，以河口作为对越的开放试验区试点，坚持高水平对外开放，打造新时代开放自贸城，依托开放试验区试点，努力打破沿边开放发展桎梏。

5. 利用边（跨）境经济合作区平台，发展特色产业

引导沿边口岸形成以边（跨）境经济合作区平台为主体，通过集聚产业、优化资源配置、提升创新能力为手段，推动经济发展和提升区域竞争力的新经济发展模式。中国—老挝，磨憨—磨丁的经济合作区，就是一个集国际商贸、加工制造、跨境旅游、国际投资及特色优势产业发展的综合平台，不仅为周边的居民带来了经济效益，也为打造跨区域合作的经济发展中心打造了样板。

此外，河口、临沧、瑞丽、畹町等口岸也是云南省边境口岸建设的重要经济合作区，要以特色优势产业发展为切入点，积极根据云南省委、省政府提出的相关口岸政策规划文件，调整战略布局和口岸发展策略，统筹特色产业发展，以内引外联的发展思路促进产业升级和结构调整，促成进出口产品落地加工，从而推动边境地区特色优势产业聚集。

（四）强化财政资金支持

口岸城市经济的稳定发展对于提升区域经济质量水平意义重大。国家高度重视口岸城市的发展问题，尤其是边境口岸城市的建设。近年来，国家陆续出台了一系列政策法规和措施，如取消和降低了口岸设施维护费、铁路货运杂费等口岸经营服务性收费项目等，为边境地区口岸城市经济创造了条件，但在具体实践中，口岸城市建设发展仍面临着严重的资金匮乏问题，地方"小财政"难以支撑"大口岸"发展问题逐渐突出。当前，国家环境形势复杂，云南省部分口岸保障货物通关畅通与口岸承载能力不足的矛盾逐渐显现，财政压力较大，必须加大口岸城市建设投入。

第一，积极争取各级政府加大对边境地区口岸城市建设和发展的资金，对标国家和云南省重点口岸建设标准，持续加强口岸城市的基础设施建设，不断补齐口岸城市公共服务建设短板，大力提升口岸的承载能力、提高口岸的货物进出口通关效率。与此同时，加快口岸城镇（市）化建设要以国家财政资金支持为支撑，推动口岸与口岸城市间的联动协同能力，提升彼此之间的联动发展水平，促使口岸的发展与口岸城市的整体发展方向一致，以经济支撑为口岸城市发展筑牢基础，以口岸为基础，加强区域性合作，纵深推进贸易合作。

第二，合理统筹资金使用，重点推进铁路口岸建设、兼顾水运口岸、稳步发展航空口岸，深入推进"一口岸多通道"试点工作，提升口岸效率。积极整合口岸城市发展的资源、信息、资金和人力资源等要素，将口岸城市中具有一定发展基础和发展条件的重点通道纳入市、县区等区域管理范围，加强对国家出台的口岸开放优惠政策的理解，享受口岸开放的相关政策，推动口岸城市内重要通道规范运行和有效监管。此外，不断完善现有一类口岸功能同时，还要强化其他二类口岸建设，结合云南省产业发展战略以及各区域开放型经济特色和区位优势，对各口岸的功能进行统筹规划和优化配置，构建与云南省开发开放水平相匹配的指定口岸无缝对接格局，形成指定口岸各具特色、相互补充的局面，使口岸功能产生叠加放大效应。

第三，在防范地方债务风险前提下，适当增加地方政府专项债额度，支持重点口岸沿边产业园区基础设施和公共服务设施建设，优化省级专项资金规划，统筹预算内资金使用安排，支持重点口岸城市高标准建设。全面落实国家税收优惠政策支持沿边产业园区发展，支持中小型外贸企业在享受西部大开发企业所得税优惠税率的基础上，按规定实现边疆民族地区地方所得税优惠政策。支持重点口岸城市设立免税店。支持边境贸易发展，支持边民互市发展，并且划定边民贸易的免税额。支持省级专项资金优先发展智慧口岸，推动现有智慧口岸提标升级。持续深化口岸发展改革，加快平稳推进高水平对外开放。

二、提升口岸经济辐射能力

大力发展口岸经济，以口岸为节点支撑加快建设面向南亚东南亚的经济走廊，打造综合优势是加快经济转型升级的重要路径，也是构建面向南亚东南亚辐射中心现代化产业体系的必由之路。省委、省政府出台的《云南解难题促发展惠民生50条》中强调，口岸是推动产业融入"大循环""双循环"的重要阀门，其中提升口岸经济辐射能力是助推口岸高质量发展的三大法宝。云南省是国家对外开放战略实施的重要场域，以产业聚集促发展，着力提升口岸辐射能力，务实推进区域合作提升口岸经济建设水平。

（一）加快推进沿边口岸对外贸易政策创新

对外贸易是我国开放型经济的重要组成部分，是经济增长的"三驾马车"之一，也是畅通国内国际双循环的关键枢纽，口岸在云南省对外开放战略中发挥着重要作用，口岸经济的发展要以高质量的对外贸易政策作为支撑。

1. 创新财政体制机制

云南省部分边境口岸陆运、物流成本较高，辐射带动能力不足的问题突出，按照党中央的要求，让积极的财政政策更加积极有为，进一步调整财政支出结构，加大沿边地区政府的转移支付力度，向国家争取边境口岸建设专项费用，降低陆运口岸运输成本，给予降低边境物流成本的重要项目一定补贴，推动边境贸易尤其是边民互市贸易转型升级，拓展边境贸易新的发展空间，通过创新各类政策，增强云南省沿边地区发展的内生动力。

2. 创新金融政策

加大对跨境贸易、跨境投资等业务的支持力度，加快人民币周边化。要创新税收与贸易政策，充分利用关税减免与原产地政策，协同合作，拓展第三方交流平台和市场，持续推进外贸进出口。以市场为原则，鼓励企业进口开展合作，有必要时可以出台针对性的对策，促进跨境生产，提升外贸的竞争力和规模。在招商引资方面，对于新办的进出口企业，除了给予一定税收优惠之外，还应给予财政支持；对于符合云南口岸发展方向且规模以上的外贸企业，按照企业规模给予不同程度财政支持和税费减免优惠；各级商务部门要主动担起优化市场竞争环境的责任，降低行业准入门槛，鼓励和引导更多有能力的外资企业进入外贸行业和领域，不断扩大外贸主体规模与数量，加快推进进出口商品贸易展示基地、产品加工基地、跨境物流基地建设。在边民互市方面，通过与特定的金融机构签订合作协议，指定边民互市贸易结算银行，鼓励其为边民提供互市贸易提供结算账户授信融资、优惠融资利率、延长融资免息期、降低融资利率和账户管理费减免等优惠服务，缓解边民融资难等问题，更好满足边民互市贸易资金需求；出台互市贸易结算管理办法和操作规程，规范结算操作流程与资金收付路径，实现互市贸易进口商品货物流、资金流和信息流三者相统一。

（二）培育市场主体，推动外贸结构持续优化

　　市场主体指的是在市场上开展的与生产和交换息息相关的各类活动中涉及的组织与个人，市场主体的培育壮大对于促进地区经济提质增效、高质量发展有积极意义，对于促进地区经济发展有积极作用。在具体实践中，云南省口岸发展不充分、不均衡现象突出，尤其是口岸市场主体不足且发育不良，导致外贸结构不优，制约口岸经济的发展。

　　第一，要优化营商环境。良好的营商环境是助推口岸城市开放型经济做大做强的支撑要素，也是促使各类市场主体安心、放心发展口岸经济的保障，有利于优化对外贸易结构，发挥进出口对企业技术升级和扩大消费的积极作用。要在市场主体准入、许可、运营和招投标等方面采取统一的标准，解决市场主体投融资困难的问题，加强监管，防止不正当竞争，加强制度建设，营造和谐稳定环境，赋予口岸以更多的发展自主权。

　　第二，要将"蛋糕"做大，把"蛋糕"做好。推动传统产业结构优化调整，推进企业跨越式发展，通过建立中小型外贸企业的培育孵化平台，建立企业诚信的聚集区，打造企业总部基地；加大对口岸发展相关的物流、外贸、文旅行业的支持力度，大力培育一批高层次、高质量的市场主体，持续激发市场活力，通过出台市场主体梯度培育提质升级行动计划赋能口岸经济高质量发展。

第三，保护好、支持好、发展好小微企业和个体工商户这类市场主体，这部分市场主体是数量最多的，培育高质量市场主体是推动口岸经济高质量发展的重要途径，必须重视小微企业和个体工商户的发展。要以完善的法律法规和政策体系为根本遵循，确保各项措施直接惠及，稳经济和推动高质量发展的综合性政策，将激发市场主体活力，积极助力高质量发展发挥市场主体作用，推动内外贸融合提质发展。

（三）强化边（跨）境经济合作区平台建设

1. 构建周边自由贸易试验区发展平台

以国家制定的区域合作战略规划为指导方向，努力构建云南省与周边国家相互联合自由贸易的综合发展平台，为云南及毗邻国家和地区间发展自由贸易和建立自由贸易区（域）创造良好的条件，为打造谈判、协商、共享平台奠定基础。

2. 构建面向南亚东南亚信息平台

构建面向南亚东南亚的综合信息平台，加强云南省与周边国家（区域）之间的政策协同和监管协调，充分发挥制度的协调作用，研究协调跨行业、跨部门、跨领域的规划、政策、标准等重大事项，促进各国家（区域）间政府、企业、中介组织、行业协会等信息公开与共享。通过构建共享的信息中心，加快推进贸易便利化程度，推动对外贸易服务综合发展。通过建立一体化信息系统，构建基于区块链的跨境交易单一窗口、基于区块链的支付清算平台，打造货物贸易便利化综合平台。

3. 构建贸易便利化平台

努力建设服务于沿边贸易和"一带一路"倡议相关货物贸易的便利化平台，此平台将作为中缅、中老、中越跨境沿线口岸和物流节点的重要支撑，为南亚东南亚提供跨境物流和贸易一体化的解决方案，助力区域经济协同发展。以"构建南亚东南亚跨境物流贸易一体化服务平台项目"为主题，践行"一带一路"倡议和"面向南亚东南亚辐射中心"战略，结合云南省的区位优势，以"互联网+跨境物流+智慧口岸+边贸服务"的模式，实现口岸防疫、口岸服务、跨境运输、跨境结算等业务的协同，为疫情常态化下双边防控和跨境物流提供高效、便捷的服务和保障。

4. 构建服务业开放平台

以构建服务业综合开放平台为依托，推动南亚东南亚地区跨境服务贸易的便利化和自由化。加强与中老铁路沿线城市协同联动，以自身优势产品出口及东南亚特色产品进口为重点，推进内外贸货物集拼集运，带动中老铁路沿线物流贸易融合发展，建设区域性货运集散中心。继续发挥驻外商务代表处和"走出去"企业的桥梁纽带作用，搭建对外沟通服务平台，鼓励有条件的企业到境外开展产能合作、农业合作、对外工程承包、服务外包等，持续扩大双边货物贸易流通。

5. 构建跨境投资金融平台

在"一带一路"倡议和与沿边国家合作中，投资和金融支持的作用是非常突出的。因此，应发挥云南省的地理区位优势，强化跨境投资金融服务平台建设。云南省是重要的跨境投资金融平台建设场域，是推动"一带一路"投资金融的重要区域，要适时在自由贸易试验区设立沿边发展基金。

6. 构建跨境创新与产能合作平台

大力实施推动开放型经济高质量发展六大行动，打好外贸、外资、外经"三外联动"组合拳，着力打造区域特色突出的外向型经济发展新高地，增强云南的创新辐射力，以创新合作推动产能合作，建设跨境产能合作新平台。

7. 构建环境友好平台

云南省在全国处于生态环境友好的较高水平，今后在发展中要做生态文明建设排头兵，在国内外合作中贯彻绿色发展理念，充分发挥战略节点性、生态宜居性、开放创新性、产业体系完整的优势，构建稳定高效的供应链体系，提供环境友好平台招引企业入滇发展。

8. 构建规则试验平台和构建跨境电商综合平台

一方面，创造规则谈判协商的机会，推动澜湄合作机制创新，推动与"一带一路"合作伙伴和相关国家共同制定发展规则。另一方面，大力推进外贸转型升级基地建设，打造水果、蔬菜、生物医药、花卉、食用菌、磷化工等具有区域竞争优势的出口导向型产业集群。协调对接、指导服务企业拓展新能源电池、数控机床等高附加值、高科技含量产品的出口，鼓励和支持企业开展相关国际资质认证的申请和注册。依托省级数字服务出口基地优势，积极发展研发、设计、咨询和检验检疫等生产性服务外包，探索数字制造服务外包。鼓励和支持企业建设海外仓和境外营销网络体系，开展业务先行先试，不断丰富跨境电子商务新模式和新业态。

三、提高口岸外贸能力

（一）提高口岸综合服务能力

口岸综合服务功能反映了一个地区的软环境，即口岸疏运功能与口岸环境。如今，跨境贸易已经成为国际贸易的主要形式之一，而口岸综合服务能力是实现跨境贸易的重要保障和支撑。实现口岸综合服务能力提质增效，这不仅对守好国门安全第一道防线有着重要作用，也对服务全面建设社会主义现代化国家、促进区域协调发展有着重要意义，但同时也面临着许多挑战。为进一步规范口岸收费行为，优化通关流程，降低通关成本，提高通关效率，打造更加公平、更富活力、更加开放、更加便利的一流口岸营商环境，推动跨境贸易便利化。将跨境沿边口岸打造为国内国际双循环发展格局交接点和发力点，促进云南口岸经济大开放、大发展。

1. 在优化通关流程方面

加快实施口岸通关一本化改革，发展智能化、数字化口岸，优化口岸功能设计，完善口岸基础设施和信息化装备，全面提升云南省口岸信息化水平。

一是流程优化，灵活企业海关办理手续的时间地点，减少手续办理环节、压缩层级，优化办理手续的网上流程，同时便利企业报关录入，实现海关、执法等信息实时流入系统，具体内容如下：其一是"自助申报、自助纳税"。企业可以选择任意关税进行注册，自主申报报关单及随附文件，自行计算税额并缴纳税款。实现注册更自由、手续更简单、通关更顺畅。其二是"一次登记，一步到位"。企业可以同时办理货物的报关和纳税手续，待海关解除进口的安全隐患之后，货物能优先放行，优化海关程序，从而降低企业的物流开销，使其更加便捷且减少社会资源浪费。

二是打造电子口岸。把国际商业"单一窗口"、电子口岸、门户网址、12360微信公众号等全部汇集到一个平台，涵盖企业的"一切日常通关需求"，基本上实现了"一签"实现"一条龙服务"，减轻商家的"线下四处奔波、网络四处寻找"的难题。

三是线上线下融合。一方面，根据国务院规范行政审批活动的要求，创建了"一站式申请、在线操作、同步办理、实时响应"的互联网"一窗"，"前端受理、后端处理""集约化处置"的线下事务办理模式，实现事务办理线上线下相结合、一体化发展。

2. 在降低进出口费用方面

其一，制定口岸收费实行目录清单，严格按公示目录清单收费，清单之外一律不得收费。建立物价、市场监管、商务、交通、口岸管理等单位共同参与的口岸收费监督管理协作机制，进一步清理口岸经营单位收费项目，在保持现有收费项目不变的前提下，对口岸经营单位收费项目进行清理。取消收费性质不明确、使用不透明的经营服务性收费项目，取消内容与国家相关规定不符的收费项目，取消在口岸现场不能提供有效服务、没有实际交易和成本合理支出的收费项目。其二，充分利用"单一窗口"口岸收费系统，加快推行电子单证、电子支付和电子结算，实现口岸收费"一站式""一单制"结算，优化收费结构，降低进出口环节合规成本。其三，依法查处口岸价格违法行为。严格按照《价格法》《反垄断法》《反不正当竞争法》等法律法规和《国家发展改革委关于印发〈对部分地方价格工作进行约谈的办法〉的通知》要求，全面开展口岸收费排查整治工作，对全州口岸收费情况进行全面摸底排查，坚决查处自立收费项目、超标准收费、乱收费等行为，应及时向社会公布。

3. 在改善贸易服务环境方面

不断创新服务方法，优化服务流程，提升服务效能，聚焦构建亲清政商关系，以强有力的举措优化跨境贸易营商环境，促进外贸稳固提质，加强部门协同配合，协调县市场监管局、税务局等职能部门，联合开展口岸收费专项清理、优化出口退税流程等各项改革措施的推进落实，此外，加快宣传口岸惠企政策，实现口岸收费公开化、透明化，提高企业对政策知晓率。营造更富效率、更加开放、更加便利的跨境贸易营商环境，不断优化外贸服务，强化领导、培育主体、招大引强，切实增强企业获得感，促进外贸稳固提质。

（二）优化口岸分布布局

口岸已经成为云南省边境8个州（市）所辖边境县（市、区）社会经济发展的重要支撑。但是，云南省口岸发展在整体布局方面仍存在一些问题和挑战。要推进口岸发展，将口岸贸易与加工业紧密结合，实现口岸经济与园区经济有效衔接，将口岸由通道变为枢纽，以产业发展带动口岸发展。

1. 做好口岸发展规划建设

依据《云南"十四五"发展规划》统筹考虑综合交通运输网络发展布局，国家区域发展总体战略，国家口岸查验机构编制配置以及地方开放型经济发展的实际需要，着眼全面进一步优化口岸布局。优化口岸分布需要进行一些系统性的工作，应该结合实际情况对口岸的布局进行调整，以满足不同地区、不同行业的需求，还应该加强对口岸资源的管理和利用，以及提高口岸的效率和安全性。同时，应该加强与相关部门的合作，共同推进口岸布局的优化工作。从宏观角度出发，对口岸的布局进行规划，在口岸基础设施建设的前期规划工作中，统筹兼顾口岸发展，着力改善云南省重点口岸基础设施条件，扩大区域对外开放程度，有效促进外向型经济的发展，形成全面开放的新格局；在交通畅通方面，云南省与老挝、缅甸、越南等国需立足于各国的实际情况，持续推进交通网络体系建设，加快构建面向南亚东南亚国家运输通道，要在基础设施的有力支撑下，发挥口岸枢纽功能，发挥云南省面向南亚东南亚的区位优势、开放优势，节约物流成本、提升口岸的通关效率。相关部门要在交通运输部门的指导下做好云南省连接周边的物流节点和城市、产业园区、经济中心的区域交通网络规划与布局工作，提高现有公路等级、延伸现有公路的长度和深度，完善优化路网结构；在口岸基础设施规划设计方面，由于云南省一类口岸的数量相对较少，主要的枢纽口岸集中在边境地区，可谓寸土寸金，因而要合理利用土地资源，发挥土地效益，在规划口岸基础设施建设时应该科学统筹、长远布局。同时，在仓储物流和产业园区建设时要考虑与相邻城市的要素流动情况以及不同区域间的布局，综合考虑生产要素流动的便利化和产业链之间的衔接情况，以及生态效益。

2. 加强口岸基础设施建设

"九层之台，起于累土"，发挥口岸经济的辐射作用要有强有力的跨境基础设施发挥保障作用，口岸经济发展质量与口岸基础设施的建设水平有直接关系。云南省口岸基础设施在管理、运营、维护及建设速度与效率方面都存在不同的问题，完善口岸基础设施建设、口岸通关便利化迫在眉睫。要在保质保量的基础上，积极推动口岸提质扩能，以全面落实新时代口岸高质量发展要求为口岸基础设施建设思路，统筹推进平安、效能、绿色、智慧、法治"五型口岸"建设，奋力建设基础设施好、航道航线全、交通网络畅通、通关效率高的新型口岸。相关的工程单位要加快新公路、铁路、航空口岸建设进度，持续加大口岸基础设施建设力度，加物流仓储、联检边防、一站式通关服务大厅、综保区等配套基础设施建设，不断完善和提升口岸功能，营造良好的通关环境。口岸基础设施建设是口岸经济高质量发展的前提和关键，因此，大力推动口岸基础设施实现质的飞跃，推动人流、物流、信息流加速融合，加快提升双向开放水平，才能为口岸经济的发展装上"新引擎"。同时，要加快城乡融合，通过政府引导、企业参与、市场化运作的方式加快云南省周边区域经济合作区和经济合作平台的建设，推动各类资源要素聚集，带动人流、信息流、商流、资金流加速增长，培育高质量发展增长点。

城乡基础设施建设也是影响口岸经济高质量发展的重要内容，特别是在交通、邮电、通信、供水供电等口岸建设亟须改善的领域。要加大财政投入，大力提升农村基础设施水平，缩小城乡差距，尤其是在云南省一类口岸通关贸易点的道路建设上。以共享共用为原则，整合口岸监管设施资源和查验场地，加强口岸改造及查验设施建设，完善口岸安全保障措施和查验基础设施。此外，还要严格按照口岸查验基础设施相关建设标准对新开放口岸的查验基础设施进行规划和建设，并加快与口岸主体工程统一规划、统一设计、统一建设，加大对口岸查验及口岸安防设备等硬件的投入，提高查验监管技术水平。

3. 加强基础设施维护维修

口岸基础设施包括道路、仓储与各种办公场所。由于云南省边境口岸长期以来交通条件都相对落后，加强交通道路的改善自然成为口岸建设的头等大事。目前，云南省边境口岸地区仓置条件相对较差，就连畹町、瑞丽两个国家级口岸的建设水平与发达地区口岸基础设施水平相比仍有差距，大量的进出口物资堆集在露天的货场，日晒雨淋，由于仓储容量不足，还有把海产品与化工产品同置的现象，进口的海产品由于缺乏良好的冷藏条件，待到内地的车赶到拉走时，多半已变质腐烂。因此，要加强口岸基础设施的后续维护，推动口岸基础设施设备提质增效。

（三）优化口岸功能布局

随着科技的进步，口岸功能也在不断地变化和发展。从最初的海关、边检、商检、运输等单一功能，到现在综合服务能力不断提升，口岸功能也在不断地丰富和发展。要充分认识加强和改进口岸功能的重要意义，把加强口岸功能布局摆上更加重要的位置，进一步强化口岸功能定位、口岸功能差异化、进一步延展口岸功能，改进口岸功能，建好、管好、用好口岸，充分发挥口岸的综合效能，有力促进云南省对外开放水平全面提升。

1. 强化口岸功能定位

口岸的基本功能是以进出口贸易和加工贸易为基础，通过人力流、资金流、物质流、信息流等经济元素双向反馈而带动贸易、加工、仓储、电子商务、旅游购物、商贸金融等经济活动发展，从而显现整体功能的经济系统。要积极打造多元化跨境电商渠道体系；要对标对表国内、省内各类口岸，找准自身定位、发挥优势特色，坚持差异化发展；要发挥以口岸为枢纽的辐射平台作用，探索推动"口岸+枢纽+通道+平台+产业"协调联动模式，不断发展壮大云南口岸经济。此外，对于重点口岸、次重点口岸和一般口岸要建立分工明确、协调发展的口岸分工协作机制，从而进一步完善口岸功能，发挥口岸优势。

2. 口岸功能差异化

口岸功能差异化是指海关和边检之间在综合服务能力、科技创新、信息共享等方面实现共赢的一种趋势。逐步调整部分口岸功能定位，通过整体格局、功能结构的优化，体现功能差异化，强化口岸功能定位，在口岸功能分工上做到差异化。

首先，口岸功能差异化的一个重要体现就是海关和边检的联合执法机制。过去，海关和边检之间往往各自独立监管，相互之间缺乏有效的协调机制，导致执法效率低下。因此，需要加大对边境地区开展执法合作的授权，建立边境地区公安机关与周边国家执法部门对外合作机制。其次，口岸综合服务能力的提升也是口岸功能差异化的一个重要体现。海关和边检之间要建立起一套完善的信息共享系统和数据交换机制，可以实现信息资源的共享和共用，从而提高执法效率。最后，口岸功能差异化还体现在对科技创新的重视上。要加快改进传统方式来处理货物查验、出入境管理等事务。目前，海关和边检之间已经建立了一套完整的科技创新体系，可以实现对货物查验、出入境管理等事务进行自动化处理，提高工作效率的同时也能有效降低人力成本和时间成本。

3. 进一步延展口岸功能

加快特种商品进口指定口岸建设，构建综合性大口岸格局。加快建成运行指定口岸拓展业务规模；加快国际货物转运中心、进口冷链食品批发交易中心等物流基础设施建设，扩大运输国际邮件、冷链物流、跨境电子商务等业务规模。支持具备条件的地区结合当地实际，申建指定口岸，服务外向型经济发展。

四、促进口岸经济转型升级

在云南省第十四届人民代表大会第一次会议上，云南省省长做政府工作报告时指出：云南要实施口岸建设行动，一体推进口岸功能提升、口岸经济发展、口岸城市建设，集中打造一批有影响力的枢纽型口岸，推动口岸经济由"通道经济"向"产业经济"转型。[①]这是基于国际国内两方面综合考虑制定出的战略方向，同时也是云南推动更高水平对外开放、以高水平开放实现高质量发展所必需的实际需求。

（一）提高出口商品附加值

1. 加大相关政策支持力度

一是在政策措施精准发力。加大对自由贸易试验区、综合保税区、边（跨）境经济合作区、国家级经济技术开发区等开放型园区出台土地、金融、人才等相关政策支持，以促进国内外加工贸易订单转移和企业转移。二是在建言献策上持续发力。专注云南口岸的落地加工，围绕产业规划、体制机制创新等进行实地加工产业的专题研究，并对口岸相关产业发展提供有益的建议和意见。三是在主动作为上加大发力。坚持服从和服务于云南省沿边开发开放大局大势，在加快争取金融信贷及政府专项债、项目专项资金安排等方面给予主动沟通、协调、理顺，尽最大努力推动沿边大投入、大建设、大开发、大开放、大发展。

2. 加快口岸加工贸易园区建设

重点培育昆明、红河等具有较好承接基础，带动效果显著的地区创建国家加工贸易产业园。加快推进缅甸的牛油果，对越南的菠萝、椰子、榴莲，老挝的鸡血藤、土茯苓、腰果等商品的进口准入进程，扩大进口量。加快农产品、中药材及水产品等落地加工项目发展。一方面，各地因地制宜，依托自身口岸优势，整合现有产业和资源，以新型基础设施建设理念为指导，树立循环经济新观念，加强生态环境建设，注重工业发展和原始生态的协调发展。创造生产集约化、生活集聚化和管理科学化的现代工业园，建设成云南

---

① 云南：实施口岸建设行动 促进口岸经济由"通道经济"向"产业经济"转型[EB/OL].（2023-01-05）（2024-02-04）.http://politics.people.com.cn/n1/2021/1020/c1024-32258357.html

省进出口加工特色工业园区。另一方面，需要激励民间资本以多种形式，如投资、联营、入股等方式参加园区开发，推动投资主体多元化，指导园区的构建沿着优化分布、制度改革和完善管理的道路前进，让优质的加工贸易业务能够顺利进入、落地并壮大发展。

3. 因地制宜开展精深加工

将加工业发展与承接产业链转移紧密结合。充分结合口岸所在地经济腹地产业发展基础、境内外资源条件、口岸贸易类型等计划引导加工业发展，将加工业纳入承接产业链转移体系中考量，深入研究对方国家产业政策、产业发展方向，以及对方国家享受的国际贸易政策，在此基础上有针对性地出台加工业发展扶持政策，实现将加工业与承接产业链转移、开展国际产能合作融合发展。

4. 发展口岸服务经济

重点推动口岸旅游业和口岸商贸业现代化发展，打造云南口岸经济发展的"金字招牌"。加快构建跨境电商、跨境物流、跨境消费、跨境旅游与购物、跨境支付结算等服务体系，提升口岸商业设施服务功能。在重点口岸所在的边境地区建设一批集商品加工贸易、保税仓储物流、展示展销、金融服务、边境旅游购物、配套生活于一体的边境口岸经济区，做大做强集消费、旅游、贸易、电商、商务服务等于一体的口岸服务业。

（二）增强外贸竞争力

云南口岸经济外贸正在迈向提质升级的阶段，通过加强技术创新、拓展多元化市场和优化贸易结构，云南省外贸将迎来更加稳健和可持续的发展。这将为云南省经济的高质量发展提供强大支撑，要适应消费升级和供给升级的需要，加快培育云南省出口竞争新优势，进一步提升云南省在国际贸易中的地位和影响力。

1. 加强技术创新和品牌建设

一方面，要加强技术创新。首先，要通过加大科技研发投入，提高产品质量和技术含量，鼓励企业加强自主研发，推动科技创新与产业融合；其次，要提高人才培养质量，加强职业培训和技能提升，努力提升劳动者的技术水平和工作能力，培育更多的知名品牌，提升云南口岸经济产业的竞争力；最后，要加大政策扶持力度，可进一步提供税收优惠、知识产权保护和科技成果转化等支持政策，激励企业增加研发投入，推动企业创新发展。另一方面，加快云南省自主出口品牌建设。首先，要加快培育和打造一批具有国际竞争力的自主出口品牌，推动其向全球价值链中高端跃升；其次，要支持企业开拓国际市场，大力实施"走出去"战略加大对重点出口品牌的宣传推广力度，引导和鼓励企业参与国际标准、行业标准制定修订；最后，树立创建自主品牌意识，了解自主出口品牌的战略意义，是云南口岸经济转变外贸增长方式，提高外贸质量的重要途径，提高自主出口品牌核心竞争力意识。

2. 拓展多元化市场

实施市场多元化战略是增强外贸韧性的关键所在。因此云南省要在立足传统市场的基础上，各外（边）贸企业充分利用云南口岸优势，加大对国外新兴市场的开拓力度，积极开拓新兴市场和发展中国家，将贸易伙伴拓展到多个国家和地区，寻求更广阔的合作机遇。企业作为开拓多元化市场的主体，仍需要依赖于政府提供稳定的外贸政策、优良的环境和便捷的出口流程来推动其进入多样化的市场，但当前的主要任务在于确保进一步稳定外贸的举措得到有效执行，并深入探讨如何持续降低进口商品成本，研究继续降低进口关税总水平、完善出口退税等相关政策。

3. 优化贸易结构

一是不断加强高新技术企业培育和发展。壮大战略性新兴产业，重点发展高新技术产品。引导高新技术企业向专业化、精品化方向发展，组织实施高新技术企业"三个倍增"行动计划。首先，继续加强高新技术企业培育服务体系建设，积极开展适度服务，组建专家服务团队，提供精准化。其次，进一步优化高新技术企业发展环境、提升政策环境，确保高新技术企业的税收优惠政策实施。强化监管评估系统。对高新技术企业的业绩信息进行详细的数据收集与监控分析，研究构建一套针对高新技术创新能力的评级标准。云南口岸经济整体向好，为外贸提供了有力支撑，一方面要大力推进高附加值产品对外出口，提升在国际市场中的市场份额，另一方面也要稳定中低端产品的现有市场份额，要在保持出口规模基本稳定的基础上，加快重点行业、新兴产业转型升级，持续挖掘贸易创新增长点，提升产品竞争力，推动口岸经济高质量发展。

二是大力发展数字经济产业。一方面，抓住新一轮科技革命和产业变革、"数字丝绸之路"建设等战略机遇，积极参与中国—东盟信息港建设。赋能"云智"行业，加快互联网、大数据、人工智能等新一代信息技术与现代服务业、实体经济深度融合发展，这有助于培育出可持续的平台经济和共享经济，同时也能使其保持健康的经济发展态势。此外，鼓励线上线下的整合发展，以此创造新的消费模式和商业形态，如教育、文化和旅游、运动保健等方面的新兴需求。另一方面，加快数字化转型。积极推动开放向更高水平迈进，以开放为驱动促进外贸的优化和升级，通过引入先进技术、管理经验和高精尖的外资项目，借助云计算、大数据等新技术、新模式改革传统产业，加快外贸产业的转型升级，优化出口产品的组成，推出一系列高技术含量、高附加值、高品质、高性能和自主品牌的优秀产品。

三是强化绿色化转型。在绿色低碳已成为发展主流的当下，首先，要集中优势打造龙头企业与核心产品，抢占发展制高点，保持出口势头，不断提高"中国智造"的科技含量和工艺水平。其次，企业在实现量的增长的同时，也应更加注重质的提升，坚持向创新要动力，进一步夯实相关产品的市场竞争力。再次，深化先进制造业低碳发展模式创新、制度创新，实施全流程数字化、清洁化、循环化、低碳化行动。最后，打造一批绿色制造示范项目和绿色工厂，推动传统产业绿色低碳转型，探索建立碳排放标准、低碳评价机制，推动低碳产品认证。

（三）发展特色优势产业

1. 培育壮大优势特色产业

口岸经济的发展必须贯彻新发展理念，口岸经济的高质量发展需要处理好整体与局部，规划与实施、动能培育和把握机遇、发展与生态保护之间的关系。当前，实现云南口岸经济高质量发展的当务之急是发展优势特色产业，协同推进口岸经济与地方经济。各口岸的发展要立足自身特点、国家和云南赋予的政策以及所处区位的经济社会发展情况，明确发展重点，发展特色产业，做实产业支撑、做活特色资源，同时抓好外贸一体化、进口贸易促进创新示范区等一系列试点创新利好政策的贯彻落实。通过大力发展边境贸易，建设外贸物流加工基地等发挥口岸的窗口作用，并非仅仅作为过客和过货的"通道"。立足于国内大循环，充分发挥不同口岸的比较优势，培育和发展与口岸经济发展相关的新兴产业，走出一条适合自己的发展道路。要在发展传统产业的基础上，加快发展现代物流、口岸金融等新兴业务，促使原来的外贸为主的口岸经济发展模式转变为内贸、外贸并驾齐驱，此外，还要在服务供给上推动由生产资料运输向生产、生活资料综合运输转变，促进相关生产性现代服务业发展。

2.建立特色产业体系

各口岸城市应该充分发挥区位优势和城市功能，因地制宜地探索适合当地又区别于其他口岸城市的特色产业。其一，积极调整传统产业的产业结构，科学合理规划境内外高附加值、精深加工相匹配的产业链条，不断提升口岸的产品加工升级能力。在各级政府的指导、协助下，不同口岸应该打破地域之间的限制，加强与区域内相对发达的城市以及区域外发达地区的协调联动，优化资源要素配置，吸引有实力、有能力、高层次的企业，特别是加工制造业落地。此外，政府部门要在充分考虑口岸经济优势的基础上，引导口岸产业加速发展，将工业纳入承接产业链转移的体系中考量的同时，深入研究贸易方的政策、产业发展方向以及国际贸易政策等，在此基础上出台更多有针对性的政策，以实现更好的国际合作。其二，加快构建产业园区将口岸区域范围内的本地产品及进口产品进行加工，推动产业多元化，延长产业链条，增加产品附加值。在扶持加工制造业的同时，推进农旅融合发展文旅产业，规范旅游市场，设计、制造一批符合当地口岸特色化、地域化文创产品，加强宣传，提升口岸城市旅游的影响力。鼓励支持龙头企业带领中小型企业携手开通进口生活消费品精品航线，大力发展生活消费品保税仓储、通过分发配送、新鲜销售和电商服务等方式，优化生活必需品的供应链条。加速口岸从传统的生产物资口岸向生活必需品口岸的转变，为消费者的升级消费和地区经济的发展提供服务，满足人民群众对高质量生活的需要。其三，加强特色产业基地建设。开展省级外贸转型提升基地，积极申报全国外贸转型提升基地，继续择优选择省级外贸转型提升基地。在鼓励发展特色产业的基础上，支持基地设立服务工作站，推进"政府工作站+基地"管理服务体系建设，开展企业培训、特色行业展览、推介会等活动，促进对外贸易发展，提升影响力以及基地的辐射。

（四）提升边民互市贸易水平

发展口岸经济是振边富民、睦邻友好的重要方式，也是实现边境地区精准扶贫、落实国家和省市创新发展工作部署的重要手段。发展边境贸易，振兴边贸富民，鼓励跨境贸易进口、商品在边境地区加工，提高边境地区经济发展水平，促进边境居民安居乐业，保障边境地区长期繁荣稳定。云南省要以边境居民互贸业务改革为契机，聚焦痛点、难点问题，大胆尝试、突破，强化体制机制和创新机制。

1. 明确参与边民互市贸易的边民主体

对符合参与边民互市贸易条件的边民分为三个批次，按照每户每人进行分批注册边民身份。明确边民互市交易活动的组织方式，并持续扩展其组织的形态与参与的互市贸易经营活动。为处理边境居民之间交易主体的专业技能缺乏的问题，可以采用"委托代理"的方式，雇佣非边境居民的专业人士来辅助管理交易活动，从而提高边民组织的专业化程度。

2. 简化边民互市交易流程

一是确定边民互市贸易操作流程。在边民互市贸易经营活动中，允许落地加工企业、边民互助组和边民合作社内专业管理人员代表及他们所在的企业、团队或公司内的边境居民签署进口商品采购协议和进口商品境内销售协议，并负责处理这些产品进入中国的海关手续以及在国内的市场推广工作，实现边民"真交易"。二是确定边民互市贸易结算流程。按照"边民互市结算专户→结算待支付账户→境外供货商结算账户"的结算流程，实现边民"真结算"。三是确定跨境结算银行。与口岸城市的地方合作社及其他金融服务公司达成协作关系，确定为边民互市贸易结算银行。同时，积极推动银行向边民提供互市交易结算账户贷款支持、低利贷款、延长的无息借款期限等便利措施，以解决边民融资困难和高昂成本的问题，更好满足边民互市贸易资金需求。

3. 营造良好的边民互市营商环境

一是确定边民互市贸易进口货物税收政策，明确每次联合贸易的计税缴纳、发票开具和使用等税收政策。企业主体，做好联合贸易的工商工作和税务登记，完全依法征收增值税、个人所得税等；同时用边境居民抵扣增值税预扣政策吸引更多农产品加工流通企业入驻进口农产品加工贸易场所开展业务。二是鼓励建设共同市场贸易信息管理系统。制定互贸信息系统管理办法，加快"互联网+边境贸易"公共服务平台建设及其与中国（云南）国际贸易单一窗口对接，实现互贸、支付结算、商品申报全流程、运输货物、现场处理信息的操作和控制。完善边境居民证件智能化管理等系统功能，加强对边境居民及相关人员的证件签发管理。三是打击利用互惠贸易走私。暂停对涉嫌利用边境居民互惠贸易走私的土地加工企业享受的优惠政策。经有关部门认定不存在走私等违法行为的，恢复其享受的优惠政策，如确定存在走私等违法行为，则取消其当地加工企业资格。

4. 做好边民互市便利化平台建设

一是做好边境贸易参与主体登记、备案、银行开户等工作。组织实施边境居民互惠贸易创新发展政策培训，做好政策宣传动员，开展贸易往来。二是搭建互市贸易一、二级市场交易平台。建立商品数据安全传输和验证通道，将电子商务与境外采购、市场流通融为一体，解决交易误传问题，确保各环节信息的一致性，建立连接一级市场和二级市场的互惠市场交易体系，实现市场交易的公平公正，使边境人民共同市场平台贸易模式、货物通关更加快捷、供需渠道透明、部门监管便利。三是完善网上交易和实时电子结算。买卖双方的资金在银行等金融渠道转入转出，行政监管部门提供实时交易流向监控，以线上交易的方式降低监管风险。二级市场（电子商务）交易平台和智能发票系统实现数据实时共享，边境居民可以依托合作社或组建个体工商户为采购企业开具发票，解决边境居民相互贸易问题。四是创新优化税收政策服务。完善落地加工企业激励机制，制定纳税服务方案和措施。

（五）强力推进"口岸+"建设

面对激烈的竞争和难得的历史机遇，强力推进"口岸+"建设，立足发展优势和基础，将口岸经济作为全省产业转型升级的新增长点。

1. 突破发展中的路径依赖

第一，结合口岸发展实际，因地制宜谋划产业布局。要在明确口岸所在区位发展条件和优势的基础上，探寻新时代口岸建设路径。在推动口岸转型升级的过程中，要注重发挥当地资源优势，包括技术、人才、生产要素等，通过科学合理、客观有效的策略"撬动"要素资源加速向口岸地区聚集，以特色化、差异化的竞争优势助推高质量发展。对于"一带一路"沿线口岸，除了发挥沿线区域区位条件优势，还要配套相关的基础设施来全面提升口岸功能。对于政策优势明显的口岸除了发挥政策作用外，还需借助其他路径多元化发展以激发潜力，增强经济发展的韧性。第二，创新口岸经济发展模式。借助现代产业融合理念，引入新质生产力，着力从模式创新、结构调整和资源整合等方面切入，突破路径瓶颈，形成优势互补、联动发展的新格局。

2. 均衡化发展口岸经济

第一，注重调整口岸经济发展结构，优化口岸经济投融资布局。合理的投资是推动口岸经济可持续发展的有效举措，能为口岸经济发展增加动力，调动各类主体参与口岸经济发展的积极性。当前口岸经济发展过程中存在质量效益不突出、重量轻质的问题，针对这一问题要以更合理的视角，基于保障投资与收益的双重视角，对口岸经济发展过程中存在的基础设施建设、口岸软硬件平台建设等推动口岸升级发展的基础性事项给予更多的资金支持，夯实口岸经济的发展基础。第二，通过出台政策鼓励更多的主体参与到市场中来，借助政府与市场的共同作用实现投资目标；以口岸、口岸城市为中心不断延伸打造现代化区域性经济发展综合体。第三，除了增强口岸自身的经济发展实力外，还要细化相关产业的规划内容，推动口岸与相关产业一体化、集群化发展，打造"1+N"的口岸产业新业态。

3. 推动产业协同融合发展

第一，可以广泛发展贸易流通型综合性产业，货物流通是口岸发展的基础优势，也是推动口岸经济转型的关键环节。在发展过程中，注重引导优势产业做大做强的同时，要坚持创新驱动，推动产业向高端化、智能化发展。第二，要推动智慧口岸建设水平逐步提升，以"互联网+口岸"形式的经济发展新业态、新产业，在产业转型升级过程中主动导入先进生产力和技术，增强产业发展实力。第三，要把握"一带一路"倡议创造的优势，通过与文旅、农业、服务业的深度融合，培植新的产业经济发展点。

五、加快推进口岸制度体制健全完善

要完善口岸管理体制和机构设置，从整体利益出发，综合衡量各类影响因素，建立与口岸发展相适应的制度体制。

（一）优化口岸管理体制

口岸管理是国家经济和社会发展的重要支撑，也是维护国家安全和社会稳定的重要基础。为了加强口岸管理，促进贸易便利化，需要进一步完善相关法律法规，包括海关、检验检疫、边检等相关部门的职责和权限，以及通关程序和要求等方面的规定。同时，还需要加强对口岸设施和设备的保护，确保安全有序地开展口岸管理工作。

1. 进一步明确部门职责

不断强化横向协调、纵向联动、条块结合、通力协作，科学推进口岸工作。健全口岸工作例会，定期召开口岸业务骨干工作会议，全面了解各地口岸工作情况，有序推进重点工作。深入开展调查研究，系统掌握口岸现状、特点、需求、趋势等，加强对口岸工作的全局性、前瞻性研究，着力提升口岸服务能力，为全市外向型经济的持续健康发展保驾护航。

2. 强化各部门的沟通协作

随着对外开放步入新阶段，关检融合逐步推进，口岸的建设发展重点已从单纯的关检查验基础设施建设转向口岸功能互补联动、关检融合、查验设施集约共享，以及监管制度创新。要立足发展现状、推动口岸空间布局优化、促进口岸设施建设与功能完善、强化跨部门跨区域的内陆和沿海通关协作、提升查验通关效率、推动外向型生产要素实现自由、高效流动。

3. 优化更加科学合理的通关程序

一是各有关部门统一认识，明确任务目标，测算有关部门要求的通关时间，加快制定提高口岸通关效率的具体措施，优化大件作业和通关流程，并在规定时限内汇总上报，相关行业协会要辅佐有关部门开展工作。二是要对报关企业资质、报关人员资格、货物实际状况、申报资料等作出更加明确具体的要求，对违反规定的行为，要依法严肃查处。三是加强对通关人员的培训和管理。提高其素质和能力水平，提高服务质量和专业水平。同时，可以采取一些激励措施，吸引更多的专业人才加入边境管理队伍中，为口岸管理工作提供更加有效的保障。四是加强对口岸安全和稳定的维护工作。包括加强对出入境人员、货物、运输工具等方面的管理和检查，以及加强对口岸设施设备等方面的规定。同时，还需要加强对口岸安全隐患和风险的监控和处置工作，确保口岸安全稳定。

（二）强化立法保障

为口岸经济发展提供立法引领和法律保障，对于全面深化改革、全面依法治国，有效发挥法治固根本、稳预期、利长远的保障作用具有十分重要的意义，对推动云南口岸经济高质量发展提供法律保障。

1. 加快口岸立法进度

建议在我国与周边国家商签高水平自贸协定和区域贸易协定框架下，深入研究国家开发开放平台赋予云南省的政策机遇。一是进一步完善推进口岸发展体制机制。始终用法治思维和法治方式谋划推进口岸工作，及时修订、调整、完善现行的口岸工作法规实施细则和政策措施，建立健全口岸开放、建设、运行等方面的规章制度，不断巩固口岸又好又快发展的良好局面，夯实口岸发展法律制度保障。二是加快建设企业诚信体系，建立健全企业信用评价档案。完善查验机构执法服务规范和标准，营造良好的执法服务和营商环境。以党建引领，把党的领导融入企业治理各环节，打造忠诚干净担当的高素质专业化干部队伍。大力弘扬朴实厚重精神，以诚取信、以信取胜，努力打造企业诚信体系。三是加快出台《口岸管理条例》，切实明确口岸管理部门的管理权限和综合职能定位，赋予口岸管理部门组织、协调、监督口岸开放、日常管理、大关建设、口岸信息化建设等管理职权。四是制定口岸管理相关规范性文件，使口岸开放和管理有章可循，扭转无发展资金、无管理基础、无协调手段的被动局面。

2. 提高口岸立法质量

口岸立法是国家立法的重要组成部分，也是全面推进依法治国的重要环节。要始终坚持以习近平法治思想为指导，贯彻落实习近平总书记在中央全面依法治国委员会第一次会议上的重要讲话精神，坚持科学立法、民主立法、依法立法，不断提高口岸立法质量，为全面推进依法治国提供坚实保障。

3. 提升口岸立法效能

深入分析新情况新问题，着力解决立法需求与立法供给的矛盾问题，加强口岸重点领域、新兴领域、涉外领域立法，紧跟时代步伐，回应实践需要。加强口岸立法调查研究，坚持问题导向，加强口岸相关法律的系统性、整体性、协同性、时效性，着力提升政府立法整体效能，立统一之法、适用之法、管用之法，以高质量口岸立法助力云南高质量跨越式发展。

（三）强化跨境物流体系建设

实施跨境物流体系建设改革，加快发展跨境物流，是深入贯彻落实习近平总书记考察云南重要讲话精神，发挥云南省区位优势、主动服务和融入"一带一路"倡议的重要手段，是建设面向南亚东南亚辐射中心的重要内容和主要支撑，是推动供给侧结构性改革、提高供给质量、实现降本增效的重要举措，对有效破解制约云南省跨境物流发展的突出矛盾，探索跨境物流体系建设的新模式、新路径，闯出一条现代化物流产业跨越式发展的路子，推动云南省加快形成全面开放新格局、实现经济高质量发展意义重大。

1. 降低跨境物流成本

突出口岸公益属性，研究出台政策措施，充分利用对外经贸资金和口岸发展资金，对货运通关必要支出给予适当补助，切实减轻外贸企业负担；规范口岸区域物流企业经营行为和市场秩序，防止垄断经营，降低跨境物流成本；加快出口退税办理，及时拨付各类奖补资金，激发企业活力，做大做强口岸进出口贸易。

2. 储备跨境电子商务人才

努力培养跨境电商行业所需的综合性人才，加快语言技能教学与跨境电商专业素质建设相结合的人才培养。在提高学生语言运用能力的同时，还要积极培养学生深刻理解地域历史、文化 、社会、经济等方面的能力。同时，通过提供双学位，实现跨境电子商务相关专业与其他专业和学科有效融合。

3. 加快物流基础设施建设

一方面，要科学合理规划物流网络，逐步构建高效的运输体系，对不同类型的物流运输进行科学分工。另一方面，国家和地方政府部门也应采取多种措施，鼓励物流运输的科学化、合理化。通过加强跨境业务公司建立海外配送中心、海外仓库等的政策和资金支持，逐步建立现代化通信网络基础设施，为提供跨境服务提供边境服务。

4. 构建高效的全球物流网络

跨境电商需要构建高效的全球物流网络，以确保商品能够快速、安全地送达目的地。选择可靠的物流合作伙伴，包括国际快递公司、跨境物流服务商和第三方物流平台。通过建立多元化的物流渠道，提供灵活的运输方案，降低运输成本、加快物流速度，并确保供应链的可靠性和可追溯性。

（四）健全口岸安全联合防控机制

维护口岸安全是维护国家安全在边境地区的直接体现，同时也是有效开展维护国家安全斗争的最直接体现。口岸安全治理是国家安全治理的有机组成部分，是国家安全治理在各个开放口岸的具体实践和直接展开。

1. 完善口岸突发事件应急联动机制和处置预案

细化工作责任，明确各级任务分工，落实安全防控措施工作，适时组织联合演练，针对口岸综合执法、联勤联动集中开展业务培训。定期召开口岸安全联合防控工作专题会议，对下一步工作进行安排部署，通过听取工作进展，以此交流工作经验。

2. 加强信息共享共用机制

加强信息共享共用机制。制定全面交换信息和管理数据使用的规定。充分发挥电子口岸平台的作用，以共享共用为原则，促进口岸安全管理相关部门的不同作业系统进行横向互联，实现各部门信息全面共享。在防控暴恐、打击走私、加强查处逃避检验检疫、制止危险品进出境等方面的合作，提高口岸安全监管整体水平。

3. 加强安全宣传和教育

各口岸安全联合防控应不断强化安全意识，向公民和管理人员宣传口岸安全联合防控的重要性，不断提升防范意识，增强治安防范知识，注重责任感、职业素质和文化修养，以宣传教育促进口岸安全联合防控工作的贯彻落实。

第七章 案 例

第一节   孟连口岸经济发展案例

一、基本概况

（一）口岸基本情况

孟连口岸位于云南省普洱市孟连县南部，与缅甸第二特区（佤邦）接壤，至缅甸第二特区（佤邦）邦康市仅一江之隔，是云南通往缅甸、泰国等东南亚国家的重要门户，1991年被云南省人民政府批准为以县城为中心的国家二类口岸，有勐阿、芒信2个指定通道，其中勐阿通道至昆明695公里。孟连是边地历史上著名的"茶盐古道"之一，口岸对外贸易历史悠久，早在明清时期便是中国与缅甸、泰国及东南亚各国商贸往来的重要通道。1991年，孟连口岸被云南省政府批准为以县城为中心的国家二类开放口岸，有勐阿和芒信两个指定通道。2011年5月，国务院批准建设孟连（勐阿）边境经济合作区，2012年5月，云南省政府正式批准孟连（勐阿）边境经济合作区为省级边境经济合作区。2023年2月，经市委编办正式批准，管委会更名为"云南孟连边合区管委会"。经过多年的建设发展，目前孟连口岸对缅贸易已占全市的90%以上。2022年，孟连口岸实现进出口货值113.5亿元，同比增加30.9%，货运量186.3万吨，人流量达11.91万人次，车流量18.07万辆次，上缴征收税款8.5亿元。

（二）口岸建设情况
1. 平安口岸建设情况

为加强边境管控，孟连县公安局扎实推进人防、物防、技防"三防"建设，联动边境乡镇的25个村党支部组建党员先锋队，发动边境村组治安联防队、护边员等力量参与守边巡边，在各乡镇设立边境防疫检查点111个，24小时开展边境管控。

2. 效能口岸建设情况

孟连海关深入推进"提前申报""两步申报""汇总征税"等通关便利化改革落地推广，采取有针对性的服务措施保证通关顺畅。另外，还通过进一步压缩通关时间，优化进出口货物查验监管模式，设置专属车道、绿色通道等，通关货物"快检快放""先放后检"，减少货物口岸滞留时间。

3. 智慧口岸建设情况

孟连口岸着力深化开放型经济体制机制改革，加快推进"一口岸多通道"监管模式，实施国际贸易"单一窗口"管理制度。加强口岸信息化建设和管理，推进电子口岸建设。长期以来，孟连海关积极推进边民互市业务改革，严格按照标准要求进行边民互市市场规范化改造，部署最新的科技设备、复制最先进的管理制度，实现申报模式从纸质申报到指纹申报、人脸识别，查验模式从人工掏箱到H986非侵入式查验的飞跃。

4. 法治口岸建设情况

面对严峻形势，孟连海关坚持打防并举，在不断强化正面监管的同时，积极开展反走私综合治理，深入边境少数民族村寨，挨家挨户走访少数民族群众，以摆事实、讲道理、做宣传，邀请村干部座谈等方式来加强少数民族群众对法治知识的掌握和了解，实现"关民"一道齐心协力维护边境安全稳定。

5. 绿色口岸建设情况

依托孟连口岸建设优势，充分利用资源和产品双向通道优势，按照"园中园"发展模式，围绕"一园五组团"空间布局，以高岭土加工（高端瓷器制造）为核心，融合农用机械制造、橡胶制品加工制造、家具家电组装生产、汽车（机械）零配件组装等板块，建成云南省面向国内以及南亚东南亚重要的绿色工业基地，以及普洱市首个面向缅甸为主的生活生产用品制造基地。

二、孟连口岸经济发展基本情况

（一）口岸经济发展现状

1. 口岸基础设施建设情况

孟连口岸基础设施不断完善，优化了发展口岸经济的"硬环境"，为经济的高质量发展筑牢了基础。目前，已建成了跨境大桥、国门、联检楼、查验货场、边民互市交易场所等口岸功能设施；完成了5条市政道路、污水处理厂、垃圾处理厂、自来水厂等民生设施建设；实施了天然乳胶加工厂、医用乳胶手套加工厂、花岗岩加工厂等招商引资项目，椿林国际幼儿园、椿林酒店、富滇银行、勐阿时光影城等机构项目入驻，口岸城市雏形初显。同时稳步推进亚华堆场、孟连口岸进境冰鲜水产品指定监管场地、勐阿通道边民互市查验货场、芒信保税物流中心等重点项目建设工作，全面夯实口岸发展基础。其中，孟连口岸进境冰鲜水产品指定监管场地建设项目已投资460万元，完成场地基础换填、项目场地护坡挡土墙砌筑，查验设施用房基坑开挖，完成投资量的42%。亚华货运堆场建成货运堆场仓库（1号仓库）7528平方米，并存入进口高档锯材1.2万立方米，3号仓库主体已经完工，正在开展场地硬化，屋顶安装工作。

2. 产业合作情况

孟连口岸紧紧抓住国家、省出台替代发展政策等机遇，组织县内边贸企业到境外开展替代种植，以资金、技术、劳务、设备等资源投入方式参与替代合作。目前，参与替代种植企业12户，替代种植总面积51万亩，境外橡胶种植面积近160万亩，年产量约10万吨，其中，甘蔗种植面积约10万亩，年产量约45万吨，其中替代种植面积约4.9万亩，2021年按照配额进口113234吨；水稻种植面积约30万亩，产量约10万吨，2021年按照配额进口近3万吨；玉米30万亩，产量约为10万吨，2021年按配额进口近1.5万吨。

（二）口岸经济发展存在问题

1. 开放政策落实难

孟连口岸所处地理位置特殊，导致孟连口岸难以充分落实相应的口岸政策，严重制约现行国家各项对外开放政策的落地见效。国家层级基础设施建设支持重点为国家一类口岸，对二类口岸基础设施建设支持极少。省级层面支持的重点也与国家层面一致，倾向于一类口岸。省政府对瑞丽、河口、磨憨等均出台了专项政策，虽然孟连口岸流量远高于省内其他一类口岸，但暂无专属政策支持进一步扩大开放。2016年下发的《云南省边境经济合作区管理办法》中列明边合区有部分独立事权，而孟连（勐阿）边合区的"三定方案"中未列明相应权限，因此实际中未能有效实施。

2. 产业培育研究不足

目前孟连口岸贸易主要是边民互市和一般贸易，对于进出口产品后期的产业谋划不足、举措不多，没有打通进出口产品的上下游产业链，没有深入挖掘出矿产品、农产品的落地加工，产业链未得到延伸，因此导致进出口贸易没有产业支撑，只是简单的通道（过路）经济，未形成可持续的产业经济。从孟连口岸进口商品如锡矿、铁矿、褐煤、农产品等大部分销往内地，出口的商品如机电设备、钢材、成品油、百货等也大部分来自内地，双方贸易互补性很强，具有发展边境贸易的广阔市场空间。孟连口岸承担大量资源过境的基建及运维成本，却没有切实把"过境资源"转化为"经济效益"，边境贸易辐射范围严重受限。同时，边合区内入驻企业多为从事外贸服务的企业，规模较小，政府及市场主体对产业链式发展的谋划不足，对境内外丰富的资源和广阔的市场挖掘利用不充分，导致孟连口岸贸易结构单一、体量小。

3. 要素保障不到位

一是土地要素保障工作总体滞后。边合区受孟连县耕地占补平衡水田指标不足，及全县土地批而未供的双重影响，土地报批困难、缓慢。二是项目建设资金紧缺。边合区基础设施建设绝大部分需要依靠上级财政支持，但由于属于二类口岸，得到中央、省的口岸基础设施建设资金支持相对较少，基础设施建设明显滞后。三是基础设施建设滞后。口岸功能区建设滞后，与口岸吞吐量不匹配。服务于进出口加工和跨境商贸物流的海关前置拦截作业区、查验货场、边民互市、保税仓库等各类口岸功能设施存在场地小、设备不足、人员不够等问题，无法满足逐年增长的贸易发展需求。

4. 跨境结算不便利

孟连口岸属于国家二类口岸，与缅甸掸邦第二特区（佤邦）接壤，地理位置特殊，且缅甸掸邦第二特区（佤邦）为"民地武"组织所控制，导致孟连口岸无法享受国家一类口岸相对应的资金、政策支持，制约了口岸的经济建设发展。因境外佤邦的特殊性，双边跨境资金流动无法通过国际清算组织进行清算，现金调运又受中国人民银行"每人每次携带现金最高限额2万元"规定限制，因此导致跨境资金流通渠道不畅通。另一方面，境外机构在普洱市银行开NRA账户结算的方式合规，但也存在NRA账户资金使用不便的问题。

三、孟连口岸发展口岸经济的做法和成效

（一）孟连发展口岸经济的做法

1. 完善通关流程

自新冠感染实施"乙类乙管"以来，孟连口岸积极采取措施争取口岸恢复客运功能。一方面，明确工作责任。多次组织召开孟连口岸通关协调工作会议，与海关、边检、公安、外事、工信等部门共同商议孟连口岸全面恢复通关各项协调保障工作，并制定完成《孟连口岸恢复通关暨应急保障工作方案》《孟连口岸芒信通道全面恢复客运功能工作实施方案》，进一步统一思想、明确责任，形成工作合力，协同配合抓好工作落实，保障口岸全面恢复通关。另一方面，全面抓好落实。进一步优化通关措施，划定口岸限定区域，配齐口岸功能设备设施，增派人员力量，全面提升服务效率和进出境人员的获得感，全力确保口岸安全高效通关。同时，加快芒信通道过渡性方案编制及设施建设前期工作，目前芒信通道通关保障方案已通过云南省政府相关部门审批，正在组织实施通道设施设备招标、采购公示等前期工作。

2. 优化营商环境

孟连口岸持续推进口岸管理部门信息互换、监管互认、执法互助，提供高效通关服务。规范境内境外进出口环节经营性收费，落实口岸收费目录清单公示制度并动态更新，促进口岸收费公开透明。建立口岸营商环境评价机制，持续提升政府服务质效，进一步畅通政企沟通渠道，及时收集解决各类经营主体的困难和问题，营造良好的市场化、法治化、国际化口岸发展环境。

3. 健全体制机制

一是借助全省开发区优化提升契机，重新编制边合区发展规划，共由四个片区组成，总研究范围8.52平方公里，规划范围2.14平方公里。目前已完成边合区产业规划编制，总规环评报告已取得市生态环境局审查意见，总规已报市政府审批，2022年6月4日通过市国土空间规划与管理专题会议原则同意提交市政府常务会议研究审批。同时，积极推进勐阿通道、芒信通道联检楼、查验货场、边民互市等口岸功能设施前期工作，两个通道修建性详规已通过部门联席会和专家评审会，下步将对接昆明海关再次审查；两个通道联检楼可行性研究及建筑方案设计已完成送审稿。二是打包完成《云南孟连边境经济合作区边贸产业园基础设施建设项目》专债项目，现已获得政府专项

债券1亿元支持。根据资金使用情况，边境经济合作区管委会编制完成《云南孟连边境经济合作区口岸功能提升基础设施项目建设方案》经边境经济合作区党工委会议通过。目前，正在开展项目规划用地的分批次供地，其余项目用地正在组织报批，土地征收成片开发方案已报省政府审批，勐阿通查验货场已按EPC建设模式进行招投标。三是积极启动孟连口岸申报国家级对外开放口岸工作，完成可行性研究报告编制的采购意向公告及口岸专项规划初稿，正在开展可行性研究报告编制采购工作及口岸专项审查工作。

4. 完善基础设施

一方面，争取国家爱外项目支持，引导周边国家改善境外道路通行条件，加快推进沿边高速建设，提升口岸通道连接线公路等级，改善内外联通的通行能力；加快推进口岸物流园区建设，完善口岸仓储、物流、分拨中心建设，完善装载转运、跨境运输、分拨配送、信息服务等功能。另一方面，争取省级智慧口岸试点建设，实施好口岸规划发展三年行动计划，加强口岸通道项目前期要素保障工作，积极争取上级项目资金及专项债资金等支持口岸通道建设；开工建设龙富通道查验基础设施、勐康口岸边民互市市场、孟连口岸查验设施改造提升、大黑山通道查验货场等一批口岸基础设施项目，完善功能设施，提升通关效率。

5. 促进口岸经济转型

一是立足境内境外两种资源、两个市场，围绕园区产业功能布局，因地制宜招商引资，积极扩大有效投资，形成两种资源和两个市场相互补充、实现互利共赢。根据境外资源优势，在境内建设仓储物流中心、边民互市落地加工区，延伸产业链条。二是结合境外市场需求，在境内建设小商品交易中心，满足境外生产生活必需品保障供给；探索建立境外产业园区，建设特色农副产品初级加工、仓储物流、农产品交易，带动佤邦经济社会发展。积极培育服务业，建立边民互市交易中心，组织全县边民参与边民互市，助力乡村振兴。三是在孟连县注册组建成立物流运输公司，开展跨境、境内运输，增加当地税收收入；积极探索劳务输出机制，加大管理、技术人才输出，进一步加大境内外人才交流力度。

（二）孟连发展口岸经济的成效

1. 规划体系更加完善

以口岸城市创建为目标，以边合区建设为载体，以特色小镇建设为切入点，不断完善提升边合区规划。完成了边合区总体规划修编，总规包含孟连县城片区、勐阿片区和芒信片区三大部分，兼顾特色小镇规划，力求做到多规合一、融合发展，通过各项规划的不断完善和提升，拓展了发展空间，优化了功能布局，补齐了公共基础设施等方面的短板，形成了完善的规划体系。

2. 口岸功能更加完备

紧紧围绕边境经济合作区"一核、两廊、三区、四带"发展规划，着力加快边合区基础设施建设。累计投入资金6.98亿元，先后建成国门、联检楼、查验货场、边民互市交易场所等口岸功能设施，招商引资建成保税仓库、免税商店、勐阿国际商贸城等配套设施，口岸功能不断完善。

3. 对外合作交流更加深入

充分发挥与缅甸掸邦第二特区人民之间语言互通、文化共融、同宗同族的胞波情谊，着力维护传统友好合作关系，不断拓展延伸合作交流领域，对外合作交流从边境贸易拓展到金融、农业、工业、教育、交通、卫生、旅游、禁毒及边境管控等领域，促进双边经贸繁荣发展，有力维护了边疆民族团结稳定、边境社会和谐安宁。成功举办了边贸商品交流会、沿边文化交流会、乡村音乐节、跨境运动会等文体活动。

4. 沿边产业发展更加兴旺

充分利用"两个市场、两种资源"优势，不断促进边合区产业发展，夯实发展基础，增强发展后劲。亚美尼亚胶加工厂落户边合区，成功实现乳胶生产、橡胶加工、制造等传统产业逐步迈向高端化、集群化；综合保税物流园区建设即将启动，保税、物流等新兴产业不断步入规范化、规模化；边民互市实现规范化运营，成为边民稳定增收的重要保障，口岸边贸与产业发展的契合力度不断增强，产业升级让口岸发展形成多极支撑。

四、孟连口岸发展口岸经济的经验和启示

作为重要的口岸城市，孟连傣族拉祜族佤族自治县在发挥陆路大通道优势、增强口岸辐射带动能力、推动口岸经济发展方面取得了明显成效，加快口岸建设，发展口岸经济，将孟连口岸的区位优势、口岸优势、通道优势转化为经济优势，推动了"通道经济"向"产业经济"转变，促进当地外向型经济高质量发展。

一是加快口岸基础设施建设，强化口岸交通物流基础设施建设。通过争

取国家援外项目支持，引导周边国家改善境外道路通行条件，加快推进沿边高速建设，提升口岸通道连接线公路等级，改善内外联通的通行能力。加快推进口岸物流园区建设，完善口岸仓储、物流、分拨中心建设，完善装载转运、跨境运输、分拨配送、信息服务等功能。

二是完善口岸功能设施。争取省级智慧口岸试点建设，实施好口岸规划发展三年行动计划，加强口岸通道项目前期要素保障工作，积极争取上级项目资金及专项债资金等支持口岸通道建设。开工建设通道查验基础设施、口岸边民互市市场、孟连口岸查验设施改造提升等一批口岸基础设施项目，完善功能设施，提升通关效率。

三是加快沿边产业园区建设。加大孟连边合区招商引资力度，积极承接中东部产业转移，发展进出口加工和现代商贸物流。突出口岸的"大通道"功能，注重将边境产业园建设成为农产品、药材、矿石进口加工和轻工产品出口加工、跨境旅游聚集区，有序推进省级边境经济合作区的申建工作。

四是提升开放型经济发展水平。抢抓RCEP战略机遇，巩固扩大境外资源型产品进口，拓展普洱茶、咖啡及特色农产品出口市场，大力发展边民互市贸易，推进进口产品落地加工。坚持"走出去"与"引进来"并重，支持对外经贸企业在周边国家和地区扩大建设境外种植、养殖基地和加工园区，促进双边经贸发展。积极组织企业参加国内外展会，高质量办好茶博会、咖博会、边交会等展洽活动，积极发展保税展示、跨境电商等新业态。

五是持续优化口岸营商环境。持续推进口岸管理部门信息互换、监管互认、执法互助，提供高效通关服务。规范境内境外进出口环节经营性收费，落实口岸收费目录清单公示制度并动态更新，促进口岸收费公开透明。建立口岸营商环境评价机制，持续提升政府服务质效，进一步畅通政企沟通渠道，及时收集解决各类经营主体的困难问题，营造良好的市场化、法治化、国际化口岸发展环境。

五、结论

孟连优势在口岸，出路在开放，孟连独特的地理位置使孟连成为国家"一带一路"倡议的重要战略支点，要用足用好本地资源优势，精准谋划产业布局，充分发挥口岸优势，吸引游客到孟连感受边境小城的魅力。

首先，从口岸建设规划上看，孟连口岸坚持规划先行，对边合区所属各项规划设计进行修编提升，不断拓宽发展空间、优化功能布局，补齐公共基础、服务设施方面的短板，全面提升口岸承载能力，逐步形成了较为完善的规划体系。其次，从口岸功能上看，孟连口岸以提升口岸功能设施作为壮大当地口岸经济的支撑点，推动口岸扩大开放，"通道变基地""通道变贸易""通道变加工"，建立适应面向缅甸乃至全球开放的产业结构体系，持续壮大口岸经济。再次，从对外合作上看，孟连口岸与缅甸不仅实现了经济上的合作共赢，也实现了文化的交流，增进滇缅双边友好合作情谊，进一步凝聚双方共同发展意识，实现滇缅边民共享开放红利。最后，从产业发展上看，孟连口岸在产业转型上下功夫，通过将传统产业逐步向高端化、集群化转型的方式，同时在物流上出实招，配套物流园区，为货物进出口提供了高效的通关条件。作为重要口岸，孟连口岸在布局口岸经济发展的做法上值得其他口岸学习借鉴。

第二节 天保口岸经济发展案例

一、基本概况

（一）口岸基本情况

文山州天保口岸为国家一类口岸，是云南省的第二大对越口岸，也是麻栗坡（天保）边境经济合作区核心功能区。其位于麻栗坡县境内著名的老山脚下，与越南河江省清水口岸相对应，海拔107米，内距县城麻栗坡34公里、距省城昆明465公里，外距越南河江省河江市24公里、距越南首都河内340公里，是云南省乃至大西南地区进入越南和连接东南亚南亚最重要的陆路通道之一。目前，天保口岸驻有海关、边合区管委会等25个单位，32家对外经贸企业，餐饮及酒店等个体工商户240余户，总人口4000余人。2023年1～10月，天保口岸进出口货值达21.33亿元，同比增长441%；货运量达37.52万吨，同比增长328%。

（二）口岸建设情况

1. 平安口岸建设情况

近年来，天保口岸紧紧围绕"平安口岸"建设和维护社会稳定这一目标，多措并举，扎实推进社会治安综合治理工作。疫情期间，深入贯彻省委书记关于"天保口岸闭环管理'通而不畅'需关注"批示精神，认真落实关于口岸疫情防控工作指示要求，坚持疫情防控优先，多措并举落细落实"既通又畅"工作措施，天保口岸通关闭环管理工作成效显著，实现境外疫情零输入。疫情转段后，积极推进通关工作，于2023年2月20日实现客运通关，为做好口岸防拥堵工作，口岸管理、联检部门认真落实好防拥堵应急预案，确保口岸客货畅通。

2. 效能口岸建设情况

天保口岸通过科学组建专班抓落实，结合文山州口岸现状，州人民政府组织成立口岸经济指挥部，建立"边民互市+落地加工"、天保口岸、都龙口岸、田蓬口岸四个工作专班，各专班分别按职能解决口岸基础设施建设、货物通关、口岸运营等问题，全面打牢口岸经济发展组织保障基础。此外，加快基础设施建设提效能，全力加快天保口岸国际货场、货运专用通道建设进度，启动海关指定监管场所建设的前期工作，为天保口岸经济提质扩能打下了坚实基础。强化创新监管优通关，深化"提前申报""一窗通办"，实现5分钟边民通关，"互联网+海关"智能化模式，变"一车一单"为"多车一单"申报，通关时间缩短至2分钟。

3. 智慧口岸建设情况

天保口岸作为云南省对外开放的重要口岸，不断提升智慧口岸统筹力、强化硬件基础、提升智慧口岸的支撑力，成效明显。通过优化智慧口岸建设模式，持续推进海关、边检监管查验设备联网，实现口岸的各类监管设备的综合运用，同时确定天保口岸信息化设施设备的配备需求，加大前置拦截作业区、旅检大厅、旅检大楼、检疫处理区、实验室等配备先进的信息化设施设备。鼓励支持中国电信、中国移动在口岸增设4G站、5G站，推动口岸经济区利用5G、AI等新一代信息技术，推进天保智慧口岸建设。

4. 法治口岸建设情况

天保口岸深入贯彻习近平法治思想，紧紧围绕服务口岸安全稳定的工作思路，聚焦健全执法制度、规范执法活动，不断夯实执法保障，努力营造公开、透明、廉洁、高效的口岸执法环境，积极促进口岸营商环境、促进贸易便利化，推广使用国际贸易"单一窗口"平台、"两步申报""提前申报"等措施，推行通关作业无纸化，推广企业网上自报自缴、税费电子支付业务，对报关进出口采取"预约报关""先放后检"、先放行后缴税等便利化服务措施。

5. 绿色口岸建设情况

天保口岸积极推进云南麻栗坡边合区（天保口岸核心区）申报"绿美园区"，将环保作为提升口岸发展质量和优化营商环境的工作重点，认真落实环境保护相关工作要求，履行好环保责任。牢固树立绿色发展理念，践行习近平生态文明思想，将高效利用、低碳环保理念贯穿口岸开放、建设和运行管理全过程，实现口岸资源集约利用、投入产出最优、设施共享共用，推动口岸高效可持续运行。

二、天保口岸经济发展基本情况

（一）口岸经济发展现状

1. 稳步推进口岸经济

近年来，天保口岸经济运行保持了良好的态势，作为云南省对外开放的重要口岸，天保口岸厚植发展优势，推动对外贸易和经济建设高质量发展。根据天保海关提供数据显示，2023年1～9月进出口贸易额19.5亿元，其中，对越进口水果2.94亿元、粮食9.3亿元。天保口岸进出口贸易额逐年提升，对外贸易结构不断优化，不断激发口岸活力，为服务和打造国内国际双循环市场经营便利地打下了坚实的基础。

2. 进出口货物结构比例不断优化

从贸易品类来看，2018～2022年，水果类货物进口额占天保口岸进出口总额比重达31.8%，最高一年（2019年）比重达47.05%；粮食类货物进口额占天保口岸进出口总额比重达到了5.15%；冰鲜水产品进口额占天保口岸进出口总额比重达到了3.31%。可见，水果和粮食是天保口岸历年进口的大比重货物，市场比较稳固，一直为天保口岸优势进口商品。以重点项目建设带动口岸经济的发展是天保口岸发展的切入点，由于地理位置及交通等条件限制，水果类货物、水产品多由沿海地区通过空运、陆运方式供给，物流成本高，造成此类产品价格高。因此，进境冰鲜水产品、粮食、水果这三类产品的进口量对天保口岸贸易总量的贡献还有较大的提升空间。

（二）口岸经济发展存在问题

1. 口岸基础设施建设不完善

一是交通基础设施滞后。口岸经济是一种高度依赖物流的经济形式，而文山州辖内的天保、都龙、田蓬三个口岸目前都尚未完全发挥"大通道"作用，三个口岸均无铁路、高速公路和水路连接，缺乏大进大出、快进快出的大通道，交通短板明显，物流成本高，难以联通边陲"末梢"，口岸通道服务能力亟待完善。例如，天保口岸至麻栗坡县城高速公路还未开通，交通基础设施滞后造成运输成本的增加，导致很多进出口商选择从河口入境。二是口岸基础设施滞后。一方面，天保口岸集镇规划建设滞后，基础设施陈旧，缺乏规范有序的交易市场，吃、住、行、游、购、娱要素保障不足，人流客流较少；另一方面，天保口岸货运专用通道、海关指定监管场地等配套设施不完善，对发展现代仓储、国际物流、流通加工等极为不利，进出口贸易便利化仍处于低水平阶段。

2. 对外开放平台单一

开放平台的建立可享受相应的创新发展和贸易便利政策，有助于吸引外资和技术，带动产业集聚，促进外向型经济发展。而文山州对外开放平台较为单一，目前仅有云南麻栗坡边境经济合作区，与自贸区联动不够，申建跨境电商综合试验区支撑不足，培引外向型龙头企业缺乏优势。对比周边对越口岸，广西东兴市创建了五个开放平台，在跨境人民币结算、跨境旅游、跨境劳务合作等方面多项先行先试成果成为广西乃至全国典范。

3. 外向型产业支撑不足

一是外贸市场主体数量少、规模小、活跃度低，经营产品单一，抗风险能力弱，以分散经济为主，难以发挥规模效应和集群效应。已投产的企业以坚果、水果加工为主，进口产品货值低，加工产品附加值低，对贸易的拉动作用不明显，尚未形成边境地区特色产业。二是优势产业外向度不高。以三七、辣椒、铝为主导的特色优势产业由于出口风险、成本限制等制约因素，特色产业优势难以凸显，产业发展也较为粗放，口岸边民互市进口商品落地加工离初具产业规模还有一定距离。三是跨境旅游、边境旅游经济发展滞后。由于麻栗坡、马关、富宁三县与越南接壤地基础设施建设不健全，住宿、餐饮、交通滞后影响了旅游经济的发展。目前，麻栗坡县与越南仅有1条跨境旅游线路（麻栗坡至越南河江2日游），跨境自驾游线路推进难度较大，跨境旅游、边境旅游吸引力和交通的可达性相互影响能力不足，旅游业对经济的推动作用难以凸显。

4. 口岸地缘优势不明显

天保口岸远离县城和中心城市，空间位置不佳致使口岸与城市联系弱，规划、建设、发展相互分离，难以形成互动关系，口岸与城市经济融合度不高，难以形成产业集聚效应，导致口岸发展的辐射力、吸引力不足，货物进出口的通达性、便捷性不高，处于夹缝中生存的被动局面。此外，口岸地处山区，平地面积少，发展空间不足，现有土地很难保障大的项目落地，可规划面积只有5.05平方公里，口岸的规划、建设、发展均受到极大限制，新的项目和产业只能往麻栗坡盘龙片区、西畴兴街片区摆布。同时，与天保口岸对应的越南河江省清水口岸地处越南北部山区，属于越南最落后的地区，经济社会、产业发展、基础设施落后，口岸距河江省城23公里，远离中心城市，形成孤岛，发展受限。

三、天保发展口岸经济的做法和成效

（一）天保发展口岸经济的做法

1. 加快口岸建设

一是紧盯口岸项目建设。全力保障天保口岸国际货场和货运通道尽快完工，提升口岸承载力和通关效率；加强向上请示汇报，完成天保口岸进境粮食等四个指定监管场地建设项目立项申报省级审批程序并上报海关总署；同时，争取尽快启动天保智慧口岸项目建设前期工作。二是加快推进保税仓和出口监管仓建设。抓住加工贸易向中西部梯度转移的契机，重点围绕电子元器件、家电、轻纺等符合越南市场需求的产品，充分利用保税仓"免税或缓税"政策，承接东部地区加工贸易企业转移。三是夯实自贸区联动创新区申建基础。以云南麻栗坡边合区、文山高新区、砚山工业园区、富宁工业园区为重点，加大外向型企业引进力度，提升园区外向度，探索优化营商环境、促进贸易便利化等方面的改革创新，为申创自贸区联动创新区奠定基础。

2. 加快配套跨境物流建设

改善交通物流水平，加快麻栗坡—天保、富宁—田蓬、河马、马西高速公路、国道G219改扩建、国道G676改扩建、富宁港及库区航道项目建设，有序推进蒙自至文山至靖西沿边铁路和师宗至丘北至文山铁路前期工作，积极开展曲靖至文山至河口和丘北至文山至天保铁路通道规划研究。形成铁路、高速公路、高等级国省干道、水运及航空运输精准匹配、高效衔接的立体综合交通网。加快跨境物流产业发展，建设交通物流大通道。

3. 推进开放平台建设

一是积极申建中国（云南）自由贸易试验区联动创新区。推动云南麻栗坡边合区、文山高新区等省级园区做好联动创新区申建方案及建设实施方案编制工作，将申建自贸试验区联动创新工作纳入政府工作的重要议事日程。二是统筹推进"两仓"建设。启动麻栗坡县进口保税仓建设，并申请验收投入使用。三是推动口岸商贸平台建设。积极申报进境免税店建设、推进出境免税店经营主体招标工作，规划建设口岸商贸中心，从而带动西畴县兴街进出口加工园区等周边区域发展。

4. 积极培育对外贸易主体

首先，做好口岸运营公司落地的协调服务工作。协调帮助云南能投物流集团有限公司将旗下的进出口贸易公司迁移到天保口岸开展工作，并服务好落地公司接手运营口岸老货场的相关工作。其次，主动出击"抢订单"。积极组织能投物流、奥斯迪、苗乡三七、嘉禾农业、天远食品、鸿实、强丰科技、能全电气等企业出访越南、马来西亚、泰国、日本、韩国等国参加展会商务活动，积极帮助企业对接出访国家相关企业，获取三七、水果、食用菌、日用品等进出口订单，拓展贸易规模。最后，加快发展"边民互市+落地加工"。积极宣传云南省商务厅对落地加工企业的扶持政策，鼓励已落地企业尽快开工投产、扩大产能。积极协调8户新增备案的落地加工企业在土地、厂房等方面的要素保障，推动企业尽快落地。

5. 积极打造承接东部产业的"梯度转移区"

完善园区基础设施建设，利用文山特色资源禀赋，强化与东部地区产业协同，推进园区共建，积极构建跨境产业链、供应链体系，加快把开放优势转化为产业发展优势。加快园区建设，夯实产业发展基础，加大土地收储，拓宽融资渠道，完善园区"三通一平"等配套基础设施，利用兴街进出口加工园区土地等优势来弥补天保口岸核心区在仓储物流、进口商品落地加工等方面的不足，促进功能区产业联动发展，不断壮大园区承载能力。同时，发挥园区科技孵化器和创业服务器作用，提升配套服务水平，积极发展仓储、物流、金融服务、科技服务、商业服务等产业，不断优化园区营商环境。

（二）天保发展口岸经济的成效

1. 口岸基础设施建设进一步完善

天保口岸自开放以来已累计投入建设资金约17亿元，建成了物流通道、东岸快速过境主干道、查验货场、联检大楼、天保口岸边民互市市场等项目。核心区实现5G信号全覆盖，麻栗坡边合区乡村振兴示范园、国门水上运动、天保口岸供水工程等项目正在稳步推进。国际货场建设项目累计完成投资5.5亿元，国际货运通道累计完成投资1.3亿元。

2. 口岸贸易发展不断加快

2023年，文山州积极促进生鲜产品恢复进口，扩大进口商品种类，实现榴莲、复合铝锭、咖啡豆、鲜辣椒、杏仁等商品首次进口。截至2023年10月31日，天保口岸完成进出口货值21.6亿元，同比增长510.52%，完成省级下达目标的270%；货运量完成39.8万吨，同比增长560.55%，完成省级下达目标的139%。

3. 边境交通网络不断完善

天保口岸高速公路网日趋完善，加速建设G5615天保至猴桥高速公路天保至麻栗坡段、泸西至丘北至广南至富宁、河口至马关、马关至西畴、西畴至富宁、西林至广南、师宗至丘北、丘北至砚山、那洒至兴街等9条高速公路，有序开展文山绕城、马关至都龙口岸高速公路项目前期工作。

4. 口岸营商环境不断提升

持续推广运用"两步申报""提前申报"等改革措施，以及国际贸易"单一窗口"申报系统运用。企业通过"单一窗口"进行报检、报关、改单、缴税等相关作业，进一步节省了企业向海关的申报时间。截至目前，天保口岸报关企业"单一窗口"运用率达100%。同时，加强与驻口岸联检部门沟通协作，推动天保口岸持续压缩通关成本。

5. "边民互市+落地加工"稳步推进

深化边民互市贸易线上申报和流通改革，搭建"一站式"边贸服务平台，形成联检部门业务串联、数据联动、工作协同的综合监管体系，推动边民互市规范化发展。积极引导边民参与边民互市贸易，推广使用"边互通App"，实现互市贸易信息流、物流、资金流集成统一。目前，天保口岸共成立13个边民合作社，98个边民互助小组，累计注册边民1万余人。同时，加大企业培育力度，新增备案落地加工企业10户，开展进口水果、果干等落地加工，提高互市商品附加值，形成以贸带工、以工促贸的良性互动，促进口岸经济由"通道经济"向"产业经济"转移。2023年1～9月，边民互市贸易已完成进出口额14.6亿元，货运量23.6万吨。共引导边民13余万人次参与互市贸易，实现边民收入900余万元，实现村集体经济增收500余万元。

四、天保口岸发展口岸经济的经验和启示

1. 锚定口岸的定位和目标

天保口岸深入贯彻落实好文山州委十届五次全会对口岸经济工作的安排部署，印发实施文山州口岸建设发展三年行动方案，明确各口岸发展定位、发展目标及产业定位，发挥文山州地缘优势，促进口岸产业互补，协同发展，避免口岸同质竞争。建设"粤港澳大湾区—富宁—文山—天保口岸—河江—河内—海防"经济走廊，打造连接粤港澳大湾区和越南的陆路枢纽口岸，打造承接东部产业转移的"梯度承载区"。全力推进建设天保口岸成为全省物流节点口岸，发挥天保口岸作为连接越南经陆路至粤港澳大湾区的枢纽作用，打造以天保口岸为核心，与4个省级开发区融合发展，都龙、田蓬口岸在布局、产业上为辅助，各通道为补充的"1+4+2+N"发展布局。

2. 谋划口岸城市发展

其一要发挥好口岸独特优势，大抓口岸经济，促进"口岸+通道+城镇+产业+物流"联动发展，着力发展跨境物流、"边民互市+落地加工"、跨境旅游、跨境金融等现代服务业，推动口岸与小镇深度融合，坚持口岸城市、口岸经济、口岸功能一体推进，力争2025年完成口岸城市规划。其二要以口岸城市建设推动园区"产城"融合发展，借助口岸城市建设对园区产业发展空间进行优化和重构，鼓励企业向上下游企业出租部分厂房、场地，鼓励工业用地、商贸住宅用地多用途混合利用，推动资源集聚、园区壮大、口岸经济发展。其三要统筹天保、都龙、田蓬和文山市、麻栗坡、马关、富宁县协同发展，打造口岸城市，依托高铁、高速、现代化边境幸福村建设等项目，突出经济活跃、功能完备、开放包容、生态优美、幸福宜居等特点，坚持高标准规划、高质量建设、高水平管理，全力打造展示国门形象的重要窗口。

3. 持续推进对外开放

一方面，持续深化对越交流合作。通过外事渠道，加强与越方对接沟通，推进天保口岸跨界桥梁审批，敦促越方提升口岸交通及信息化水平，持

续促进中越双方边境口岸贸易畅通，为货物通关创造便利。另一方面，推进融入RCEP政策。其一是拓展RCEP市场，做好再生铝龙头企业的精准招引，扩大再生铝进口规模，牢牢抓住文山三七出口享受RCEP"零关税"机遇，扩大三七出口规模。其二是高标准实施海关程序和贸易便利化规则。组建海关业务服务工作队，"一对一"上门对外贸企业进行指导和培训，帮助企业足不出户自主签发、打印原产地声明。天保口岸对RCEP原产易腐货物力争6小时内放行。其三是提高对外投资质量效益，融入区域产业链、供应链。围绕出口欧美的硅制品、网络变压器等产品，鼓励企业在RCEP国家投资建厂，或通过RCEP国家开展转口贸易，以规避不断增多的贸易摩擦和壁垒。

4. 立足区域优势，承接发展优势特色产业

天保口岸主动对接上海、广东等东部发达地区，提供入驻园区优惠政策，吸引并承接电子制造，铝矿、稀有矿产加工，农产品加工等外溢产业。积极推进打火机、石材、乌骨鸡、新能源、半导体等重点产业发展，充分发挥能投、奥斯迪、能全等龙头企业引领带头作用，推动形成走出云南、面向国内、走向国际的发展模式。强化沪滇协作，推进园区共建。深化东西部对口帮扶协作关系，建立合作交流综合协调机制。积极招引上海先进制造业项目的生产基地到文山落户，推进两地产业链创新链双向联动融合，推动云南麻栗坡边合区成为承接产业升级的"梯度转移区"。

五、结论

天保口岸紧紧把握中国"一带一路"倡议的政策机遇，在提升通关便利化水平、优化口岸基础设施建设、完善营商环境、加快推动"边民互市+落地加工"等方面精准发力，引导外贸企业开拓国际市场，打出了一系列推动口岸经济发展的"组合拳"，让天保口岸迎来发展新机遇。

首先，从交通基础设施建设上看，天保口岸经济的快速发展，立体的交通网建设起着至关重要的作用。十年来，文山州立足"承接东西、贯通南北、通边达海"的独特区位优势，协同联动绘好"路线图"，交通基础设施实现从"瓶颈制约"向"立体突破"的跨越，为高质量推进我国面向南亚东南亚辐射中心建设提供交通基础设施保障。其次，从边民互市发展情况上，通过搭建"一站式"边贸服务平台，以全新的综合监管体系，打造边民互市发展新高地，最终实现天保口岸边民互市从通道经济向口岸经济不断迈进。

最后，从产业发展上看，天保口岸充分利用区位、平台、政策优势，通过统筹资源、口岸和产业园区的深度融合发展，逐步培养出不同于传统贸易模式的特色跨境产业链，改变传统跨境贸易中贸易商品在口岸城市的贸易模式。天保口岸经济的发展历程是云南发展口岸经济的典型缩影，从天保口岸经济的发展历程来看，其成功的经验，对于其他地区的口岸经济发展有较强的借鉴作用。

第三节　河口口岸经济发展案例

一、河口口岸概况

（一）口岸基本情况

河口口岸是中越边境云南段最大的口岸，也是滇越铁路昆河段终点站，属于国家一类口岸。位于中国云南省红河州河口县城南端，与越南老街市隔河相望，国境线长达193公里。具有"口岸就是县城，县城就是口岸"的天然优势，河口公路口岸是滇越铁路、昆河公路、红河航道与越南乃至东南亚地区铁路、公路、航道连接的交通枢纽。河口口岸距离昆明市469公里，距越南首都河内296公里，距出海口——越南北方最大的海防港416公里，是中国西南进入东南亚、南太平洋的便捷通道。河口口岸于2010年启用快捷通道以来，是云南省投入使用时间最长、出入境旅客使用率最高、快捷通关类型最全的口岸。

（二）口岸建设情况

1. 平安口岸建设情况

河口县深入践行总体国家安全观，扛实维护国家安全和边境和谐稳定的政治责任，防范化解重大风险，坚决守好国门、管好边境、护好家园，切实为河口高质量跨越式发展创造安全稳定的政治社会环境，全力推进网格治理工作。及时组建网格化工作专班，强化党建引领，实现党建网格与基层社会治理网格"一张网"。先后5次专题研究部署推进工作，将网格化服务管理工作纳入乡镇年度综合考评。全县48个村（社区）网格编码工作已完成，共划分出3431个网格，网格长144名，网格员2241名，网格内党员人数1087名。

2. 效能口岸建设情况

河口口岸全面落实"白名单"企业服务保障、农副产品快速通关"绿色通道""先放后检"等各项便利化措施，积极推行中越铁路"一单制"业务模式。推行跨境务工备案"即报即审"快速办理措施，全面开通"河口县外籍人员入境务工备案管理系统"。成立中越重点物流运输企业合资运输公司，建立中越双边季度会谈协调联系机制，确保车辆、人员出入境快速、有序、畅通。开设《口岸关注》专栏，每天通报口岸车辆通行情况，通关服务更加优质。按照"先行先试，风险可控，分步推进，逐步完善"的方式，通过网上申报、政府查验、拼车通行，有效降低交易成本和通关成本，促进边民互市过程监管更加有效，通关效率提高5~8倍。2023年1~11月，河口口岸完成进出口货运量226.5万吨，出入境车辆21.73万辆次，同比分别增长11.4%、60.61%。

3. 智慧口岸建设情况

河口县积极谋划包装项目，围绕《河口智慧口岸建设实施方案》，明确重点项目、指定挂包领导，智慧口岸项目有序推进中。项目主要聚焦跨境转运区域、海关/边检卡口区域、边民互市货场、货物轨迹监管路段等口岸关键区域的智慧化建设，通过构建"运行管理一张图、智慧验放一体化、远程监管一站通"的"三个一"方案及多个子场景方案，先行先试，助力河口口岸数字化转型，打造国际一流口岸。参考海关总署2019年第68号、69号文件要求对边境贸易商品分拣中心场所和监控设施进行建设完善，配备4条分拣流水线、查验系统、X光机和95个摄像头，承担互市商品出口前置分拣和安检功能，确保出口商品100%过机安检，实现政府对出口商品全日制检查，坚决杜绝国家禁止或限制出口商品出境。海关对互市出口商品按规定随机抽检即可放行，既降低监管风险又提高通关效率。通过边境贸易商品分拣中心数字化管理手段规避监管盲区，提高服务水平，降低运输成本，提升通关效率，规范有序扩大边境贸易，促进境内境外融合发展。

4. 法治口岸建设情况

河口口岸坚持法治思维、法治方式与人民调解、群众工作相结合，坚持和发展新时代"枫桥经验"，主动深入一线，切实解决群众难题、理顺群众情绪、化解群众信访积案，统筹推进法治口岸建设；坚持法治引领，加强规范性文件等制度供给，全力推动河口县与自由贸易试验区红河片区、红河综保区、蒙自经开区、河口边合区等开放平台政策对接、产业对接、项目对接。充分发挥律师、公证、司法鉴定、人民调解等法律服务作用。探索建立涉外法律服务联席会议制度和涉外法治工作机制，合理构建跨境法律服务网络，积极培育涉外法律服务机构，不断拓展涉外法律服务，更好地保障自由贸易试验区红河片区法律服务需求。

5. 绿色口岸建设情况

大力推行实现铁路运输进出口货物通关作业"数字化""无纸化"，不仅在保障安全的基础上持续压缩货物整体通关时间，河口口岸国际联运列车出境平均通关时间0.06小时，同比压缩90%以上，国际联运进出口货物货值12.63亿元，同比增长29%。同时无纸化作业对于口岸环境的优化也起到了至关重要的作用。传统的口岸作业流程高度依赖纸质文档，这不仅消耗了大量的自然资源，还在一定程度上加重了环境负担。无纸化作业不仅降低了对自然资源的消耗，减少了纸质废弃物的产生，还推动了口岸作业效率的提升。

二、河口口岸经济发展基本情况

（一）口岸经济发展现状

1. 加快稳外贸促开放发展

河口口岸着力提升口岸通关便利化水平，探索建立河口口岸"鲜活农产品+跨境电商"24小时预约清关机制，全面落实"白名单"企业服务保障、农副产品快速通关"绿色通道""先放后检"等各项便利化措施，从降费增效、信息互通、通关服务保障、优化营商环境等方面出台鼓励扶持措施，积极培育市场主体，进一步推动对外贸易恢复发展。完成跨境公路、跨境铁路、跨境集装箱换装直通试点工作，打通东南亚果蔬直达重庆的物流通道，实现东南亚水果首次经河口直发新疆，泰国水果首次经河口口岸进口，15种商品首次进口，新落地3家中草药进口企业，完成中药材进口1.1亿元。截至2023年11月，河口县实际开展进出口业务企业199户，属地企业完成进出口贸易额61.4亿元，同比增长22.6%；河口口岸（含公路、铁路、互市）进出口货运量255.4万吨，同比增加12.3%，货值153.6亿元，同比增长7.1%。

2. 边民互市改革持续深化

贯彻实施《云南省边民互市贸易操作指引（试行）》，出台《河口县深化边民互市贸易改革十条措施（试行）》，指导国内市场主体规范收购加工互市进口商品。实施边民互市交易市场降费措施，指导二级市场综合服务费两次下调收费由货值的1%降至0.4%，进一步降低交易成本。重点推进"边民互市+金融"改革，创新"边民贷"，支持银行业金融机构为边民提供免抵押、免担保的信贷服务，给予边民2.4万元/人借贷额度，解决边民参与贸易资金困难。

3. 推进跨境电商综合试验区扩量提质

制定跨境电商操作指引宣传折页及《河口县北山国际货场启用跨境电商专用通道实施管理办法（试行）》进行广泛宣传，2023年8月4日，云南邮政"中国—越南"首单逆向海淘跨境电商（9610）实单，经中国—东盟（河口）跨境电商物流产业园（二期）向河口海关申报查验后从河口口岸出境，标志着河口已实现跨境电商9610、9710、9810等模式通关。2023年1～12月，河口口岸跨境电商交易额完成5.8亿元，出口贸易完成9610系列车次1车次，货值19.502元；9710系列车次2704车次，货值2.96亿元；9810系列车次61车次，货值：14060535元；合计车次2766车，货值3.1亿元。（其中云南邮政"中国—越南"9610的出口通关数据，累计包裹723千克，单件包裹约450件，货值1.95万元人民币）。云南邮政于2023年8月4日，"中国—越南"首单逆向海淘跨境电商9610实单出口通关业务圆满完成，标志着云南邮政河口边境仓正式启动。

4.进出口商品结构进一步优化

随着对外开放不断发展，各级各部门经过"抓重点、稳增长、调结构、转方式"等一系列促进贸易发展措施的推行，河口口岸进出口商品结构得到了进一步优化，高价值商品不断恢复进出口通关。如，进口的矿产品、海产品、木薯、榴莲、木材制品、中药材等；出口的电力、有色金属制品、化工产品、化肥、农产品、煤炭制品、机电产品、机车配件、纺织品、机械设备等优势产品的比重逐步回升，有力促进对外贸易增长。进出口贸易商品新面孔不断涌现。口岸实现首次进口商品有泰国榴莲、龙眼，老挝土茯苓、柚子、百香果，越南甘薯、缅甸大腹皮、决明子、莪术等31种。其中，2023年河口边民互市贸易主要商品有火龙果、干绿豆、食品（出口）、去壳花生、菠萝蜜、芒果、干赤豆、香蕉、咖啡豆、桂油，贸易类型更加多样化。

（二）口岸经济发展存在的问题

1. 口岸通道不畅

河口铁路口岸虽为国家一类口岸，2014年昆玉河准轨铁路建成通车，但目前仍在使用百年滇越铁路米轨与越南相连，造成铁路运输能力不匹配。设计口岸年运输能力仅为70万吨，中国坝洒—越南巴刹红河界河公路大桥项目推进速度较慢，中国（河口）—越南（老街—河内—海防）铁路改造提升工作自2015年启动以来，仍处于前期研究阶段。红河航运开发滞后，中越红河界河航运还未启动前期工作，广西凭祥、东兴、靖西对越分别有4个、26个、5个海关监管的边民互市点，而河口仅1个，且广西各口岸之间分工明确，东兴、爱店、龙邦口岸以边民互市为主，凭祥口岸以一般贸易为主；进出口通道设置多且较为分散，有利于进出口货物分流，有效缓解口岸拥堵、降低运输成本。

2. 产业支撑不强

开放平台产业发展基础支撑不足，产业发展层次不高，虽然产业园区确定了主导产业，但围绕主导产业引进的重点项目不多，产业链条短、融合程度低；产业配套和集群支撑服务体系不健全，企业自主创新能力和关键核心技术不足，缺乏科技含量高、带动能力强、辐射作用大的龙头企业政策叠加、产业集聚效应尚未充分显现。具体问题表现：其一是河口县产业链配套不完善，纺织服装产业链分割较细，产业链中下游发展优于上游。其二是采用"半成品"出口模式需要进一步探索。其三是河口跨境电商起步较晚，还未形成规模，现有成熟的跨境电商企业数量少、规模小、竞争力弱。其四是电子信息制造业以低端产品为主，生产的电视机遥控器、电感、线材、智能终端主板及零配件等终端产品档次较低，而且都是以组装为主，价格低、附加值低。其五是边民互市不活，县乡两级加强与海关、边检等部门沟通对接还不够，深化党组织领办边贸公司和合作社、促进边民互市、助力群众共富还有较大差距。

3. 口岸物流不旺

综合物流运输体系还不健全，物流运输方式"连而不畅、邻而不接"问题明显。成都—昆明—蒙自—河口、重庆—昆明—蒙自—河口、昆明—蒙自—河口—老街—河内—海防"三条线"物流通道还不顺畅。"四种联运模式"堵点较多，多式联运装备和设施标准化改造应用不够、节点集疏运能力不足，铁路运输"最后一公里"问题突出，多式联运综合交通物流体系尚需完善。河口口岸资源性原料产品物流及工业（化工）产品物流主要进入河口县进行初加工，或通过河口县销往内地，边境口岸物流呈现"两头在外"的情形，即出口的产品主要来自腹地城市，进口产品主要输送到内地，口岸所在城市仅仅起通道作用。

4. 旅游产业不火

河口县旅游资源丰富但开发不足，旅游基础设施总体薄弱，旅游业态单一，还未形成吃住行游购娱综合体及深度旅游产品，文化IP、文创产业等打造不够，综合带动效益不强。2014年以来，由于中越两国政策因素和稳边固边需要，持边境旅游证的河口至越南广宁8日游边境旅游线路、持边境通行证越南老街—昆明—大理—丽江等地旅游业务停办，持边境通行证开展边境游等业务尚未恢复，对跨境旅游影响较大。跨境旅游手续办理系统信息不通、便利化水平不高，旅游产品不丰富、购物场景不匹配等问题依然存在，难以满足跨境旅游高质量发展需要。

5. 城市人气不兴

边境口岸城市基础设施、服务功能、形象品质等还存在短板弱项，聚集人气、提升热度还不够充分，加之疫情期间贸易企业大量流失，人气还在重新聚集，对外贸易还在持续恢复，离发挥口岸城市优势引领口岸经济发展、建成国际口岸城市目标还有较大差距。加之城市业态杂乱，县城商业配置单一、布局杂乱，消费层级跟不上居民日益增长的消费需求及区域性高端现代服务业聚集区建设要求。比如，城市业态整合商户、物业、居委及执法部门等多方力量共同开展区域共治有差距，城市空间和沿河廊带没有充分运用，打造夜间经济、特色街区等不到位。

6. 人才动力不足

发展口岸经济急需的跨境旅游、跨境电商、跨境物流、金融保险、涉外法律服务、跨境会计服务等高端人才紧缺，综合性服务型机构不足，吸引国内专业性人才、高校毕业生、越南籍留学生等就业创业的创新举措不够，聚集聚力专业人才发展口岸经济还需加强。项目建设缺乏农业农村、住建规划、生态、文旅等综合型人才现场指导，一些基础设施和文化植入没有围绕村寨特点、民风民俗、历史传承、传统美食等元素来"量体打造"，特别行业部门结合"沿线+三线"整治扛实责任不够，村庄"辨识度"和群众"知晓度"高的绿美乡村还不多。

三、河口口岸发展口岸经济的做法和成效

（一）发展口岸经济的做法

1. 通关流程方面

一方面，因时制宜调整通关流程。2022年河口疫情暴发期间，为了"外防输入、内防反弹"，坚持"把人管住，把货放开"原则，筑牢口岸防线，保障贸易畅通，河口根据实际情况将口岸跨境货物调整为"人货分离、分段运输、封闭管理"的运输方式实施，虽然受疫情影响进出口货物大幅减少，但口岸一直保持稳定开放运行。2023年，河口口岸出入境车辆23.73万辆/列/次，同比上升54.31%，其中：出境车辆11.86万辆/列/次，同比上升54.09%，入境车辆11.87万辆/列/次，同比上升54.52%。另一方面，因地制宜优化通关流程。因地理位置限制，公路口岸进出口监管场地无法扩建，河口口岸在当前基础上，紧紧抓住智慧口岸建设这一有利契机，全面贯彻落实省委、省政府关于智慧口岸建设的总体要求，围绕《河口智慧口岸建设实施方案》要求，全面推动口岸数字化、智慧化、智能化发展，助力河口口岸经济发展。通过口岸智慧化通关项目建设，提升货场卡口通道的验放、海关查验效率，减少口岸货车长时间停滞和拥堵，目标实现90%以上车辆进口后的直通，将车辆从滇越货场通关时间由40分钟以上缩短至10分钟以内。

2. 营商环境方面

一是认真贯彻落实《中华人民共和国云南省人民政府与越南社会主义共和国工贸部关于加强经贸领域合作的谅解备忘录》，加强与越方口岸管理部门沟通对接，深入推进"白名单"企业服务保障、农副产品快速通关"绿色通道""先放后检""重进重出"等便利措施。有序稳步推行为期六个月的货物运输"重进重出"试点工作。二是鼓励企业开拓新市场，实现泰国水果自进境指定口岸批复以来首次从河口口岸进口，并实现"一柜直达"。三是认真贯彻落实《红河州人民政府办公室关于印发红河州建立农产品进出口联动工作机制改革方案的通知》《红河州商务局关于发布2023年推进外贸稳进提质政策的通知》等文件要求，主动深入一线，贴近基层，认真做好"进企、进乡、进群"的政策宣传工作，努力扩大政策文件群众知晓率。对需申办出口农产品基地备案的企业，发挥商务职能作用，贯彻执行村小组或村委会、乡镇、县市商务部门三级审核，助力企业办理出口农产品基地开展备

案，并配合蒙自海关开展农产品出口基地日常监管工作。四是深入企业走访调研60余次，召开专题会议3次，外贸企业见面会1次，口岸收费调研1次，组织召开出口信用保险政策暨RCEP协定知识产权解读专题培训1次，积极协调解决企业经营困难。

3. 体制机制方面

河口坚持"区县融合"高质量发展，积极推进"四区联动"，叠加中国（云南）自由贸易试验区红河片区、中国（红河）跨境电子商务综合试验区、蒙自经济技术开发区、红河综合保税区、河口边境经济合作区的政策优势，建立政策贯通、产业融合、信息共享、优势互补的体制机制。坚持"县市区融合"发展，积极探索"口岸+腹地"联动模式，与州内12个县市签订联动发展协议，承载能力显著提升。出台《中国（云南）自由贸易试验区红河片区招商引资办法（试行）》，办法包括招商引资20条措施，就用地保障、税收奖励、通关便利化等制定了投资政策和服务承诺，政策红利不断释放。

4. 基础设施方面

一是推进"硬件"基础设施建设。2021年开始启动河口口岸南溪河联检大楼建设工程、河口红河公路口岸北山联检楼内外修缮工程，联检楼的服务和承载功能得到较大的强化和完善，为河口口岸出入境人员提供了良好的通关环境。二是加强"软件"基础设施配备。一方面，在河口口岸南溪河联检楼项目建设过程中，同步配套实施南溪河联检大楼信息化提升改造项目。对河口口岸南溪河联检大楼海关边检智能化监管设施设备及其他配套信息化系统等进行改造升级。通过项目建设，提升了查验设备的智慧化水平，减少了联检部门人工投入，有效加快证件查验办理，增强出入境检查安全性能，加快出入境旅客通关速度，提高口岸通关时效和服务水平，保证口岸的安全、畅通和高效运作，创造了良好的通关环境，大大提高了通关能力，缩短了通关时间，提升了通关效率，改善了通关环境，南溪河联检楼设计年吞吐量将由原联检楼500万人次提升至1500万人次；另一方面，在河口公路口岸红河公路大桥客运通道实施智慧通关项目。项目总投资9665万元，项目聚焦北山货场海关、边检卡口区域、海关进出口监管区域、一般贸易货场、边民互市货场、货物轨迹监管路段、货场停车缓冲区等口岸关键区域的智慧化建设。通过项目建设实现了物流可视化、海关监管区域（北山国际货场）AR全景可视、融合指挥等，增强口岸通关监管能力，提升对车辆通关过程的数字化管理、统筹调度能力从而提升口岸管理效能。通过卡口升级改造，提升货物验放效率，减少口岸货车长时间滞留和拥堵，打破车辆通关路径的堵点和瓶颈，提升了口岸通关效率。通过物流可视化平台，对通关企业、货主、车主，提供授权范围内的车辆通关过程查询服务，从而改善口岸营商环境。

5. 口岸经济转型方面

一是推进"白名单"企业管理。制定印发《河口县"区县"重点外贸外资企业"白名单"管理实施细则（试行）》，目前已纳入企业"白名单"管理20户，累计优先保障企业205车次通行，货重5634.9吨，货值8483.7万元。二是努力培育外贸新增长点。引进中药材经营新企业落地河口，目前已落地1户，正在办理资质2户，开展前期工作2户，自贸试验区红河片区制发首张区内企业《药品经营许可证》，实现区内药企0突破。三是积极推动跨境电商产业园二期项目建设。截至目前，该产业园实现货运量51辆次，实现出口贸易额2211.48万元。四是持续推进"互联网+边民互市"改革。建设"互联网+边民互市"6个应用系统，截至目前，边民备案1.3万人，一级市场结算55.3万笔，结算金额43.14亿元，二级市场结算15.06万笔，结算金额11.95亿元。实施边民互市交易市场降费措施，激发边民互市贸易活力，促进贸易量稳步提升。

（二）发展口岸经济的成效

1. 口岸功能更加完备

一是推进海关指定监管场所建设，助力贸易发展。通过监管场地申报建设，进一步完善河口公路、铁路口岸功能，实现河口口岸进口货物多元化、高端化发展，延伸了口岸经济链条，带动口岸贸易量、交易值的增加及相关产业发展，为做强口岸物流产业和进出口加工产业奠定坚实基础，提高了河口口岸城市的知名度和招商引资优势，促进中国与越南乃至东盟实现更深层次的经济合作，助力河口县经济社会高质量跨越式发展。同时也为有效防范与降低进境物品携带外来有害生物等潜在风险，提高检验检疫防控能力，筑牢疫病防控防线。

二是口岸管理效能提升。通过AR全景可视化监管平台建设高低立体的监控体系，采用AR增强技术，对视频画面中的车辆和场所等进行标注，并联动调用高低点视频等资源，构建口岸全方位、立体化的运行管理体系，使得政府通过指挥中心即可获悉口岸整体运行情况。通过AI算法和多级融合指挥系统，自动识别车辆拥堵、越界入侵和违反口岸限定区域管理等异常情况并自动告警，及时开展异常事件的实地处置和反馈。同时通过升级信息化基础设施，提升了口岸信息化水平和管理效能。

三是口岸通关效率提高。通过对滇越货场及边民互市卡口的改造、F5G全光网络的建设等提升了河口口岸基础信息化水平，保障口岸运营效率。通过建设卡口升级二合一、运抵直通分流、智慧查验、货场引导等场景子方案提升货场卡口通道的验放、海关查验效率，减少口岸货车长时间停滞和拥堵，目标实现90%以上车辆进口后的直通，将车辆从滇越货场通关时间由40分钟以上缩短至10分钟以内。

四是口岸营商环境改善。在主要入河通道建设卡口系统，利用物流环节可视化管理平台，在车辆入河起第一时间发现，为监管部门提供管理决策依据，为货主企业提供前置服务。管理部门第一时间获知车辆、流量信息，提前做好交通疏导和通关部署，企业和司机根据引导停车，实时预知通关流程和时间。监管部门与企业形成远程指导与互动。通过出境提前预约管理，有效缓解由于出境排队导致的城市拥堵情况；提高了滇越货场出境车辆容量，提升了滇越货场的经济效益；同时也为货运企业提供了车辆出境通关指引，实时状态、信息发布，价格公示等服务，充分展示了河口县开放、友好的营商氛围。

五是实现口岸数字管理。通过建设口岸数据中心以及口岸数据交换平台，实现货场、交通、运管等多个部门的数据共享，以及通过和周边业务系统的集成对接，实现口岸数据留存和数据治理，以及口岸车辆、货物品类、货物重量、货物金额、贸易量等数据的可视，为未来口岸贸易发展和招商等提供数据支撑。

2. 口岸建设更加互通

把打通"成渝经济圈""滇中经济圈""越南首都经济圈"大通道作为重中之重，打通成都—昆明—蒙自—河口，重庆—昆明—蒙自—河口，昆明—蒙自—河口—老街—河内—海防三条联运线，深入推行公路直达运输、铁路直达运输、公铁联运、公铁海多式联运4种模式，加快推进中国坝洒至越南巴刹红河界河大桥项目前期工作，全面做好开工准备；全力配合推动河口（中国）—老街（越南）准轨铁路对接方案商谈一致，尽快完成规划评审，打通对越国际大通道。

3. 贸易结构更加优化

不断丰富进口商品，抓好自贸区承接省级药品经营许可事项机遇，通过持续优化营商环境各项措施，口岸实现首次进口商品有泰国榴莲、龙眼，老挝土茯苓、柚子、百香果，越南甘薯，缅甸大腹皮、决明子、莪术等31种，实现自获准泰国进口水果第三国口岸以来首次进口泰国水果。

4. 口岸市场更加多元

一是积极创建以河口为核心的中亚班列物流品牌。成立中越（红河）供应链联盟，主动对接中越、中老国际货运班列，中欧国际货运班列网络和西部陆海新通道运营网络，抓紧引进国字号大型物流企业，开展运营合作，推动冷链设施建设及相关供应链产业落地，构建高效顺畅的供应链物流体系，加快跨境商贸物流产业集聚发展。

二是创新产能合作模式。积极探索"综保区进口原料、面料生产在开远、半成品制造在河口、越南制造比重达40%以上、产品卖全球"的"一企两国两厂"模式，协同推进中越跨境产能合作和承接产业转移，构建中越跨境产能合作的示范支点。

三是精准布局产业主链。重点打造电子信息、纺织服装、农产品加工三条产业主链。近年来，东部地区电子信息制造、纺织服装等劳动密集型产业不断向外转移，而越南凭借要素成本低的重要优势加快承接产业转移，但从中国转移到越南乃至东盟地区的产业，多为中国偏下游产业。在中越产业发展关系中，越南还停留在"来料加工"阶段，依赖进口中国的中间产品，加工后出口到欧美市场。河口有独特的地缘优势、资源优势、口岸优势、园区优势，产品可以通过越南海防快速转口欧美市场。同时，河口口岸是水果、中草药、冰鲜海产品指定进口口岸，可从越南进口杧果等9类水果，泰国等东盟国家水果可转口越南从河口口岸进口，同时还可进口中草药32个品种、冰鲜海产品128个品种。

四、河口口岸发展口岸经济的经验和启示

1. 强化产业支撑"引人"

河口口岸全面实施"极简审批""极优服务""极致开放""极诚政府""极准监管"五大示范行动，发挥红河片区制度创新优势，结合企业需求"个性化"制定优惠政策，吸引大企业落户河口。大力发展电子信息制造、纺织服装等劳动密集型产业，积极探索直播带货、电子商务等新业态，不断创造更多就业岗位。布局建设自由消费区、商业区和休闲娱乐区，打造异域风情街、中越风情街等夜间文化和旅游消费集聚区，吸引国内外高端商业品牌、资源以及消费者向河口口岸集聚。加快推动恢复跨境旅游，重启并

丰富"两国六目的地"黄金旅游线路和中越跨境旅游直通车产品,把河口建设成为展示国家形象、云南形象的重要窗口,成为避寒旅居康养的重要目的地。持续深化中越跨境劳务合作,加快外籍人员管理服务中心建设,为入境务工人员提供"一站式"服务管理,吸引更多国外务工人员到河口就业。立足自贸区建设开展人才体制机制改革综合试点,探索出台国内外人才工作居留政策,重点引进国际贸易、国际金融等方面的紧缺人才和高层次专业人才,努力成为云南省的"人才特区"。

2. 完善功能配套"聚人"

不断完善教育、医疗、文体、娱乐、商业等公共服务配套,加快城市更新改造,促进公共服务设施提标扩面、环境卫生设施提级扩能、市政公用设施提档升级、产业培育设施提质增效。扩大保障性租赁住房供给,规范发展公租房,着力解决新市民、青年人住房问题。加快红河片区国门医院、国门医学观察中心等项目建成投用,商建中越友谊医院,开设国际诊疗部,把河口打造成为越南籍人员跨境诊疗、查体、康养的首选之地。提高口岸城市基础教育水平,建设红河片区河口职业教育实训基地,将河口职业高级中学对外汉语和越南语等特色专业建设成为优质专业,打造"留学中国·学在河口"品牌。

3. 优化宜居环境"留人"

河口口岸统筹推进健康县城、美丽县城、文明县城、智慧县城、幸福县城"五城同创",实施城乡绿化美化三年行动,提升街区街道、产业园区绿化美化品质,打造一批"口袋公园""绿美社区",巩固拓展"美丽县城"创建成果,创建"国家生态园林城市""国家健康城市",全力打造宜居宜业的高品质生活空间。同时,加快推进现代化边境幸福村建设,把边境地区打造成富边样板、稳边示范、守边屏障。坚持统筹安全与发展,健全完善党政军警民联防联控机制,严厉打击跨境违法犯罪,健全矛盾纠纷多元化解机制,切实提高防灾、减灾、救灾能力,推进更高水平的平安河口建设,着力营造人民安居乐业、社会和谐稳定、边疆稳固安宁的良好环境。

五、结论

开放是河口的基因,更是其使命所在、优势所在、出路所在,必须善于把握机遇,锚定发展方向、发展目标,把沿边开放作为推动其发展的主要引擎,加快口岸功能、口岸城市、口岸经济"三位一体"融合发展,才能全面提高河口口岸开放水平，才能取得经济社会发展的长足进步，才能在融入和服务"一带一路"倡议、承接产业转移、边疆稳定、改善人民生活等方面发挥更大作用。

首先，从通关流程上看，河口口岸采用因时制宜和因地制宜相结合的方式，让通关更加灵活、更加高效。其次，从营商环境上看，河口认真落实相关政策，并采用走访的方式了解企业之所需、所盼，化作企业的"及时雨"，为企业纾难解困。再次，从口岸功能上看，河口口岸采用AR全景可视化监管平台提升口岸管理效能，通过打造智能化监管平台，为发展智慧口岸打下了坚实的基础。最后，从产业发展上看，河口口岸积极探索产业发展新模式，协同推进中越跨境产能合作和承接产业转移。这些成功的经验为其他口岸提供了学习和借鉴的羊板。

第四节　磨憨口岸经济发展案例

一、基本概况

（一）口岸基本情况

磨憨镇位于云南省西双版纳州勐腊县东南部，东、南部与老挝接壤。2016年3月4日，国务院正式批复同意设立中老磨憨—磨丁经济合作区，规划范围共计21.23平方公里，成为继中哈霍尔果斯国际边境合作中心之后，我国和周边毗邻国家建立的第二个跨国亮经济合作区。2021年12月3日，中老铁路开通运营后，磨憨成为同时拥有国家一类公路和铁路口岸的重要交通枢纽，是中国通往老挝唯一的国家级陆路口岸。2022年5月，云南省委、省政府研究决定，由昆明市全面托管西双版纳州磨憨镇，共同建设国际口岸城市，并出台了《昆明市托管西双版纳州磨憨镇共同建设国际口岸城市总体方案》，明确托管范围为西双版纳州勐腊县磨憨镇全域803平方公里，包含中老磨憨—磨丁经济合作区（中方区域），昆明市也因此戎为全国唯一一座拥有边境口岸的省会城市，增加了磨憨公路口岸、磨憨铁路口岸2个国家一类陆路边境口岸。

（二）口岸建设情况
1. 平安口岸建设情况
一是在保障国门生物安全方面，自昆明托管磨憨后，因相关权责架构发生变动，为加强口岸安全保障与应急处置能力，理顺工作流程和工作标准，由市商务局（市口岸办）牵头联合各部门研究上报后，重新修订印发了《昆明市人民政府办公室关于建立磨憨口岸国门生物安全与食品安全联动保障机制的通知》《昆明市人民政府办公室关于建立磨憨口岸国门生物安全与食品安全保障机制的通知》，对动植物检疫、食品安全监管、口岸疫情防控、应急处置等工作内容进一步细化明确。二是在常态化监管方面，严格落实省级部门关于口岸（通道）安全运行和隐患排查有关工作要求，不定期组织人员开展磨憨口岸（通道）安全运行和隐患排查工作，及时督促指导相关场所运营主体对检查发现的问题开展整改工作，消除口岸运行场所安全隐患。

2. 效能口岸建设情况

一是首次建立市级层面口岸联席会议制度，以定期召开联席会议的方式，深入磨憨口岸（通道）监管一线，切实查找并解决当前在推动通关便利化、规范口岸收费、优化口岸营商环境方面存在的问题，寻找最优方向展现工作成效，提升工作效能。二是推动成立"昆明市口岸通关协会"，让协会成为政府部门与企业沟通的桥梁，以企业需求为导向，以解决困难为核心，以提升效率为目标，通过多样宣传、持续引导、送政入企，逐步构建起相互信任、相互依存的亲政治商关系。三是积极开展磨憨口岸综合提升改造项目一期（卡口及通道扩建）、磨憨口岸货场改扩建、中老铁路磨憨铁路口岸提质扩能改造等重点项目建设，提升进出口货物查验通行能力，缓解口岸季节性拥堵问题，同时，按照国家、省级有关工作部署，持续推动口岸智慧化升级改造，以智慧监管赋能提升口岸整体运行效率。

3. 智慧口岸建设情况

2022年以来，昆明市按照省级智慧口岸建设工作要求，以磨憨口岸为重点持续开展智慧口岸建设。目前已完成磨憨公路智慧口岸一期项目建设，基本实现运行管理一张图、智慧验放一体化、远程指挥一站通的口岸智慧化管理新模式，货运车辆验放时间从原来的8～10分钟缩减至约4分钟。

4. 法治口岸建设情况

为加强对磨憨口岸工作的组织领导，发挥各相关单位的职能作用，共同研究解决昆明市口岸建设和管理中遇到的重点、难点问题，形成推动国际口岸城市建设和口岸经济发展的强大合力，经昆明市人民政府同意，已建立昆明市口岸工作联席会议制度，由市口岸办牵头以每季度召开联席会议的方式解决口岸建设发展相关问题，保障口岸管理规范化和法治化。

5. 绿色口岸建设情况

为贯彻落实《国家"十四五"口岸发展规划》精神，在推动磨憨铁路口岸建设的过程中，昆明市按照《国际卫生条例（2005）》规定同步开展口岸公共卫生核心能力建设。2023年6月7日，磨憨铁路口岸以90.15分的高分通过海关总署组织的口岸公共卫生核心能力建设达标考核，下步还将继续推动国际卫生陆港创建。

二、口岸经济发展基本情况

（一）口岸经济发展现状

2018～2022年，磨憨口岸进出口贸易额和进出口货运量持续增长，进口规模、市场主体、区域影响力不断扩大；2023年前三季度，磨憨口岸实现货物进出口627.6万吨、362.9亿元，分别增长55.35%、9.92%，其中外贸进出口总额58.63亿元、边民互市贸易申报交易总额39.03亿元。目前依托磨憨口岸进口货物主要有水果、粮食、坚果等农副商品，出口货物主要有水果、蔬菜、花卉、百货、建材、机电产品、金属及制品、化工产品等。

（二）口岸经济发展存在问题

一是中老双边合作机制不完善，与东盟国家在贸易便利化和基础设施上联通不畅。《大湄公河次区域便利货物及人员跨境运输协定》尚未全面签署，中老双边监管互认机制尚未建立，国家间交通、海关、口岸、公安等多部门通关协作便利化不够，政策不匹配；中老铁路与泰国的铁路连通效率不高，中老铁路采用国际标准轨，泰国铁路采用米轨，货物运输需进行换装作业，制约着中老泰国际联运通道发展。

二是磨憨口岸基础设施建设亟待加快，运行效能亟待提高。受规划、土地等要素制约，围网区、沿边产业园区尚未建成运行，重点项目开工推进慢；口岸功能和服务体系不完善，与磨丁口岸尚未实现数据互通，通关数字化、智能化水平还需提升。

三是市场主体总量不足、口岸产业基础薄弱，口岸经济贸易结构有待优化。我市外向型经济主体"小弱散"，对贸易支撑不足，对外辐射能力弱；磨憨口岸重点产业落地慢，缺乏龙头企业、重大项目支撑和引领；边民互市规模小，二级市场建设慢；边境口岸进出口贸易结构不平衡，出口货物科技含量和附加值较低，市场竞争力和出口创汇能力弱；昆明国际机场航空口岸货运下降。全市对外贸易下降，中老铁路开通运营的通道优势未能有效转化为贸易强市的发展优势。

三、磨憨口岸发展口岸经济的做法和成效

（一）磨憨口岸发展口岸经济的做法

1. 通关流程上

积极探索"澜湄快线"+跨境电商、中老铁路+中欧班列、中老铁路+西部陆海新通道等铁路国际运输模式，实施"全国通关一体化""两步申报"、24小时窗口预约等便民措施，大幅提升磨憨口岸整体通关效率、压缩运输时间。

2. 营商环境上

结合昆明托管磨憨实际，市商务局牵头成立"昆明市优化跨境贸易营商环境工作专班"，并根据工作需求动态调整责任单位，确保各项工作任务有序推进。

3. 体制机制上

其一是由市委、市政府主要领导牵头，市级各有关部门和磨憨—磨丁合作区管委会深度参与，成立"昆明市磨憨开发建设指挥部"，统筹推进磨憨国际口岸城市建设；其二是首次建立市级层面口岸联席会议制度，以定期召开联席会议的方式，深入磨憨口岸（通道）监管一线，切实查找并解决当前在推动通关便利化、规范口岸收费、优化口岸营商环境方面存在的问题，寻找最优方向展现工作成效，提升工作效能。

4. 基础设施上

积极开展磨憨口岸综合提升改造项目一期（卡口及通道扩建）、磨憨口岸货场改扩建、中老铁路磨憨铁路口岸提质扩能改造、磨憨铁路口岸综合性试点监管场地等重点项目建设，提升进出口货物查验通行能力，缓解口岸季节性拥堵问题。

（二）磨憨口岸发展口岸经济的成效

1. 口岸功能更加完备

新边民互市贸易市场投入运营；启用中老货运专用通道，对出境车辆进

行分流，有效缓解高峰期拥堵问题；完成磨憨铁路口岸三类综合性指定监管场地建设，实现了水果、粮食、冰鲜水产品三个指定货物品类全程铁路运输服务，既满足了海关在第一进境口岸开展粮食、水果、冰鲜水产品查验的需求，也提高了生物、食物安全，为进一步拓展中老铁路进出口货物品类奠定了良好基础。

2. 增强国际口岸城市畅行力

积极引导企业运用"铁路快通"通关模式。该模式由出境发站所在海关或入境到站所在海关负责查验和放行工作，实现货物在进出口岸快速通关。海关通过铁路舱单电子数据进行审核、放行、核销，实现对铁路列车所载进出口货物转关运输监管，无须运营企业另行申报并办理转关手续。

3. 智慧型口岸建设步伐加快

磨憨公路口岸通过联合华为加快"四个一"智慧口岸整体方案，即"运行管理一张图、智慧验放一体化、消杀管控一条链、远程指挥一站通"，加速智慧口岸建设，口岸的成功转型使磨憨口岸通关速度更快、管理更高效、贸易更便利。货运车辆验放时间从原来的8～10分钟缩减至约4分钟，并实现了平均日通关量由360辆增长到500多辆。

4. 创新模式承接东部产业转移

充分利用磨憨口岸交通区位条件、国内国外两个市场（资源）、政策联动等优势条件，强化磨憨产业发展。截至2023年9月，已精准对接企业80余家，并与厦门钨业、中国铁塔、中铁开投等26家龙头企业签订正式投资协议，针对重点项目做好全过程跟踪服务工作。2023年5月底，共有在库项目4个，省外产业项目到位资金3.92亿元，同比增长461%；实际利用外资2000万美元，完成全年目标任务的200%。

四、经验启示

1. 口岸产业环境带动口岸经济发展

口岸连接山海，给跨越国界线的进出口贸易搭起桥梁，提供便利，优良的口岸环境必能带动长足高效的产业发展。持续优化磨憨口岸营商环境，吸引更多企业到磨憨投资发展。

2. 口岸城市建设带动口岸经济发展

作为省会城市及面向南亚东南亚的重要枢纽节点城市，昆明对磨憨赋能，从无口岸时期开展海关监管场所建设初步实现口岸功能，到托管磨憨后高位建设"智慧、效能、平安、法治、绿色"五型口岸，再到未来的国际口岸城市建设，通过优化完善口岸设施和内陆节点布局，积极推动产业转型升级，布局口岸经济产业，构建区域联动发展格局，大力发展口岸经济，不断助力经济社会高质量发展。磨憨国际口岸城市建设加速推动"通道经济"向"产业经济"和"城市经济"转型。

3. 智慧化口岸带动口岸经济发展

磨憨口岸打造好运行管理一张图、智慧验放一体化、防疫管控一条链、远程监管一站通的"四个一"口岸智慧化模式，助力公路口岸放得开、管得住、通得快，为口岸经济提供新支撑。磨憨口岸在智慧口岸建设上的实践，不仅可以为云南口岸的全面数字化转型提供参考借鉴，也将进一步助力"数字云南"建设。

五、结论

近年来，磨憨口岸坚持实施改革开放，加快口岸门户枢纽功能建设，积极推动口岸经济的发展，如今的磨憨边贸兴、人民富，这一切都离不开国家对外开放政策和省委、省政府作出昆明市全面托管磨憨等相关决策部署。并且自昆明市全面托管磨憨以来，一个面向东南亚南亚的开放窗口雏形已显现，由此看出，此模式是站在更广阔而复杂的平台上不惧难题、不断破解，抓住政策机遇，立足磨憨和昆明的实际，在新环境中总结新经验，发现新办法，从基础设施建设、口岸建设等方面出发，让磨憨口岸从以往的基础设施差、资金少、企业少，到如今的热闹非凡。

首先，从发展机遇上看，近年来，磨憨口岸坚持实施改革开放，加快口岸门户枢纽功能建设，积极推动口岸经济的发展，并且自昆明市全面托管磨憨以来，探索发展口岸经济的步伐不断加快，抓住了政策先机，其亮点在于发挥好其政策支撑作用应抢抓好"一带一路"倡议带来的发展机遇，全方位融入面向东南亚的辐射建设中心。其次，从口岸建设上看，磨憨口岸近年来在做强基础设施建设上下了真功夫，同时探索出口岸智慧化管理新模式，这种新模式在磨憨口岸加快口岸经济脚步的工作中体现得细致入微。最后，从产业发展上看，磨憨口岸走出了独特的产业发展新路子，打好招商引资的"主动仗"，积极承接东部地区产业转移等亮点做法，值得云南其他口岸复制推广。

第五节　猴桥口岸经济发展案例

一、基本概况

（一）口岸基本情况

腾冲猴桥口岸位于云南省西部，腾冲其名始于《旧唐书》，自西汉起几经更迭，1913年设腾冲县，2015年撤县设市。全市面积5845平方公里，国境线长150公里，下设10镇7乡2街道，居住着汉、回、傣、佤、傈僳、阿昌等25个民族，总人口69.1万人，其中少数民族6.03万人。腾冲虽地处极边，但却是历史悠久的边关重镇，声名远播的翡翠商城，青山绿水的休闲宝地，被徐霞客称为"极边第一城"，是全国文明城市、国家卫生城市、首批国家全域旅游示范区、全国第二批"绿水青山就是金山银山"实践创新基地、第一批"国家森林康养基地"。

（二）口岸建设情况
1. 平安口岸建设情况

全面落实总体国家安全观，统筹发展和安全，与国安办、涉缅办、外事办和关检部门建立信息共享和口岸通关形势定期研判机制，制定完善《腾冲市保障进境高风险动植物及其产品检疫风险联防联控工作制度》《猴桥口岸国门生物安全与食品安全保障机制》《腾冲猴桥口岸突发事件应急处置预案》《腾冲市食品安全事故应急预案》《猴桥口岸突发公共卫生事件联防联控工作方案》，着力提高风险预警能力、防控能力和应急处置能力。腾冲市委、市政府加强统筹，推进口岸公共卫生核心能力建设，投资新建猴桥口岸卫生检疫实验室和脱卸洗消区，配备血液分析仪、迷你PCR、生物安全柜、空气消毒机、负压隔离单元、智慧卫检通道、健康申报自助申报终端等设备，进一步提升口岸现场检疫查验能力，2023年6月顺利通过猴桥口岸公共卫生核心能力复核。常态化落实口岸通关运行监测和风险隐患排查机制，及时消除风险隐患，切实保障进出境人员安全、运输工具安全和货物安全，确保口岸通关运行平稳有序，坚决维护国家主权、安全和发展利益。

2. 效能口岸建设情况

成立"智慧海关""智关强国"工作专班，围绕顶层设计和实际需求开展专题研讨，选派7名业务骨干参与总关定制化场景项目建设，积极反馈契合陆路口岸实际的场景需求，推进口岸信息化建设。设置"通关作业流程指引图"，针对日常通关业务咨询、业务困难、业务解决设立专岗窗口，建立关区通关引导和走访帮扶企业台账、问题清零台账。结合智慧口岸建设，有效优化监管作业流程，根据货物进出口时间、企业需求动态调整海关工作时间，减少货物在口岸等待时间，做到货物即到即放，快速提离。贯彻落实"延时+错峰+7×24小时"预约通关机制，实现货物通关零等待。健全完善通关时效监测预警机制，强化通关动态实时监控，精准对焦处理异常，防范货物滞留口岸，保障进出口货运畅通。

3. 智慧口岸建设情况

相关部门积极争取将猴桥智慧口岸建设纳入全省智慧口岸"3+2"试点，并申报为省级重大项目。腾冲猴桥智慧口岸建设（一期）总投资9427.61万元，分为信息化和基础设施建设两部分同步推进。信息化部分由口岸智能化建设项目和通关便利化建设项目2个子项目组成，基础设施部分为腾冲猴桥智慧口岸监管调度室建设项目。通过智慧化、数字化赋能和口岸基础设施改造，完善监管科技设施设备标准化配置，同步推动境外前置货场信息化建设，全面提升口岸功能，努力将猴桥口岸建成以"设施设备智能化、信息系统集约化、运行管理数字化、综合服务便利化、跨境合作常态化"为主要特征的现代化智慧口岸。

4. 法治口岸建设情况

认真分析研究各类跨境违法犯罪形势变化，边检、海关联合研究制定关检合作谅解备忘录，为打击走私犯罪提供有力保障。严格落实行政案件"事前、事中"介入工作理念，精细化、标准化完成每一起案件的处置，印发《关于规范部分执法重点问题的通知》和《执法指引》，全面规范执法办案行为，营造公开、透明、廉洁、高效的口岸执法环境，提高口岸行政决策科学化、法治化、规范化水平。猴桥口岸出入境边防检查站着眼建强法治队伍，扎实开展公职律师年审，不断充实高水平法治人才队伍。

5. 绿色口岸建设情况

坚持绿色和生态发展，将口岸建设规划与国土空间规划有机衔接，确保建设项目不占基本农田、不占林地和生态红线。秉持高效利用、低碳环保理念，将绿色发展贯穿口岸开放、建设和运行管理全过程，积极推进猴桥口岸一般贸易、边民互市贸易"两场合一"建设和进境水果、粮食、食用水生物、冰鲜水产品综合指定监管场地申报建设，实现口岸人力和查验设施等监管资源集约利用、投入产出最优，及设施共享共用。深入开展"雷霆2023打击整治跨境违法犯罪歼击1号专项行动"和"国门利剑2023"专项行动，严厉打击"洋垃圾"和濒危物种及其制品走私。构建清洁低碳的口岸用能体系，在智慧口岸和配套基础设施建设中，积极推广应用节能及低碳技术设备，有效促进口岸节能减排，落实口岸环保标准要求。

二、口岸经济发展基本情况

（一）口岸经济发展现状

目前，猴桥口岸（通道）主要进口农副产品、铁矿、稀有非金属矿、硅石矿、玉石毛料，出口以日用百货、五金、农产品包装物、工业化肥为主。

外贸进出口经过多年的努力、积累和沉淀，实现了新跨越、新突破和新发展：一是总量规模上，从"十二五"期间2亿～3亿美元、"十三五"期间5亿～7亿美元，成功跻身全省"外贸百亿元梯队"。二是增速上，2022年实现全省第4，2023年保持全省增速第3，逆势持续保持高速增长，实现近年来最好增速。三是对全省外贸总额贡献上，全市外贸进出口占全省外贸进出口总额比例由多年的1%～2%跃增至2023年1～10月的4.8%，实现新突破。四是对全市生产总值贡献上，全市外贸依存度（即外贸进出口总额占全市生产总值的比例）从多年的4%～5%跃增至2023年前三季度的11%，实现翻倍，外向型经济短板进一步补齐。

（二）口岸经济发展存在问题

1. 政策和项目支撑不够

保山区位优势明显，战略地位显著，是国家"一带一路"倡议、孟中印缅经济走廊和中缅经济走廊建设的关键节点和重要枢纽。虽然目前因国际局势和缅甸自身政局问题推进缓慢，但在先行先试和打好西部开放基础方面，国家给予的政策和项目不足。

2. 境外道路通而不畅

腾密公路境外段于2007年建成通车，经过十多年超负荷运行，路面老化严重，公路质量不高，道路通而不畅，且公路建设和道路养护协议将于2027年到期，跨境货物运输将面临不确定性。

3. 对外开放水平有待提高

受限于猴桥口岸和甘拜地口岸双边及第三国人员不能持护照通行，导致人员和货物自由流通不畅，跨境贸易很难进一步做大、做强。中缅两国尚未签订《国际道路运输协议》，跨境货物运输便利化程度低，且成本较高。

4. 边境地缘政治不稳定

缅甸政局不稳，加上缅北地区民地武势力错综复杂，从甘拜地至歪莫路段，沿途缅甸政府军、边防军、克钦独立军、傈僳民团等武装设卡收费多，跨境贸易人员车辆安全顺畅通行难以保障，且运输成本大幅增加。对缅经济合作安全隐患突出，企业投资信心不足。

三、猴桥口岸发展口岸经济的做法和成效

（一）发展口岸经济的做法

1. 构建政策支撑

对标先进，分别赴瑞丽、广西东兴、西双版纳磨憨等口岸深入开展实地调研，结合保山口岸规划建设和产业发展实际，制定印发《保山市口岸功能提升三年行动方案（2023～2025年）》，率先在全省构建推动口岸经济发展的政策支撑。抢抓省级印发《云南省边民互市贸易操作指引（试行）》机遇，加强专题学习和业务培训，制定印发《保山市进一步规范发展边民互市贸易工作任务分解方案》，为规范发展边民互市贸易奠定基础。精心编制《云南省口岸建设发展三年行动猴桥口岸实施方案（2023～2025年）》，争取更多项目纳入省级资金盘子，抢占猴桥口岸建设发展先机。

2. 加强基础设施建设

打牢基础，全力推进高水平对外开放，加快推进猴桥智慧口岸、猴桥边民互市监管场、专用货运通道、滇滩通道联检办公楼等口岸项目建设，进一步提升查验基础设施水平。持续推进进境水果、粮食、食用水生动物、冰鲜水产品综合性指定监管场地申报建设，不断拓展口岸功能，全面推动对外开放强基固本、提质增效。以"公铁联运"标准化物流运输模式为载体，积极推动小永、蒲缥公铁联运物流园和猴桥口岸国际物流园等项目建设，持续提升内外联通物流网络建设。

3. 完善服务机制

多措并举，全力提升服务企业的能力和水平，围绕"强主体、保存量、挖增量、抓项目、强服务、优结构、拓市场"建立服务清单，大兴调查研究，把心思和精力用在下基层、抓落实和研究解决问题上。以为外贸企业解难纾困为导向，联合海关等部门走访茶叶、金属硅、石材、木制品、脱水蔬菜等企业，实地讲解RCEP和进出口政策，收集、解决企业反映问题、困难和堵点，解决企业提交问题46个，及时回复解决率达100%。组织企业参加各类展会、博览会，支持企业利用展会平台开拓市场、抢抓订单，提振企业信心。以"畅通外贸产业链供应链"为重点，促进内外要素联动，推动"以进促出、进出联动"，确保境外农业种植农资、包装物等出口和支撑性产品进口的稳步增长。

4. 优化营商环境

积极落实海关总署"优化营商环境16条"和昆明海关"优化营商环境18条"措施，以实际行动确保国家促外贸、稳增长政策落实到位。通过"关长送政策上门"、召开关企座谈会、走访调研等方式，为企业提供政策指导，助推外贸促稳提质，口岸经济健康有序发展。建立通关咨询台账，收集企业堵点、痛点，针对不同问题，分类整理、精准施策，实打实解决企业难题困难。加强外贸重点产业支持，开展进出口政策法规和通关流程宣传，关注重点优势商品通关态势，对铁矿等口岸优势产品实施"先放后检"、稀有非金属矿"公式定价"担保放行，提高大宗商品通关效率。实行"一对一帮扶"式指导，帮助企业完成水果、蔬菜基地备案，符合输入国家要求。推动引导企业使用国际贸易"单一窗口""互联网+海关"办理退税、检疫审批等手续，服务指导保山市山葵、咖啡、杧果等高原特色农产品销售海外。

5. 助力口岸经济转型

稳步推动"产业"落地，鼓励延伸外向型产业链，围绕解决进出口产品少、品类不丰富、未形成产业链的"痛点"持续发力，稳步推进各类贸易发展。落地加工方面，始终秉持"不以小事而不为，不以大事而趋之"的工作理念，鼓励和指导本地加工企业用好国际国内两个市场、两种资源，帮助企业协调进口原材料，生产成品出口到欧美市场，实现"两头在外"贸易模式"零的突破"。加大招商引资力度，引进云南嘉旺食品有限公司在腾冲投资建设"云南嘉旺香蕉干片及果蔬综合干片生产项目"，晨光生物科技集团腾冲有限公司开展万寿菊颗粒提取叶黄素项目，促成边民互市进口商品落地加工。延长产业链方面，始终秉承"做出特色、做出优势"的发展理念，支持企业整合"走出去"的需求和"引进来"的能力，鼓励"两条腿"走路，推动内外贸一体化发展。鼓励各地结合"一县一业"和高原特色农产品等产业优势，对标国际先进水平，注重产品质量控制、强化国际标准和质量认证，打造精品咖啡、茶叶、蔬菜等高品质品牌。开拓国际市场方面，始终秉承"精准、细致、周到"的服务理念，积极组织企业参加进博会、南博会和广交会等展会，组织企业赴日本、韩国参加经贸活动，支持企业充分利用境内外各大展会平台和交流机制，抢抓订单，拓展海内外市场。

（二）发展口岸经济的成效

1. 外贸进出口实现新突破

2023年1～11月，保山市外贸进出口总额完成113亿元，增长130.5%，增速全省排名第3，规模从全省排名第9提升至第5，提前大幅超额完成市级和省商务厅下达的全年目标任务，在全省外贸进出口大幅下滑的背景下取得优异的成绩。

2. 口岸建设更加完善

2023年累计向省级争取口岸建设专项资金7993万元，为历年最多，夯实了口岸全面建设财力基础。智慧口岸建设加快。围绕"设施设备智能化、信息系统集约化、运行管理数字化、综合服务便利化、跨境合作常态化"总目标，合法、合规完成项目可研、立项、初设和招标，于11月启动建设。口岸功能逐步完善。经与海关充分沟通协调，目前已编制完成进境粮食、水果、食用水生物、冰鲜水产品综合指定监管场地申报材料，并组织开展了立项评估，获得海关和相关部门同意申报意见。物流效率提升。蒲缥铁路专用线临管线开通并投入使用，中缅新通道（缅甸—保山—成都）公铁联运班列完成首发，进一步降低了物流成本，提升了效率。

3. 贸易结构更加优化

一是口岸加工产业平稳起步，馨和木业和尚原石业2户企业实现"两头在外"贸易模式零的突破，边民互市落地加工稳步推进，2户企业已开展备案。二是加大潜力企业、特色出口产品的培育和孵化，目前培育了2户特色山葵及制品出口企业，出口量稳步增加，保山山葵出口被海关列入亮点培育产品，受到央视采访关注；培育了1户脱水蔬菜企业实现产品出口。2023年，保山新增葡萄、百香果、新鲜蔬菜等3类高原特色出口农产品，完成了输俄水果《供货证明》备案76份。三是疏通乡村振兴和口岸经济发展的堵点，搭建"企业+合作社+互助组+农户"模式，推动保山蔬菜首次出口缅甸。

4. 口岸市场更加多元

各县（市、区）转变"只有在口岸（通道）才能做强外贸进出口"的固定思维，进一步解放思想，把当地对外经贸工作发展统筹到全市发展"口岸经济""资源经济"和"园区经济"的部署上来，运用蒲缥公铁联运物流园项目建成运营和全市电子商务发展较好等机遇，让周边的口岸（通道）为我所用。目前，各县（市、区）外贸稳步发展，腾冲市外贸进出口持续保持高速发展，对全市外贸进出口贡献占比达90%以上；龙陵县解决了硅企业进口数据未落地保山的问题，2023年隆基硅进口材料实现超过5亿元的净增；施甸县培育了山葵和脱水蔬菜出口，稳定摆脱"零外贸县"的帽子；隆阳区和昌宁在山葵、小粒咖啡、茶叶和金属硅等特色出口和内外贸一体化发展市场主体培育上取得新成效。

四、腾冲猴桥发展口岸经济的经验和启示

加快口岸产业发展，是云南省抓好口岸经济发展各项工作的根本所在。口岸经济的核心是口岸产业发展，腾冲猴桥口岸明确口岸产业定位，立足区位、资源和产业优势，推动口岸与园区融合发展。根据自身口岸进出口货物种类，协调产业布局，延伸产业链条，推动口岸现代服务、商贸、物流、落地加工、旅游、电商等产业差异化发展。

持续提升通关效率，是云南省推进口岸经济各项工作落实的核心要素。加强口岸管理部门协同联动，与周边国家建立协调机制，打通通关堵点、痛点，以通关效率提升促进口岸快进快出、大进大出。深入推进"提前申报""两步申报""多卡合一"改革，扩大"运抵直通"通关模式推广应用，提升通关效率。落实口岸收费目录清单公示制度，动态更新收费目录清单，提升口岸收费透明度，降低跨境贸易成本。

创新体制机制，是云南省推动口岸经济发展的根本措施。口岸经济是一个全新的概念，目前在口岸规划建设、项目融资、口岸产业发展方面的人才还比较欠缺，应建立完善的口岸经济人才培养和激励机制，加强培训、深化课题研究，构建完整的理论和政策体系，为口岸经济发展提供软件支撑。

完善基础设施，是云南省发展壮大口岸经济的关键环节。口岸是基础、是平台，要围绕智慧口岸建设、联检查验设施改造提升、健全完善海关指定监管场地三个方面，进一步提升口岸功能，为口岸经济发展提供硬件支撑。

推动口岸经济转型，是云南省推动口岸经济高质量发展的必由之路。内贸和外贸代表的是"两个市场""两种资源"，同时也代表着国际和国内的"双循环"。只有两者深度融合，才能把通道经济转变为真正意义上的口岸经济。首先，要摸清境外资源分布情况，加强与境内产业布局契合度的分析研究，着重抓好产业链培育和延伸。其次，要打通入境后生产加工和境内外销售的"最后一公里"，提升产品附加值，形成产业和产值，把外贸进口转化为内贸的批发、零售数据支撑，实现内外贸结合的良性发展。

五、结论

猴桥口岸优势明显，双边经济发展、边民交往和睦和谐，是加深双边交流合作，促进双边经贸繁荣的重要窗口。猴桥口岸立足自身独特的区位优势，利用好资源禀赋和国家相关政策，积极完善跨境交通、口岸和边境通道等基础设施推动口岸经济进一步发展。

首先，从政策导向上看，猴桥口岸位于长江经济带，在"一带一路"倡议和孟中印缅经济走廊建设大背景下，推动猴桥口岸经济发展建设，通过发挥政策支撑作用，加快发展口岸贸易新动能，实现了口岸资质与产业的深度融合发展。其次，从软件和硬件环境上看，猴桥口岸基础设施建设得到了较大改善，口岸功能日益增强，通关效率不断提高，对缅边境贸易快速发展。最后，从产业结构上看，猴桥口岸产业布局联动的同时也要做好市场分析，突出自身的特色和优势，推动口岸实现错位发展、优势互补，推动口岸经济产业转型升级，让猴桥口岸经济发展成为云南口岸经济发展中浓墨重彩的一笔。

第六节 畹町口岸经济发展案例

一、畹町口岸概况

（一）口岸基本情况

畹町口岸现有畹町桥、广董、芒满三条通道，主要贸易方式为一般贸易、边民互市贸易。其中，畹町口岸芒满通道位于畹町经济开发区西南部芒满村东南方向，距畹町桥通道8.4公里，畹町口岸芒满通道与之相对应的是缅甸九谷口岸的贺弄通道，目前属于非指定通道，距缅甸最大的陆路经济贸易区——105码贸易区13公里，距离国家高速公路网横向干线杭瑞高速龙（陵）—瑞（丽）段1.8公里。畹町口岸芒满通道于2013年9月15日起临时开放，其间积极向国家口岸办申请正式对开，目前已纳入《国家"十四五"口岸发展规划》，将进一步实现扩大开放。

（二）口岸建设情况

1. 平安口岸建设情况

发挥"智慧边检"作用，以大数据主导警务实战，深化"边管+边检"片区联勤联动和"边检+出入境+N"联勤联动，充分发动群防群治力量参与守边控边，科学、精准、高效推动边境地区"偷引带"突出问题清理整治，坚决维护国家安全和口岸稳定。其间，累计缴毒约200公斤、易制毒化学品10余吨，查获走私案件40余起，案件案值200余万元，有力维护了边境安全稳定，切实用实绩回应人民群众期盼。

2. 效能口岸建设情况

深度服务云南"3815"战略规划，立足畹町"核心枢纽型智慧口岸"建设发展定位，按需提供延时通关、预约通关、政策咨询等多项便利化服务举措，设置重要物资"绿色通道""快捷通道"和货运车辆专用通道，口岸边检整体查验时间缩短近30%。今年以来，畹町口岸共保障出入境货物近100万吨，货值超百亿元，日均通关人数破800余人次。其一组建口岸实体化专班，投资3.09亿元建设畹町口岸芒满通道进出口查验货场、水产品交易市场、农产品电子信息交易市场等基础设施，持续简化通关流程，探索"党建+"边贸模式，助力畹町口岸向中国一流口岸迈进。其二是优化通关流程。畅通边民互市线上申报渠道。为实现即到即报、即报即验、即验即放，畹町党工委设置专用窗口和绿色通道，对符合条件的产品实施免到场查验、附条件提离，使申报时间较线下每票用时缩短约1小时。2023年，畹町口岸过货量、进出口货值跃居全省对缅口岸首位，进出口货值42.8亿元，同比增长140%。其三是创新监管模式。采用"人工-机检"监管模式，全面落实通关便捷举措，设置"专用窗口"和"绿色通道"，对符合条件的产品实施"免到场查验""附条件提离"，即到即报、即报即验、即验即放，运用科技手段赋能高效严密监管，边民互市申报每票时间较原来缩短约1小时，运输鲜活农产品的车辆完成报关平均仅需30分钟。

3. 智慧建设情况

2022年，瑞丽（畹町）口岸建设项目被列为省级智慧口岸建设试点，按照"一年见成效、两年见规模、三年大变样"的进度目标推进建设，整体架构分为智能交互、智能连接、智能中枢、智慧应用四层，共有项目17个，估算投资27.29亿元，分三期实施。依托"天网+地网"技术作为支撑，创新物流运输模式、场站运营模式、集货分拨模式、车辆调度模式，形成智慧物流运输常态化管理，进一步促进口岸经济提质增效。

4. 法治口岸建设情况

边境固则国家兴，边疆宁则国家安。针对畹町边境辖区环境复杂、疫情管控压力大、部分边民法治意识淡薄等现状，多年来，畹町边检站执勤队不断创新普法方式，全面深化"法治宣传固边防"活动，筑牢国门法治根基，打造口岸法治建设新高地。

5. 绿色口岸建设情况

综合运输通道资源利用的集约化、综合化水平大幅提高。基本实现交通基础设施建设全过程、全周期绿色化。单位运输周转量能耗不断降低，二氧化碳排放强度比2020年显著下降，交通污染防治水平进入省内先进行列。

二、畹町口岸经济发展基本情况

（一）口岸经济发展现状

1. 进出口贸易额

2023年1～12月，畹町口岸累计出入境货运量175.11万吨，同比增长26.99%，其中，进口货运量107.90万吨，同比增长26.90%，出口货运量67.21万吨，同比增长27.15%。货值达122.08亿元，同比增长29.13%，其中，进口货值35.80亿元，同比减少22.81%，出口货值86.28亿元，同比增长79.19%；出入境车辆97982辆次，同比增长59.96%，其中，入境47349辆次，同比增长51.41%；出境50633辆次，同比增长68.88%。

2. 进出口商品结构

畹町口岸主要进口商品包括碎米、玉米、精米、木炭、铅矿砂及其精矿、长粒米精米、其他水产品的壳和骨、甘蔗、棉花、活鳝鱼、糖浆、活锯缘青蟹、柚木板材、鲜南瓜、铜锭、红木厚板材、饲料用鱼粉、铝合金、干绿豆、柚木地板条；主要出口商品包括，摩托车零配件、塑料制品、汽车配件、柑橘、橡胶轮胎、各类箱包、塑料餐盒、灯具、纸标签、男裤、纸箱、摩托车发动机配件、纺织标签、油罐挂车及半挂车、柴油、聚酯长丝机织物、拉链、染色聚酯长丝机织物、塑料制家庭及卫生用具、其他货运挂车及半挂车。

（二）口岸经济发展存在问题

1. 口岸基础设施建设不完善

芒满通道进口查验货场仅占地约140亩，扣除相关附属设施仅可满足约350辆货车停放。难以满足贸易高峰期进口需求。

2. 口岸通关效率难以满足现代化需求

畹町口岸还存在口岸工作效率不高、部门间协同配合不够有力、口岸通行效率不够高等问题，在一定程度上影响了货物的顺畅进出，也影响了人员顺畅出入境。目前的通关效率距离实现畹町口岸"通关成本最低，通关效率最高，营商环境最优"的目标还有些距离。

3. 边境地缘政治不稳定

近期，由于多种原因，缅甸北部数个地区爆发武装冲突，造成人员伤亡，安全形势复杂严峻，不仅对中国公民构成威胁，还破坏了当地的安全与稳定；不仅影响畹町口岸经济发展，甚至可能危害人民生命安全。

三、畹町口岸发展口岸经济的做法和成效

（一）发展口岸经济的做法

1. 通关流程上

一是通过完善芒满通道口岸区域道路、场所等引导标识，整治口岸车辆停放秩序，协调关检部门为西瓜、甜瓜、螃蟹、鳝鱼等生鲜产品开通绿色通道，车辆入境时海关和边检部门实行联合一次查验等多方面措施，助推口岸贸易快速恢复。

二是积极搭建畹町口岸边民互市贸易服务平台，大力推广"边民互市+互联网"新模式。按照"真边民、真交易、真结算、真实惠"的要求引导边民参与互市贸易一级、二级市场，发动和协助边民完成个体工商户注册及税务登记，让边民依托互助组参与互市贸易，为村（社区）集体经济增收提供新路径。

三是进一步降低通关成本、优化通关措施。芒满通道于2023年10月13日起组织专人采取随机抽查的形式，对出口一般贸易、进口一般贸易、进口边民互市贸易进行全流程跟踪，简化通关环节、缩短送检时间、降低查验检测费用、鲜活商品类车辆简化验放时间。

四是积极协调海关部门对进口玉米、大米以及高粱等粮食类农副产品取样送检采取附条件提离，有效化解因取样送检长时间滞留货场挤占其他货物正常通关问题。在畹町海关的大力支持下，进口企业可对上述商品（除糖浆外）向海关申请附条件提离进口查验货场。

2. 营商环境

一方面，持续深化抓党建促进营商环境优化，深入开展"企业见面会"等活动，着力解决一批企业反映集中的痛点难点问题。另一方面，积极动员组织畹町外贸企业和口岸管理服务企业参加法治、业务培训会，提升外贸企业运营能力。

3. 体制机制

根据《畹町口岸提级管理总体方案》，德宏州商务局于2023年1月1日正式对畹町口岸实行提级管理，重点积极推进开展了提升口岸通关管理服务、完善健全内部管理、推进项目建设等方面的工作。

4. 基础设施

"十四五"期间，畹町口岸以建设智慧口岸为抓手，分三期规划实施芒满智慧口岸通关、前置拦截作业区、安町东桥新建工程、联检楼旅检通道、进口综合查验货场建设、集装箱场地、口岸作业人员生活配套服务、出口查验货场改扩建、公路港物流园区等9个项目。

5. 口岸经济转型

发挥好畹町口岸的地缘优势和政策优势，紧盯进口商品的落地加工领域，持续壮大口岸经济。目前，畹町口岸已建有国际进出口生物产业园、中缅农商产业园等产业园区来满足我们进口商品的落地加工需求，实现进口货物的加工升值，实现由"通道经济"向"产业经济"的转型。

（二）发展口岸经济的成效
1. 口岸功能更加完备

畹町口岸正朝着大力发展口岸经济的目标，在建设枢纽型口岸上做文章、下功夫。一个贸易枢纽型、物流枢纽型、加工枢纽型口岸已初具雏形，蓄势待发。

2. 口岸建设更加互通

畹町口岸芒满通道现已成为中缅贸易往来的主要通关口岸，与之对应的缅甸暖应通道至105码贸易区公路全长约13公里，现为双向两车道，目前大量贸易货物经该道路运输，道路交通拥堵问题尤为突出，严重制约中缅贸易便捷通畅，瑞丽市政府一直尝试采用对外援建的方式争取改扩建此条道路。

3. 服务贸易更加扩大

积极向上争取推动口岸进一步扩大开放。一是通过多渠道积极向外事、商务等部门汇报，上级部门牵头推动境外"以出核进"贸易平衡管控政策已正式取消，芒满通道货物贸易恢复至常态化管理模式，有力推动口岸贸易健康发展和商贸往来。二是积极争取芒满通道正式对开。完成《畹町口岸芒满通道扩大开放可行性研究报告》编制，逐级向上积极申报争取推动芒满通道实现正式对开。

4. 营商环境更加优化

德宏州商务局到一线破题，在提升口岸经济服务水平、营造营商环境等软环境建设上下功夫，开展转变干部作风优化营商环境"十大专项活动"，采取处级领导挂钩重大项目和民营企业、建立"服务企业见面会"制度等措施，帮助企业纾困解难、赋能增效。持续提升监管服务效能，签发畹町口岸首票RCEP原产地证书，力促获得RCEP原产地证书的企业在我国及缅甸同时享受税收减免的优惠，为跨境贸易经营业主带来实惠。抓住智慧型、枢纽型口岸建设机遇，清单化、项目化推动口岸硬件设施建设，重点规划建设瑞丽（含畹町）智慧口岸建设项目，细化分解为17个子项目，预算资金27.29亿元，通过分期分步实施，一体推进口岸功能提升、口岸经济发展、口岸城市建设取得突破性进展。

四、畹町口岸发展口岸经济的经验和启示

德宏州创新管理、发挥优势、提升效能，在一线出经验，向一线要"法宝"，在一线促发展。提级管理、"保姆式"服务、面对面交流，把一个个问题摆上桌面，找解决问题的思路方法，把思路变成方案、把方案变成具体项目，形成了上下联动、齐抓共管、奋勇争先的工作格局。

德宏州把解决问题作为检验工作成效的重要标准，把效率意识体现到日常工作中，充分发挥中缅经济走廊自滇入缅优势，加快推动全州边境公路口岸向国际化、智慧化、规模化发展，强力推进畹町口岸管理体制改革，优化口岸营商环境，提升口岸治理能力，彰显口岸公共服务功能属性，推进跨境贸易便利化，推动全州外向型经济发展，不断提升德宏在"大循环、双循环"中的嵌入度和贡献度，持续提高对外开放水平。

五、结论

口岸经济发展水平直接影响着对外开放水平，畹町口岸通过不断优化口岸经济体系，打造口岸经济强劲引擎，逐步把区位优势转为经济优势和发展优势。畹町口岸主动求变，朝着大力发展口岸经济的目标，在建设枢纽型口岸上做文章、下功夫，发展独具畹町特色的口岸经济，形成了全新的口岸经济发展范式。

首先，从目标定位上看，以持续提升通关便利化水平为建设目标，以建设廉洁工程、实用管用好用、降低通关成本为评价标准，持续通过智慧化、信息化、智能化手段，补短板、强弱项，不断完善基础设施、优化口岸营商环境，全力发展口岸经济。其次，从边境贸易上看，一方面，采用"互联网+边民互市"模式，搭建平台，实现边民互市进出口贸易线上结算，缩短通关时间。另一方面，畹町口岸深化中缅跨境农业合作，同时积极开展对缅交往合作，与缅方在促进互联互通、深化人文交流等方面合作取得明显成效。最后，从优化营商环境上看，畹町口岸以党建工作促营商环境优化，让经营主体更具市场活力，充分发挥党支部战斗堡垒作用和党员先锋模范作用，打通为民服务"最后一米"。畹町口岸以基层党建系列行动为牵引，深化"国门"党建机制，聚焦口岸建设、互市贸易、落地加工，以高质量党建引领政策和区位优势转化开发开放优势，为推动边疆民族地区高质量发展提供坚强组织保证。

第七节 都龙口岸经济发展案例

一、都龙口岸概况

（一）口岸基本情况

都龙口岸位于云南省东南部，地处马关县东南面中越边境线二段197号界老国门处，与越南箐门县毗邻，是云南省通往越南的重要通道。1953年8月，中越两国政府在北京签订了《关于开放两国边境小额贸易的议定书》，双方同意开放中国都龙—越南箐门和漫美边境通商口岸，并于1954年3月正式开通；1974年，由于中越关系紧张，都龙口岸关闭。中越关系正常后，两国政府于1991年签订《临时协定》，决定在条件具备时逐步开放21对陆地出入境口岸，"中国都龙—越南箐门"口岸为其中之一。2015年1月，国务院正式批准都龙口岸为国际性常年开放公路客运货运口岸，2017年8月通过国家级验收，2018年3月正式获批实现对外开放。都龙口岸建设达到国家一类口岸三级建设标准，其中旅检建设标准达到二级，货检建设标准达到三级。

（二）建设情况

1. 平安口岸建设情况

2023年共与越方开展了6次会谈会晤，就口岸通关相关事宜进行沟通，双方达成广泛共识并签署了会谈纪要。根据工作需要，新招聘协管员13名，进一步强化关检工作力量。投入资金1398万元，完成了对都龙口岸相关设备设施的全面排查和维修维护工作。制定印发了《都龙口岸通关应急预案》，为口岸顺利通关提供了保障。都龙口岸与邻近口岸建立了边境合作机制，加强了信息共享、执法协作等方面的合作，提高了边境安全和稳定。

2. 效能口岸建设情况

为了提高口岸通关效率，口岸管理部门加强了信息化建设，建设了口岸通关系统，实现了进出口货物、旅客信息的自动化采集和传输，提高了通关效率。同时，口岸管理部门还加强了对口岸安全、卫生等方面的监管和管理，确保了口岸的安全和卫生。此外，都龙口岸还积极推进"一带一路"倡议，加强了与周边国家的经济合作和贸易往来，促进了口岸经济的发展。

3. 智慧口岸建设情况

都龙口岸智慧口岸建设的长远目标是实现口岸管理全方位、智能化，促进口岸物流、人流、信息流和资金流的便捷、高效流动，打造具有国际竞争力的智慧口岸。为此，该口岸将进一步推进信息化建设，包括建设智能化监管系统、提升信息化服务水平、推进数字化贸易、加强数字化安全保障等方面。此外，都龙口岸智慧口岸建设还将积极引入新技术和新模式，如物联网、人工智能、大数据、区块链等，以提升口岸的智能化水平。这些技术的应用将有助于提高口岸通关效率，降低物流成本，促进贸易便利化，增强口岸的竞争力。

4. 法治口岸建设情况

加强了口岸管理，建立了完善的口岸管理制度和规范，加强了对出入境人员、货物和运输工具的监管和管理，确保了口岸的顺畅和安全。同时，都龙口岸加强了与周边国家和地区的合作，建立了与越南等相关部门的沟通和协调机制，加强了口岸通关和物流运输的协调和合作，提高了口岸的运行效率和服务水平。此外，口岸还加强了法治宣传和教育，提高了出入境人员和相关人员的法律意识和法律素质，增强了口岸管理的法治化和规范化水平。

5. 绿色口岸建设情况

都龙口岸管理部门加强了对进出口货物的环保监管和管理，采取了各种生态保护措施，如对进出口货物进行环保包装、加强进出口货物的环保检测等，确保了进出口货物的环保性能。

二、口岸经济发展基本情况

（一）口岸经济发展现状

1. 外贸进出口逐步恢复

都龙口岸恢复货物通关以后，马关县积极组织企业开展座谈，宣传相关外贸政策；实行帮办代办服务，协助企业办理完善相关手续，组织企业积极开展进出口贸易，都龙口岸对外贸易逐步恢复。2023年，都龙口岸累计实现人员通关8.7万余人次，完成货物进出口214.16吨，货值172.25万元，其中出口货值25.64万元，进口货值146.61万元，进口货物主要为旋切木、干虾、咖啡豆和八角茴香等，出口货物主要为百货、农用旋耕机等。

2. 边民互市场投入运行

引进马关兴龙都边境贸易进出口有限公司入驻口岸开展都龙口岸边民互市场建设。都龙口岸边民互市场项目总投资2921万元，项目总用地面积约31亩，于2017年12月开工建设，2020年4月完工。项目于2021年5月通过海关功能验收，2021年10月通过省级验收。2023年，马关县积极协调资金，对都龙口岸边民互市场设备设施进行了完善和维护，确保市场各项功能设施建设能够基本满足通关查验要求和运营条件。组建成立了都龙口岸边民互助社，目前互助社互市系统录入人员685人，边民个体工商户注册登记149户。经县政府与越南河江省工贸厅、箐门县人民委员会多次进行会晤协商，达成共识，都龙口岸边民互市场于7月7日正式投入运行。2023年，口岸边民互市场共完成互市贸易额92.21万元。

3. 落地加工取得积极进展

积极加大招商引资工作力度，认真兑现招商引资奖励政策措施，吸引各地客商和落地加工企业入驻马关发展。目前，马关骏成公司已同文山茂盛公司合资成立了马关新航科技有限公司，利用南山园区已建成的农产品加工厂房，专业从事粮食、水果等农产品落地加工业务。现该企业食品生产许可证等相关手续已办理完善，正在开展试生产等有关工作。同步推进云南鑫浩粮贸、广西丰盛等3家企业做实进出口落地加工运营筹备工作，2023年7月19日揭牌成立"云南锌峰实业有限公司"助力跨境贸易和口岸经济发展。

4. 政策扶持体系不断完善

充分借鉴其他地方好的经验和做法，在充分调研，了解外贸企业需求的基础上，制定出台了《马关县促进对外贸易发展扶持奖励办法（暂行）》，对新增对外贸易企业、进出口贸易增长、本地特色农产品出口贡献、跨境电商贸易、报关企业扶持五个方面给予扶持奖励，从政策上全力扶持外贸发展。

5. 对越交流合作不断深入

结合都龙口岸开放工作，积极主动开展对越合作交流，2023年以来，马关县邀请了越南河江省商务代表团、越南箐门、猛康、新马街、黄树皮4县党政代表团到马关县，共进行了5次会谈。同时，县委、县政府领导带领县级有关部门和企业负责人组团3次出访越南开展会谈会晤，分别与越南河江省箐门县和黄树皮县达成了经贸、文化、农业等合作交流协议，使双边文化和经贸等领域交流合作得到进一步拓展。

（二）口岸经济发展存在问题

1. 口岸基础设施建设短板多

都龙口岸建设与周边其他条件成熟的口岸相比，基础设施相对滞后，口岸功能布局不合理，联检楼、查验货场、边民互市等功能场所面积小，制约了进出口贸易发展。特别是海关指定监管场地，按照管理规范，海关指定监管场地应划分为进境肉类、冰鲜水产品、粮食、水果等八类，建成满足查验、检验、检疫要求条件后方可开展相应类别货物进口贸易活动，但目前都龙口岸尚无监管场地，导致口岸允许进口货物种类单一，落地加工原材料难以满足需求，成为当前口岸经济主要的制约。

2. 口岸建设与发展要素矛盾突出

一是都龙口岸规划面积在国土空间"三区三线"和产业聚集区调整后从3.93平方千米压缩至1平方千米，口岸发展用地规划缩减；二是在规划区已征收的土地750亩中，有指标的建设用地203亩，许多项目建设用地指标无保障；三是由于在不同的发展阶段建设标准和要求不同，随着对外开放政策的优化调整和查验方式方法的不断变化，已建成的口岸联检楼面积不达标、查验货场场地狭窄、边民互市贸易市场规划位置不合理等不利于口岸通关，便利化问题不断凸显。

3. 区位优势不明显

都龙口岸各项建设和经济发展还处于起步阶段，相比相邻的河口、天保口岸，货物运距较长，同时箐门口岸至箐门县城及箐门县城周边道路等级低，坡陡弯急，大型货运车辆通行困难，客货运难度较大，运输成本增加，风险增加。

4. 边民互市贸易起步难

按照海关监管规范，海关对边民互市场地只承认一个边民互市贸易经营主体。作为目前都龙口岸互市市场投资者和唯一的经营主体，兴龙都公司又存在经济债务多，资金投入困难，边民互市贸易市场功能配套设施不完善；由于边民互市贸易市场未启动，没有直接经济效益，边互社和边民的积极性不高；越方对边民互市贸易市场的运行和管理与中方未达成共识，导致边民互市贸易起步难。

5. 运行维护资金缺口大

目前，都龙口岸每年需支出各监管部门协管员工资150万元，口岸正常运转水电费、网络费以及设施设备维修维护费每年预计投入在200万元以上。而省级安排给都龙口岸的运行经费十分有限（2022年为10万元），难以有效保障口岸基础设施的维护和提升。

6. 口岸管理体制不顺畅

目前，都龙口岸监管服务部门主要有海关、边防检查站、国际道路运输管理站，以及县口岸办、边管委、沿边开放服务中心等。作为地方口岸管理服务主要部门的口岸办，机构改革时加挂在县工信商务局，由工信商务局局长兼任主任，但在职能划转的时候没有相应增加编制和人员，口岸事务实际没有具体责任人员。同时，在口岸的规划、建设和日常管理中，口岸办、边管委、沿边开放服务中心存在职能交叉、职责不清、州县对接不畅的情况，给口岸建设发展带来一些障碍。

三、都龙口岸发展口岸经济的做法和成效

1. 完善基础设施建设增强口岸竞争力

在深入研究区位、交通、贸易主体、自然资源等资源的基础上，准确定位都龙口岸发展方向，调整好规划，争取项目资金，整合县级财力，不断加大资金投入力度，不断完善基础设施建设，特别是海关指定监管场所、落地加工标准化厂房、查验货场完善等项目建设，补齐口岸基础设施短板，扩大口岸贸易功能和承载能力。

2. 优化简化流程提升口岸通关便利化水平

推进智慧口岸建设，加大对信息化设备等基础设施的建设投入，以大数据应用服务、数据交换共享平台为支撑，实现无纸化通关和自助通关。同时，做好进出口企业精准服务工作，积极推行"单一窗口""互联网+海关"等线上模式办理海关业务，进一步简化查验手续，压缩办结时限。探索中越两国过境人员"一线放开、二线管住"的监管模式，对越入境人员，只要持有效证件且无违法记录的，经查验后放行，入境后到当地有关部门进行备案登记，以便后续管理。通过优化简化，提升口岸通关便利化水平，为双边贸易提供良好服务。

3. 以互市贸易发展为突破口激活口岸经济

边民互市贸易作为马关县口岸经济发展重点方向之一，通过加强服务管理，依托边境贸易管理服务机构、外贸企业、边民互助组、个体工商户等组织，科学安排商品采购、申报通关、市场销售、资金管理、物流运输等业务，

建立收益分配和管理监督机制，挖掘经营潜力，降低交易成本，培育互市贸易市场主体，提高市场竞争力，搞活互市贸易。目前，马关县注册外贸企业48户，成立边民合作社1个（都龙口岸边民互助社）、互助社互市系统录入人员600多人，边民个体工商户注册登记149户，为互市贸易发展奠定了基础。

4. 支持落地加工发展壮大口岸经济

加快进境肉类指定监管场地立项和建设，推进边民互市进口商品落地加工、冷链物流中心等口岸配套功能区建设，围绕越南农产品、矿产品、木材等优势产品，推进"边民互市+落地加工"模式，制定相关政策支持企业发展，不断发展壮大口岸经济。目前，马关县与文山茂盛公司达成初步合作意向，利用南山园区已建成的农产品加工厂房，由马关骏成公司与文山茂盛公司合资成立外贸加工企业，开展农产品落地加工业务。除此之外，马关县一些企业在加工生产方面具有较为厚实的基础，比如云南鑫浩粮贸科技有限公司，通过多年的发展，在粮食制品、食用油加工方面具有较强的技术、设备和市场营销优势，在互市贸易落地加工方面具有较强的竞争力。

5. 改善营商环境吸引县内外企业更多投资

加强协调用地指标，做好土地要素保障。在规划建设基础设施、完善管理服务功能、提升口岸承载能力的同时，下力气解决生产经营项目"审批难、落地难"问题。加大政策扶持力度，特别是针对都龙口岸起步较晚、区位优势不明显、货物运输成本较高的实际情况，研究出台扶持发展激励措施，对外贸企业物流费用、落地加工用房建设等方面给予支持，帮助外贸企业做大做强，增强口岸竞争力。

6. 理顺管理体制促进口岸有序发展

一方面，针对地方口岸管理机构体制不顺畅问题，对县口岸办、边管委、沿边开放服务中心三个部门职能职责再梳理，结合口岸经济、园区经济发展进行整合，或者增加口岸办编制、配备人员，解决有人办事问题。另一方面，针对口岸运行维护资金缺口严重的问题，适当安排经费，保障口岸正常运转所需，促进口岸经济健康有序发展。

四、都龙口岸发展口岸经济的经验和启示

1. 充分利用地理优势

都龙口岸地处中越边境，地理位置优越，毗邻越南首都河内，交通便

利，具有发展口岸经济的地理优势。充分利用这一优势，可以促进边境贸易和物流的发展。

2. 加强基础设施建设

基础设施建设是发展口岸经济的重要支撑。都龙口岸应该加强口岸基础设施建设，提高通关效率，吸引更多的贸易和物流企业前来投资。

3. 促进产业协同发展

口岸经济的发展不应该局限于边境贸易，应该促进相关产业协同发展。例如，可以发展进口肉制品加工、边境物流、跨境旅游等产业，形成产业链，提高口岸经济的整体竞争力。

4. 创新管理模式

都龙口岸应该探索创新管理模式，提高管理效率和服务水平。例如，可以探索数字化管理、智能化通关等模式，降低企业运营成本，提高通关效率。

五、结论

都龙口岸的繁荣成为云南近年来做大做强口岸经济、加强口岸对外合作的缩影。随着都龙口岸对外开放的不断深入，有效地促进了对外开放和跨境互联互通和贸易的便利化。

首先，从通关流程上看，都龙口岸通关优化办事流程，减少办事效率。多措并举服务外贸保稳提质，持续优化口岸营商环境，使跨境贸易更加便利，进出口整体通关时间大幅压缩。其次，从产业转型上看，都龙口岸充分发挥沿边优势，不断推动口岸经济转型升级，在通关效率、互市贸易、落地加工等方面齐发力，不断提升沿边开放发展水平，推动"区位优势"向"开放高地"加速迈进。再次，从边民贸易上看，都龙口岸基于自身加工企业厚实基础，围绕自身特色产品推进边民互市进口商品落地加工，高度重视边民互市贸易发展，充分发挥口岸优势和沿边优势，以做强边民互市贸易为战略目标，把实现边民和企业共赢作为着力点，始终把边民互市贸易作为兴边富民的重要抓手搞活互市贸易。最后，从管理体制上看，都龙口岸基于自身口岸管理中的症结，梳理部门职能、完善人员配备、保障资金投入，以此带动都龙口岸管理体制机制创新与完善。

第八节 片马口岸经济发展案例

一、片马口岸概况

（一）口岸基本情况

片马口岸位于中国云南的西北部，区位优势极其重要。片马是缅甸进入我国的必经之路，也是我国西部第一道大门，自古便是南亚东南亚等地区进入我国的重要交通枢纽，从片马经过昆明，顺着四通八达的公路铁路交通网，便能进入我国腹地。同时，片马口岸是中国通往缅、印、孟的最佳捷径，也是滇中城市经济圈、成渝经济圈、长江经济带等国内相对发达地区进入南亚的最便捷通道。在建设面向南亚东南亚、环印度洋地区开放大通道，以及"一带一路"和孟中印缅经济走廊中处于前沿位置，是建设面向南亚东南亚辐射中心的重要一环，以及沟通中国大西南与南亚东南亚两大经济圈的重要桥梁。1991年，片马口岸被批准为省级开放口岸，2003年规范为国家级二类口岸，属于"一口岸三通道"的口岸模式。"一口岸"是片马口岸，"三通道"分别是岗房通道、金索朗通道、俄嘎通道。2022年9月9日，片马口岸边民互市项目建成，投入运营，终结怒江州及泸水市不能进行边民互市贸易的历史。

（二）口岸建设情况

1. 平安口岸建设情况

为建设平安口岸，片马边境派出所深入推进"打、防、管、控、建"一体建设和边境治理能力现代化。充分发挥边民群防群治作用，组织干部、党员、民兵、边民群众广泛参与；指导边境联防所常态化开展边境巡逻和24小时视频巡查，及时发现、消除漏洞隐患，打击违法行为。

2. 效能口岸建设情况

怒江傈僳族自治州按照省委、省政府发展口岸经济的决策部署，发挥区位优势，持续推进作风革命、效能革命，在提升口岸通关效率、降低物流成本、扩大对外贸易、加强对外经贸交流等方面着力，助推口岸经济跑出"加速度"。自片马口岸恢复通关以来，怒江海关通过设置通关引导员强化通关引导，对铁矿、铅矿等特定产品实施"先放后检"（"先放"是指进口矿产品经过现场检验检疫符合要求以后，即可提离海关监管作业场所。"后检"是指矿产品提离海关监管作业场所以后，海关送实验室检测并签发证书，这项措施有助于提高企业通关效率，降低企业成本。）"依企业申请"检验等措施，保障各类资源进口通畅无阻。

3. 智慧口岸建设情况

片马口岸外经贸企业使用"单一窗口"业务申报率达100%，企业选择无纸化通关、税费电子支付、自报自缴率均达99%，"两步申报"应用率占比19.7%，各项改革指标均达到相关要求，利用现代化技术较好地巩固了通关时间压缩成效。

4. 法治口岸建设情况

片马口岸在怒江海关、腾冲边防检查站片马分站、片马镇、市公安局、市商务局以及泸水市口岸公司的通力配合下，积极推动法治口岸建设，自2022年9月6日恢复口岸货运通关业务以来，口岸平稳有序，各项通关业务按规执行。

5. 绿色口岸建设情况

一是片马口岸位于高黎贡山边缘位置，依托高黎贡山生物生态安全保护工作，持续加强绿色口岸建设。2021年以来，片马口岸联合片马镇政府、怒江海关、边境检查站、泸水市商务局等部门，持续开展打击野生动植物偷渡运输行为，至今未有此类违法行为发生；二是口岸产业发展上，片马口岸目前已建设完成片马口岸危化品（临时）查验货场、口岸熏蒸房（临时）查验项目，有效解决实现了锯材、竹子的有序进口，汽柴油出口问题，实现了进出口产品的绿色化。三是依托智慧口岸建设。口岸查验货场、进出口通道实现了无纸化，怒江海关查验货场平台优化了现有集疏运体系，减少了车辆接单及进场等待、实现设备交接单无纸化和车货匹配，减少送单造成的车辆排放。

二、片马口岸经济发展基本情况

（一）口岸经济发展现状

1. 进出口贸易额

2023年，片马口岸完成对外贸易进出口总额117340万元人民币，较去年同比增长395.1%。其中，进口完成94953万元人民币，较去年同比增长

1093.6%；出口完成22387万元，较去年同比增长42.2%。完成进出口货运量35.11万吨，比去年同比增长525.80%。

2. 进出口商品结构

一方面，片马口岸进口产品主要为稀土矿、铁矿、大理石、钼矿砂及精矿、硅矿等；另一方面，片马口岸出口产品主要为选矿药剂草酸、草酸、电力、硫酸铵，选矿设备土罐、PC管，生活建筑材料、机械设备等。

（二）口岸经济发展存在的问题

1. 交通瓶颈仍然存在

州府所在地到片马的97公里道路等级不高，规划的48公里高速公路尚未启动，自然条件恶劣，半年时间是雨季，四个月是结冰季节，通车流量、通达条件仍然受限。并且，片马到缅北葡萄的道路还有86公里尚未打通。

2. 对外开放和资源开发不足

由于片马口岸不是国家一级口岸，属于省级批准的单边开放口岸，片马当面境外缅方并没有对等的协调对接机构。虽境外资源丰富，但开发利用和保护不足。另外，口岸经济发展起步慢、起点低，市场发育还不足的问题也制约片马地区口岸经济的高质量发展。在全省口岸经济中，片马经济贡献占比非常小。此外，资源限制是制约片马口岸经济发展的一个重要因素。片马的制造业发展相对滞后，本地工业产品可供出口的较少，出口的产品结构相对单一，边境贸易效率不高。

3. 口岸基础设施滞后

口岸的基础设施是保障口岸正常运转、高效运行的前置条件，然而片马口岸的地理位置相较于省内很多一类口岸位置较偏，基础设施也相对落后。例如，片马口岸周边的交通条件不佳，仓储设备也存在相对陈旧、建设设备缺乏等问题，都直接影响了片马口岸的通行能力和服务质量。此外，片马口岸地域狭小，未建立标准化查验货场、熏蒸房、边民互市场、危化品查验货场（正式）、保税仓库、驳货场以及口岸物流园区等口岸基础设施；未建立规范化产业园区或工业园区，未能将资源优势转化为经济优势。

4. 口岸信息化水平不高

信息化应用是提高口岸运行效率的重要手段。然而，片马口岸在智慧口岸建设方面相对落后。这也导致了相关的口岸管理部门在管理口岸时存在一定的技术壁垒，决策效率和应急响应能力有所不足。另一方面，跨境物流自动化信息化水平不高，缺乏物流业信息高度集成的平台，现代化跨境电商物流所需的数据库技术、条码处理技术、电子交换系统等信息技术综合处理水平仍有较大提升空间。加之，由于尚未拥有完善的跨境物流设施作支撑，对于鲜花、水果等保质期较短、物流要求较高的货物，在运输过程中货物品质会有所下降，导致客户满意度及体验度降低。

三、片马口岸发展口岸经济的做法和成效

（一）发展口岸经济的做法

1. 营商环境方面

怒江持续深入实施优化营商环境三年行动。在全州各部门的努力下，154家外贸企业落地片马，引进10多家企业助力片马发展。2022年，怒江制定出台了通关便利化政策。结合片马口岸实际，制定出台了《关于优化"跨境贸易"营商环境工作方案》《优化口岸营商环境促进边境贸易高质量发展15条措施》等方案措施，为优化跨境贸易营商环境制定了措施保障。

2. 体制机制方面

一是加快中国·怒江片马口岸经济贸易合作区的总体规划，紧紧抓住国家"一带一路"、云南面向南亚东南亚辐射中心、孟中印经济走廊建设等发展战略契机，将片马口岸定位为承载中缅两国开展务实经济贸易合作的桥梁、文化交流的平台和人员流动的重要便捷通道，作为功能性口岸培育建设。充分结合片马资源优势找准目标定位，编制片马口岸三年行动方案，目前，中国·怒江片马口岸经济贸易合作区的总体规划已经于2024年1月29日通过州国土空间规划全体会议，目前正在按照会议要求完善方案并公示印发。

3. 口岸经济转型方面

片马口岸属于单方面开放的功能性口岸，因受地域的局限，导致双方口岸不对等；2022年9月以来，片马口岸恢复了货运通关功能，一是实现了货物贸易的有序进出口。进口产品主要为稀土矿、铁矿、大理石、钼矿砂及精矿、硅矿等，出口产品主要为选矿药剂草酸、草酸、电力、硫酸铵，选矿设备土罐、PC管，建筑材料、机械设备等，口岸物流取得了新的突破。二是进出口车辆逐渐攀升，口岸繁荣指日可待。

4. 基础设施方面

加快推进片马口岸边境贸易综合服务中心项目建设，重点完成片马口岸

保税仓库、查验货场、危化品查验货场建设项目。同时，将岗房通道临时查验货场及查验货场建设列为重点。

（二）发展口岸经济的成效

一是依托中缅通道，立足区位特点，加快口岸过关过检、通关货场等物流基础设施建设，形成集口岸查验、跨境物流、边境贸易等于一体的功能体系。推动与缅北在能源、建材、化工、轻工、矿产资源、农业等行业的合作，构筑优势互补、深度融合、互利共赢的生产合作模式。与保山商贸服务型省级重点发展物流枢纽形成联动，建设成为服务全省、辐射孟中印缅经济走廊的重要陆上边境口岸型物流枢纽。此外，口岸通关便利化程度不断提高，口岸管理运营能力逐步提升，口岸的查验、维护等工作得以保障。实现边民互市贸易。

二是抢抓国家支持云南加快建设我国面向南亚东南亚辐射中心政策机遇，实施口岸建设三年行动，怒江州与缅方代表持续开展会务工作，就对缅贸易合作、外贸企业利益保护和境外联络机制等进行密切友好交流，深化与缅贸易、边民互市、农业领域等方面务实合作。组织召开企业座谈会，宣传海关利益安全政策，教育引导外贸企业强化法纪观念、增强风险意识。聚焦外贸企业诉求，申报口岸客货运通关，积极协调解决办理出入境证件，有效促进对外贸易有序健康发展。

三是完善口岸规划，优化贸易环境。紧紧抓住国家"一带一路"、云南面向南亚东南亚辐射中心、孟中印缅经济走廊建设等发展战略契机，将片马口岸定位为承载中缅两国开展务实经济贸易合作的桥梁、文化交流的平台和人员流动的重要便捷通道，作为功能性口岸培育建设。商务部门编制了《中国·怒江片马口岸经济贸易合作区规划》，为片马口岸建设、运营、投资等提供技术支持和资金保障；海关及税务部门持续实施"减税降费"政策，增强经营主体信心和活力，努力将过道经济转变为落地经济，开展进出口贸易加工、边境区域经济合作，发展"口岸+产业"延伸产业链，推动高水平对外开放。

四是根据国家边民互市管理办法和进口负面清单管理办法，国家和省支持边民互市进口商品落地加工试点政策，目前正积极推进片马边民互市贸易、"互联网+边民互市"发展正在加快推进，片马边民互市交易市场将扩容建设，持续探索片马农商产业园、边民互市进口商品落地加工产业园等建设。

五是强化统筹协调，提升通关水平。加快通道经济发展，大力推动片马口岸客运和岗房通道货云通关事宜，支持边民互市发展，优化调整互市贸易方式，积极协调推动蓝牌车辆纳入边民管理。2023年1~12月份，平均每日通关约40辆，实现平均每天进出口贸易250万余元，日最高通关达142辆，通关效率在全省位居前列。

四、片马口岸发展口岸经济的经验和启示

一是优化产业结构布局。针对片马口岸进口产品种类不多，货值不高，出口商品多为百货和日用品，利润较低等短板，怒江州、泸水市两级党委政府持续发力，加快口岸基础设施建设，优化营商环境，加强对缅交流合作，加大招商引资力度，吸引有实力的龙头企业进驻，打造外贸发展新动能。二是强化智慧口岸建设。怒江海关还联合多个部门积极推动智慧口岸建设，推动完成片马口岸查验货场、进境木材查验区、危化品临时监管场等基础设施完善升级，实现了口岸功能和规范化水平整体提升，为壮大口岸经济奠定了基础。

五、结论

口岸在区域经济建设和社会发展以及对外开放进程中发挥了重要的牵引和推动作用。口岸经济是推动地区经济高质量发展的重要抓手，也是推动地区实现跨越式发展的重要支点。片马口岸乘着加快发展口岸经济的东风，进一步彰显了对外开放的区位优势。

首先，从政策执行上看，片马口岸抓住国家实施扩大内需的重要发展机遇，坚持上下"一盘棋"，大力实施口岸产业多元化发展战略，通过强化协同联动、放大组合效应，为畅通国内国际双循环提供了可靠的"硬联通"，实现在政策储备上打好提前量、留出冗余度。其次，从发展模式上看，片马通过分析其结构特征，寻找口岸经济区发展的一般规律，通过做强口岸产业，依托地区经济优势激发口岸发展的内生动力，进一步提升通关服务便利化，为口岸经济发展提供保障。在未来，怒江片马口岸将大有作为，在中国通商口岸的影响力会越来越大。

第九节　姐告口岸经济发展案例

一、姐告口岸概况

（一）口岸基本情况

瑞丽口岸也叫姐告口岸，姐告位于瑞丽市城区东南方向4公里处，实际可利用面积2.4平方公里。姐告东、南、北三面与缅甸最大的边境口岸木姐口岸毗邻，距木姐市中心仅500米，边境线长4.18公里，设有9座界碑，3条通道。320国道经姐告出境与滇缅公路和史迪威公路相连通，姐告是"中缅""中印"公路的重要枢纽，是我国通向南亚东南亚最便捷的陆路口岸。姐告边境贸易区是经国务院批准设立的全国唯一实行"境内关外"特殊管理模式和优惠政策的贸易特区，具有"自由贸易港"功能，可开展一般贸易、加工贸易、转口贸易、过境贸易，是全省边境最大的陆路口岸，是国家和云南省开展对缅合作、促进中缅贸易的重要平台。姐告口岸进出口贸易总额占全州对缅贸易的80%左右，占全省对缅贸易的60%以上，占全国对缅贸易的30%左右。

（二）口岸建设情况

1. 平安口岸建设情况

其一，实现姐告区4.186公里国境线及沿江线1.2公里物流围网，配置摄像头及安保人员。其二，姐告边境派出所入驻姐告区，片警巡逻街道实现100%全覆盖。其三，姐告国门社区瑞丽市法院驻点开展矛盾纠纷调解工作。

2. 效能口岸建设情况

姐告口岸进一步加强口岸功能提升改造，大力实施"一口岸多通道"和"提前申报、两步申报、两段准入"改革措施，不断深化口岸效能革命，建立大通关协作机制，着力优化通关流程，全面提升通关效率和口岸综合竞争力，多年来流量四项指标稳居全省边境口岸第一，进出口商品结构和贸易方式日趋多元化，通道经济加速向口岸经济发展。

3. 智慧口岸建设情况

姐告智慧口岸项目投资概算5.2亿元人民币，分三个阶段建设，其中一阶段投入预算8300万元，以智慧化系统平台（数据中心）建设为主，重点做好姐告全区的城市管控、口岸通关等工作，做到智慧、精准、精细化管理；计划工期2022年4月至2022年10月；二阶段投入预算2.132亿元，提升优化姐告现有资源，开发整合城市管理、快递（邮件）中转中心、智慧仓储、大宗货物物流中心及外籍人员实行分类服务管理和劳务服务、电商等16个智慧应用子系统，推动姐告产业发展转型升级，提高城市质量和形象，计划工期2022年10月至2024年12月；三阶段投入预算2.238亿元，以完成产业转型升级及优化配套为重点，打造出姐告5A级智慧口岸城市综合形象，充分对外展示德宏片区姐告核心区的形象，计划工期2025年10月至2026年12月。目前，自建管网已经完成70%（总长20公里）；智慧姐告指挥中心装修已完成70%，设备采购完成80%；指挥中心、数据中心、城市停车管理系统、城市人员管控系统、城市环境监测系统、边界线周界安防管控系统软、硬件设计工作已经完成。由于运营权一项都还没有落地，目前暂停施工。

二、姐告口岸经济发展基本情况

（一）口岸经济发展现状

1. 进出口贸易额

姐告是经国务院批准设立的全国唯一实行"境内关外"特殊管理模式的贸易特区，也是云南省开放环境最好、进出口贸易额最高、货物吞吐量最大、进出境人员车辆最多的口岸。通过姐告进出口贸易总额占全国对缅贸易的30%以上，全省对缅贸易的60%以上，全州对缅贸易的80%左右。每年通过瑞丽姐告口岸对缅的进出口贸易总额均占德宏州对缅贸易的80%左右，占云南省对缅贸易的60%左右，占全国对缅贸易的30%以上。出入境人员、车辆、进出口贸易额等指标连年位于云南省口岸第一位。缅甸5300万人口的市场，将成为姐告贸易发展大量潜在消费人口。

2. 进出口商品结构

从姐告进口商品基本来自缅甸的初级产品，如：稻谷、木炭、橡胶、南药、宝玉石；从姐告出口的商品为中低端工业品和温带水果。如：汽车、摩托车、建材、化肥、蔬菜、水果等。此外，海关统计数据显示，缅甸年产20000吨的玉石毛料中有6000吨流入中国。其中通过瑞丽口岸进入中国的就有4000吨。国门的开放，再度为瑞丽的玉石产业注入强心剂。

（二）口岸经济发展存在的问题

1. 口岸基础设施建设不完善

一是货场容量不足。在中缅瑞丽木姐国际铁路运输未实现前，瑞丽口岸姐告通道承担着大量货品出口的廊桥作用。当前，货物进出口存在的问题是，口岸发展空间预留不足，表现在拨货场超负荷运行，货物停留标准仓库也不足，导致仓储成本峰值达45元/平方米/月。

二是姐告口岸发展规划项目多，资金体量大，多年来地方财政大都处于保工资、保运转的情况，地方财政能力十分有限，导致项目建设配套资金缺口较大，口岸基础设施建设推进缓慢。姐告区按AAA级旅游景区打造，缺乏建设大巴停车场和游客服务中心的场地。

2. 口岸通关效率难以满足现代化需求

一方面，姐告口岸是全省智慧化口岸试点之一，在近年的发展中受口岸基础设施陈旧老化影响，导致通关效率低下，贸易量与货运能力矛盾凸显，口岸通而不畅问题十分突出，难以满足日益增长的中缅贸易需求，与对缅贸易主通道地位不相适应。另一方面，境外互联互通基础设施投入小、建设滞后，木姐至曼德勒段基本上仍为三、四级公路，该公路设计日均最大车流量仅3000辆，但其实际日均车流量已近1万辆，跨境物流便利化程度较低。

3. 金融服务供给不足

其一，瑞丽海关对"境内关外"海关特殊监管政策难以执行到位。海关依法工作依据是《中华人民共和国海关对姐告边境贸易区监管的暂行办法》，支撑文件是《国家计委办公厅关于解决云南边境贸易发展有关问题的复函》。"境内关外"海关特殊监管政策执行不到位的原因在于姐告边境贸易区"境内关外"没有赋予海关代码，自然也没有具体的规范化海关操作规程，执行政策较为模糊。如：现行姐告区开展第三国商品展示和销售，来自沿海口岸过境贸易或以5034从保税库出货到姐告的洋货，按照姐告"境内关外"政策实质内涵，海关监管至大桥中心线可视为监管出境。而目前是将货柜车监管出国境线，一定程度上否定"境内关外"政策执行。其二，针对姐告区不征收增值税和消费税问题没有明确发文。其三，没有与"境内关外"匹配的金融政策。姐告为贸易缓冲区，区内货仓商品价格待价而沽后售出，存在涨跌，而区内驻点银行结算按两国海关发票价值对等报关单同价才能结算，这与实际情况不匹配。

4. 贸易便利化困难

随着姐告"境内关外"管理模式逐步向中缅边合区拓展，在中缅双边海关之间形成的自由贸易区域中，中缅双方贸易和加工企业产生的跨国境（未跨关境线）交易，因无法提供海关报关单、发票等贸易真实性证明材料，导致企业结算和付汇困难，造成企业财务规范和税务管理上的重大风险，需对外汇支付和税收征管进行政策创新。

三、姐告口岸发展口岸经济的做法和成效

（一）发展口岸经济的做法

1. 夯实口岸基础设施建设

一方面，重点优化口岸布局，突出口岸主体功能，重点完成姐告通道查验基础设施、进出口查验货场及查验通道建设项目。另一方面，高标准推进口岸建设，着力打造中国面向南亚东南亚辐射中心边境国际陆港，加快向千亿元级国际贸易口岸群进军，实现口岸大州向口岸强州升级。

2. 促进经济转型升级

首先，多方争取资金对外贸企业物流费用给予支持。重点做好矿产品，木炭，翡翠玉石毛料及成品、半成品，纺织品，通信设备等重点商品、企业的进出口服务。其次，扩大进口商品落地加工规模。拓展边民互市进口商品来源地至东盟十国，用活国家和省支持边民互市进口商品落地加工试点政策，开展"互市贸易+合作社""互市贸易+落地加工"，加快推动农产品、中药材等落地加工项目落地发展。最后，发挥优势加强与缅方沟通对接，整合资源，密切配合，积极推进南坎隔离检疫场和瑙丘养殖育肥场项目落地建设，示范带动缅甸现代畜牧产业规模化发展。

3. 大力发展过境贸易

充分利用好缅甸资源优势，高水平推进建设西部陆海新通道，促推缅方改变现行过境贸易税费征收政策（按价值征收5.125%）为从量征收（每个集装箱按2000元标准进行缴税），切实解决不经马六甲海峡即可抵达仰光港、皎漂港、吉大港、汉班托塔港等孟加拉湾国际港口进入印度洋的国家战略问题，大幅缩短运距、节约时间，降低成本，最大限度释放经济潜力、更好造福沿线人民。

4. 深入推进加工贸易

加大稀土进口和化肥出口，稳定拉动通道柚木、木炭等常规商品进口。扩大矿产进口规模，早日实现稀贵金属、黄金加工贸易发展。积极稳妥利用境外资源，推动境外肉牛、粮油、糖浆、木材、矿产、饲料等落地加工，形成进口商品落地加工集群。

（二）发展口岸经济的成效

1. 口岸城市基础设施建设取得全面发展

建成道路通达、环境优美、水电充足、通信方便，并与瑞丽市主城区实现全方位联网的基础设施网络系统。2006年，投资修建的"一国门、两通道"（即瑞丽口岸国门、瑞丽口岸边民出入境专用通道、瑞丽口岸货物出入境运输专用通道）竣工运行；第四通道建设取得实质性进展，封闭管理工作取得重大成效。在扩大对外开放水平，提升口岸通关效率，加快推进中缅跨境商贸旅游合作等方面发挥了积极作用。为姐告下一步开展转关过境贸易和跨境电商业务夯实了基础、创造了有利条件，使"南疆——明珠"更加绚丽。

2. 姐告国际旅游购物中心建设成效显著

通过积极请示汇报，成功解决了10多年来过境货物"出关不出境"的问题；成功引进3家旅游购物企业入驻姐告；组织完成了《瑞丽市姐告边境贸易区过境贸易保税商品管理暂行办法》《瑞丽市姐告边境贸易区管理委员会对第三国商品管理暂行办法》《姐告边境贸易区关于过境贸易保税商品管理流程》等相关办法的编制，为姐告打造国际旅游购物中心提供了政策保障。

3. 产业转型升级取得明显成效

加强组织领导、积极协调服务、强化督促检查，姐告国际旅游购物中心、中缅旅游出入境通道（第4通道）建设等重点旅游项目建设取得新进展；中国瑞丽彩色宝石交易中心、国贸中心写字楼、龙骧公寓楼建设项目、隆云·盛世玉都项目等一批提升城市品质的重大项目顺利推进；污水处理厂及配套管网改造项目、姐告小河清理、街道美化工程、棚户区改造等城市基础设施加快建设，城乡环境综合整治工作成效明显；姐告跨境电商特色小镇建设、姐告保税仓项目和中缅瑞丽—木姐跨境经济合作区建设等重点工作取得重大进展。

4. 中缅双方形成互动开放

姐告的发展促进了缅甸边境地区的繁荣发展，拓展了经贸空间，增进了两国边境地区多层次互信合作、互利双赢关系，夯实了双边合作基础。一是2004年以来，缅方借鉴姐告开放模式，将木姐口岸105码作为一个最大的贸易区进行开发建设，设立了面积达300平方公里的"木姐特殊经济贸易区"，把木姐口岸升格为与仰光口岸地位相同的大贸易口岸，实施类似中方的海关特殊监管模式。目前，木姐已成为缅甸边境地区社会经济发展最快的城市，木姐口岸也迅速成为缅甸14个边境口岸中最大的边贸口岸。二是中缅瑞丽—木姐边境经济合作区建设取得实质性进展。及时启动中缅瑞丽—木姐边境经济合作区规划编制工作，目前已完成《中缅瑞丽—木姐边合区规划研究报告（中方区域）》的编制，并通过州级、省级审核；向省政府提交了关于推动边合区建设的财政税收政策、金融外汇政策、投资服务政策、口岸开放政策、土地开发政策、人才激励政策等6大类支持政策措施；成立边境经济合作区推进领导小组。

四、姐告口岸发展口岸经济的经验和启示

1. 强化政策支持

朱镕基、李瑞环、吴仪同志视察姐告时都认为：姐告地理位置很特殊，只有实行比沿海更开放和更优惠的政策，才能使边疆民族地区的经济社会有新的发展。2000年4月，国家计委代国务院下发了《国家计委办公厅关于解决云南边境贸易发展有关问题的复函》，批准设立按"境内关外"管理模式运作姐告边境贸易区。2000年8月，中华人民共和国海关总署下发了《中华人民共和国海关对云南省姐告边境贸易区监管的暂行办法》，与此同时，海关和出入境检验检疫局后设于大桥西侧的瑞丽口岸联检中心查验办公，为贸易大幅度增长创造了条件。

2. 准确定位姐告口岸

要确定姐告的发展优势。其一姐告距离"滇缅""中印"公路的交会点仅有14公里，且有一条和平友好且无天然屏障的边境线，可以建成中缅两国贸易的"中转站"和"集散地"。其二姐告地处中缅边境，拥有两个原料基地、两个销售市场，可以做强做大边境经济。其三中缅两国边民具有民族同宗、文化同源、习俗相近的特点和长期通婚互市的人际环境，可以做好边境旅游的大文章。其四姐告既有便于开发开放又有便于封闭管理的区位优势，可以建立特殊的经济区域。其中瑞丽已经被国务院批准为国家一类口岸，姐

告作为口岸核心，可以利用口岸优势制定优惠政策，扩大招商引资加快发展。在定性方面，把姐告定性为"边境贸易经济区"；在功能设计方面，以"边境、民族、商业、旅游"八个字（通称八字方针）来定位。具体表述是："通过各种努力，力争在本世纪末（2000年前），将姐告建成一个具有边境特点、民族特色的商业旅游城。"

三是注重选育人才结合口岸园区发展需要，开展转变干部作风优化营商环境"十大专项活动"，大力选拔使用在口岸经济建设中政治素质过硬、能够承担急难险重任务的干部，适时选配熟悉外贸经济、商务和口岸管理、规划工作的干部充实到口岸园区领导班子中，进一步推动优质干部资源向沿边开发、服务优化营商环境等重点一线工作聚集，对其中敢干事、能干事的优秀干部优先提拔任用。

五、结论

立足沿边开放的区位优势，姐告口岸做强口岸经济，推进开放兴边，正不断释放出新的发展潜力和辐射效应，成为云南推动高水平对外开放中的一抹亮眼色彩。姐告边境贸易区的发展，对云南省改善投资环境、引进资金、促进产业结构调整起到积极的辐射、示范和带动作用，对增加就业和推动边疆民族地区的经济发展发挥引擎作用。

首先，从发展机遇上看，党中央、国务院和云南省委、省政府对边疆民族地区经济发展的高度重视和大力支持，是姐告边贸区取得显著成绩的先决条件。其次，从体制机制上看，"境内关外"特殊监管模式和一系列优惠政策巩固稳定执行是姐告取得显著成绩的根本保证。有了"境内关外"政策，我方大宗出口商品，可以化整为零地销往缅甸市场及相邻的印度和孟加拉国等市场。最后，从监管模式上看，实施封闭规范管理、加强对姐告出口货物的监管是姐告边境贸易区持续、快速、健康发展的重要措施。

第十节　昆明长水国际机场口岸经济发展案例

一、昆明长水国际机场口岸概况

（一）口岸基本情况

昆明长水国际机场是我国面向南亚东南亚和连接欧亚的国家门户枢纽机场。随着生产运营提质增效，航线网络持续完善，枢纽建设全面推进，作为彩云之南联通世界的窗口，昆明长水国际机场为区域经济的发展注入了源源不断的发展活力，为昆明及周边地区架起了通达世界的桥梁。自2012年转场运营以来，昆明长水国际机场在各相关单位大力支持下，国际航空市场稳步发展，并成为全国第四家开通国际国内通程航班业务的机场，先后获得了72小时过境免签政策、境外旅客购物离境退税政策、进境水果指定口岸等资质，机场口岸功能持续提升和完善。

（二）口岸建设情况

1. 平安口岸建设

作为云南省最大的空港口岸，昆明长水国际机场口岸的重要角色不言而喻。为维护好口岸安全，昆明边检站与国际警务进行了交流，在人员培训、伪假证件识别、出入境人员身份甄别等方面加强合作，有效提升了管控效能。自2012年以来，昆明边检站已查获非法出入境人员300余人次、偷渡人员150余人次、查处非偷渡类违法违规人员550余人次、毒品6.82千克、违禁品3000余件。实际上，口岸安全稳定是推进云南省口岸大通关建设，提升贸易通关便利化的首要条件。从大局来讲，口岸安全事关云南省经济发展及社会安定和谐。

2. 效能口岸建设

一方面，从勤务组织上看。昆明边检站不断探索改进边检勤务组织管理模式，在口岸旅客、货物进出境方面，建立了口岸流量预报制度，根据旅客流量及时调整警力部署，保障快速通关。同时，实行"区域分流、台外引导、定位派岗、检查验证"一体化勤务模式，保证效率通关，较好地兑现了

"保证95%的旅客候检时间不超过25分钟"的对外承诺；另一方面，从通关设施上看，以昆明新机场搬迁为契机，目前，昆明边检站已投资3200余万元建设通关设施，共建7个边检执勤现场、56条查验通道，先期开通44条查验通道，极大提高了通关效率、降低了通关成本。此外，昆明边检站还在昆明长水国际机场首建了全国第一条无障碍查验通道，在候检区设置50余组LED显示屏，用于投放便民措施、出入境咨询等，满足了服务对象的通关需求。

3. 智慧口岸建设

紧密围绕国家数字经济发展的战略部署，积极匹配省委、省政府建设"数字云南"的总体要求，以"数字枢纽、智慧机场"为目标，按照"枢纽先行，辐射地州"的思路，依托昆明长水国际机场，努力以"智慧机场"建设助推云南机场高质量发展。一是实现"刷脸"自由行。以旅客为中心，为不同类型旅客提供个性化出行需求，昆明长水国际机场在保留原有的纸质登机牌、手机二维码等凭证的同时，增加人脸识别生物凭证，旅客可通过昆明长水国际机场小程序、自助值机、行李托运设备完成人脸注册，丰富出行的验证方式，奠定"一张脸"走遍机场服务基础。二是实现行李全流程追踪。昆明长水国际机场实现10个系统数据融合及12个行李流程节点全采集。昆明长水国际机场与"航易行"开展了数据双向共享，实现本场利用RFID技术，对进出港数据闭环。截至目前，经全国民航行李信息共享平台情况统计，昆明长水国际机场上传行李节点数位列第一。三是实现网络全覆盖。以智慧为支撑，昆明长水国际机场建设的第六代高速Wi-Fi系统（Wi-Fi6），实现了T1航站楼、停车楼、公务机楼、S1卫星厅航站楼等全覆盖，在为旅客提供高速、稳定、无死角的网络环境的同时，更为下一步数字场景应用提供基础支撑。

4. 法治口岸建设

昆明长水国际机场海关聚焦重点任务精准发力，立足口岸海关业务特色，以提高依法行政能力为抓手，发挥普法工作的服务保障作用，营造昆明长水国际机场口岸的良好法治宣传环境。昆明长水国际机场将持续强化宣法、普法、学法工作，把法治精神融入全体员工日常生活，推动法治学习宣传常态化、制度化。"任时代变迁，唯初心不渝"，昆明长水国际机场的普法宣法工作将在新的起点上，以习近平法治思想为指导，积极传递宪法法律精神与价值，在普法工作的针对性和实效性上下功夫，不断提升全员法治意识和法治素养，为昆明长水国际机场法治国企建设保驾护航。

5. 绿色口岸建设

昆明长水机场深入贯彻落实习近平生态文明思想，践行"两山"理念，以"碳达峰 碳中和"战略为引领，以实现减污降碳协同增效为总抓手，坚持系统观念，统筹做好污染治理和生态保护，加快新能源基础设施建设，积极推进绿色机场建设。一方面，昆明长水国际机场荣获"卫生机场"称号。2021年，昆明市全面启动昆明长水国际机场创建国际卫生机场工作。3年间，昆明长水国际机场联合昆明长水国际机场海关及市政府9个部门，建成投用负压试验室、水质检验室；增设医疗急救点，购置车辆通道式核辐射监测设备、核生化监测设备及PCR设备；改造提升航空器加水站、固体废弃物处理中心；加强机场周边400米防护带病媒生物监测和控制。协调各方不断强化投入、明确机制、形成联动，有效提升了昆明长水机场口岸卫生保障和突发公共卫生事件处置能力；另一方面，昆明长水国际机场荣获三星级"双碳机场"称号。昆明长水国际机场成为国内首批荣获三星级"双碳机场"称号的八个机场之一。2022年，昆明长水国际机场联动驻场单位职工融入绿美机场建设，积极参与植树活动，营造"爱绿、护绿"的良好氛围。截至目前，已完成2000平方米的绿地美化工作。昆明长水国际机场航站区管理部在T1航站楼内设置多个"打火机自助兑换"点，将旅客自弃的打火机循环利用，这是昆明长水国际机场打造绿色机场口岸推出的又一举措。

二、昆明长水国际机场口岸经济发展基本情况

（一）口岸经济发展现状

从出口情况上看，2019年昆明长水国际机场出口货主要以省外在昆明集中的普货（布料、配件、小商品等）、锂电池产品、快件类货物为主占出口货物的80%左右，及少部分本地鲜花、蔬菜、水果及菌类（占20%左右）。2020～2022年，主要以省外在昆明集中的普货、锂电池产品、防控物资、快件类货物为主占出口货物的90%以上。2023年，主要出口货品与疫情前基本一致，主要以省外在昆明集中的普货、锂电池产品、快件类货物为主，及少部分本地鲜花、蔬菜、水果及菌类。其中普货15080吨、鲜花5008.1吨、锂电池产品2346.5吨、快件428.8吨、蔬菜230.6吨。由此可以看出，昆明长水国际机场出口结构较多元化。

从进口情况上看，2019年，昆明长水国际机场进口货主要以东南亚南亚

地区的海鲜、普货、快件、鲜花为主，占进口货物的90%左右。2020～2022年主要以东南亚南亚地区的海鲜、热带水果、普货、鲜花为主。2023年，进口货品主要以东南亚南亚地区的海鲜为主占到进口货物的80%左右，及少部分普货、鲜花、热带水果。由此可以看出，未来昆明长水国际机场国际进港货物的重点放在南亚东南亚地区的生鲜产品，在东南亚地区利用既有丰富的客运航线，利用客机腹舱进行运输；在南亚地区，开通2—3条全货机航线，采用出港（布料等原材料）+进港（生鲜产品）的方式，平衡进出港货物，降低航线费用。

（二）口岸经济发展存在的问题

1. 口岸基础设施建设不完善

昆明长水国际机场货运综合基础设施投入不足、软硬件落后、功能不全，比如，缺乏必要冷链、医药的专用设施等。再加上受民航客运航班影响，货运航线无法保证足够时刻，影响了代理、货站、快递公司等产业链企业的集货、分拣和派送时间，增加了仓储成本。昆明长水国际机场改扩建工程飞行区工程初步设计及概算直到2023年4月才获得中国民航局批复，其中T2航站楼在2029年年底投运、东货运区在2025年投运。对比国内主要机场，成都新建的天府机场已于2021年投用，设计年货邮保障能力130万吨，远期可达280万吨，郑州机场在2022年完成北货运区工程及中国邮政郑州航空邮件处理中心项目建设，机场货运站面积达到19.86万平方米，货机位25个，年货邮保障能力升至110万吨，杭州机场在2021年建成并开通运行国内首个"多层结构+智能化"国际航空货站，仅国际货邮吞吐量就提升到60万吨。

2. 口岸经济发展不均衡

一是国际货运航线网络覆盖能力及运能下降，伴随疫情影响减弱，国际航空货运需求明显降低，同时，云南国际航线补贴陆续到期，而周边省份国际航线补贴力度较大，国际全货机逐步转移至周边机场。例如，原本在昆明执飞的圆通达卡、拉合尔、孟买、德里等国际全货机航线由于补贴到期，在周边如成都、西安、南宁等政策影响下，已转移至南宁机场运行。此外，国际客运航班恢复，也导致"客改货"航班大幅取消。昆明国际货邮吞吐量持续下滑，导致昆明长水国际机场本已初步具备面向南亚东南亚及环印度洋地区的国际物流航线网络受到巨大冲击。航网覆盖能力及运能的下降进一步导致在昆明长水国际机场集货的国内出口跨境电商货物、锂电池产品、本地鲜花、水果和进口海鲜、水果货量大幅下滑。同时，受国际通航点较少及腹舱运能有限的影响，原本为优势货品逐步被厦门、广州、南宁、成都等主要口岸机场分流。

二是昆明长水国际机场周边缺少适空产业的支持，缺少如富士康、三星等高端制造企业，以及大型跨境电商平台企业。整体昆明的国际航空出口市场中90%以上的货物均为省外集货，本地仅有少量鲜花难以独立支撑货运航班的运行，鲜货虽具备高运价的承受能力，但受限于单次发运量有限。此外，跨境电商货物长期在昆明口岸发运量较低，一方面受限于业务体量规模较小，另一方面受限于通关效率较差、海关监管标准不统一，以中国邮政云南分公司业务为例，云南邮政电商货物进出口日均单量为5.7吨/天，反观广州、南宁200吨~300吨/天，存在较大提升空间。产业引进缺乏政策支持。昆明空港新区发展缓慢，尚未形成具有特征鲜明的产业集群，也缺少头部企业的带动引领，难以为昆明航空货邮发展贡献稳定高产的货物源头。2019年，南宁市政府与菜鸟签署战略合作协议，利用菜鸟旗下LAZADA在东南亚的业务规模，逐步带动南宁本地贸易及跨境物流的发展，目前南宁已成为我国至东南亚跨境电商货物主要的发运通道之一，同时，随着电商业务量的不断提升，也进一步带动跨境电商平台在南宁本地布局保税仓以及分拨中心的物流基建网络布局。

三是缺少航空货运、物流集成等多业态龙头企业的支撑。昆明长水国际机场在2019年友和道通航空公司破产后，就没有新的龙头企业入驻，缺少具有实力的大型国际化基地货运航空公司。同时，缺乏全球范围内或国内主流的货运代理、电商平台以及物流企业，较浦东、杭州、郑州、成都、广州等国内一线机场在货源组织和货运服务能力方面有较大差距。龙头企业的入驻不仅可以拉动机场的货运量，在物流需求的基础上也有利于机场发展更广的航线网络。

三、昆明长水国际机场口岸发展口岸经济的做法和成效

（一）昆明长水国际机场口岸发展口岸经济的做法

1. 持续优化国际航网结构

加快国际航线拓展，推进南亚东南亚航线恢复，拓展中东、非洲等环印度洋国家航线。加快完善面向南亚东南亚及环印度洋地区国际航线网络，协

同主基地航空公司，围绕打造南亚东南亚的最佳中转机场，重点培育南亚东南亚、东亚、非洲经昆明中转的航线网络，通过国际国内航网的织密加厚，构建整体功能清晰、结构合理、衔接顺畅的"四进四出"航班群，持续优化完善国际便利运输网络。

2. 加快提升机场口岸功能和保障能力

加快推动144小时过境免签政策、免签停留区域的扩大，以及24小时过境免检政策申报，提升国际转国际中转效能。积极与省商务厅口岸办、昆明市商务局、昆明长水国际机场海关进行沟通，持续推动东货运区冰鲜、肉类、进境水果、进境食用水生动物、种球种苗等口岸资质获取，提升昆明长水国际机场口岸能力，不断发挥云南面向南亚东南亚辐射中心作用，持续优化完善国际便利运输网络。

3. 配合做好省级航线补贴政策优化工作

机场集团就补贴政策优化与省发展改革委、省交通运输厅多次沟通汇报，同时在省交通厅的主导下共同赴重庆、成都口岸办进行政策调研、学习，现已开始针对政策优化进行深入研究探讨。持续配合政府相关单位做好国际航空扶持政策的优化完善工作。重点扶持航空企业加快恢复、加密、新开国际（地区）客货运航线，强化昆明长水国际机场国际客货运枢纽功能建设。

（二）昆明长水国际机场口岸发展口岸经济的成效

1. 加速恢复国际航线

疫情前，昆明长水国际机场已具备良好的国际航空市场发展基础。2019年，昆明长水国际机场共计开通国际航线89条，国际通航点56个，其中南亚东南亚通航点45个，是国内连接南亚东南亚通航点最多的机场。全年完成国际旅客吞吐量420万人次。国际航班量和国际旅客吞吐量在全国机场中都排在第6位。在良好的国际航线网络结构的背景下，昆明长水国际机场国际中转旅客占比达到22%，已逐步形成了东北亚经昆明长水国际机场中转南亚、南亚经昆明长水国际机场中转至东南亚以及国内经昆明中转至南亚东南亚3个主要的中转流向。随着整体国际航空市场的恢复，目前昆明长水国际机场国际中转旅客量已逐步恢复。

2. 构建良好合作机制

2023年，进一步加强与航司、联检单位的协同配合，聚焦24小时过境免检、扩大144小时过境免签范围等通关政策、中转联程、落地签证、行李直挂等便利化措施。为同步做好"干支通，全网联"云南试点工作，保证经昆国际中转旅客便利性，基于昆明长水国际机场D-I/I-D流向保障链条已顺利打通的情况，经东航向昆明海关申请获批，于3月1日起，正式恢复"10+50"站点"国际通程航班"业务。6月25日，昆明长水国际机场进一步开通新改造D-I流向"国际通程航班"小流程，国际通程旅客中转便利性得到了进一步提升。

3. 强化航空文旅融合

在"一带一路"倡议下，积极发挥与外旅局、旅游企业的协同作用，进一步加强在整合旅游资源、宣传推介、跨省区旅游和精品线路建设等方面的合作，实现资源互补、产品互推、客源互送、信息互享、航线互通，共同建设面向南亚东南亚的国际旅游目的地。同时，持续利用国际性会议平台主动发声，主动参与中国国际旅游交易会、中国—南亚博览会，围绕构建全面覆盖、高效通达的航线网络平台，进一步增强云南航空的辐射力、带动力、影响力。

4. 加快推动昆明国际航空枢纽国际全货机航班恢复及新增

主动协同航空公司及综合物流商，于2023年7月恢复圆通昆明—卡拉奇航线；11月恢复昆明—拉合尔航线；持续与中通国际、云南邮政、缅甸国家航、缅甸国际航等合作伙伴对接，共同推进昆明至南亚东南亚全货机航班事宜，于2023年10月底11月初新开两条昆明—仰光全货机航线。

5. 优化通关流程

近年来，昆明长水国际机场货站先后完成了海关及检验检疫视频监控系统和海关电子卡口建设，并积极配合昆明长水国际机场，海关、航司，开展运单互认模式研究，减少一线海关关员及物流操作人员重复工作，有效地简化了国际贸易环节和流程，提升了效率，为货物通关便利、快捷提供有效的平台。

6. 积极争取冰鲜口岸资质

进行相关市场调研，积极与省商务厅口岸办、昆明长水国际机场海关、冰鲜进出口商及物流商进行沟通，在省口岸办规划处及海关的指导下，针对现有条件设立冰鲜口岸资质进行了深入研究并编制了可行性研究报告，并进行了多轮讨论，最终机场集团、省口岸办、昆明海关达成一致意见确定最终将冰鲜口岸功能放在东货运区改扩建项目中，计划申报冰鲜、食用水生动物、种球种苗、进境水果、肉类等口岸资质，进一步提升昆明长水国际机场口岸功能。

7. 助力芒市国际货运口岸开通

协助芒市机场完成国际货运站验收正式投运，累计发运国际货物160余吨，前期以布匹、拉链等出港普货为主，经过进一步拓展，进口货物扩展了假发、玉石毛料等货源。并正式开通缅甸国家航芒市—仰光国际货运航线，芒市机场成为云南各州市中第一个执飞国际货运航线的机场。随着芒市机场口岸功能的提升，航空物流业将进一步助力德宏州本地产业的发展。

四、昆明长水国际机场口岸发展口岸经济的经验和启示

1. 推动产业融合

充分将航空物流业与以鲜花为首的高原农业进行融合式探索发展，彼此赋能加强"云品"品质提升，打通国际贸易壁垒，逐步加强"云品"国际影响力，利用空港经济区、滇中新区的资源优势，通过业务场所的紧凑布局和业务链条紧密融合，在昆明长水机场周边形成以云花为主体，云蔬、云果、云肉等高端高原农特产品为支撑的货源供给体系，与公路运输形成互为补充的错位发展模式。

2. 龙头带动发展

目前，昆明长水国际机场的基地航空公司有中国东方航空云南有限公司、云南祥鹏航空有限公司、昆明航空有限公司、四川航空股份有限公司云南分公司、中国南方航空有限公司云南分公司5家，但缺乏自己本土的主基地货运航空公司，在开辟国际货运航线上缺乏主动性和竞争力，难以形成更大的运输网络。鉴于基地货运航空公司的重要性，应加快成立或引进云南本土基地货运航空公司，培育打造具有全球竞争力的超级承运人。引入大型跨境电商平台和综合物流企业，大型电商企业或货运代理企业依托自身强大的组货优势，具备通过包机、战略合作、股权投资等手段提升对国内外航空物流资源的整合能力。经过多年发展，国内已经涌现出虾皮、LAZADA、西音、京东、拼多多、网易、小红书、亚马逊等不同类型的跨境电商平台，同时目前国际航空货运市场货源基本以跨境电商类货品为主。应围绕跨境电商、云品出滇等主题，确定一批适合与昆明长水国际机场开展战略合作的潜在龙头企业，并适时开展沟通洽谈。

3. 向民航局积极争取货运第五航权试点

货运第五航权在昆明推行主要有以下几点优势：进一步拓展昆明长水国际机场的国际航线网络、有效应用能极大地助推昆明长水国际机场国际航线网络的覆盖范围、提升昆明长水国际机场国际枢纽集货能力、培育本地头部国际物流企业、带动本地国际贸易相关产业的发展。所以，应获取民航局相应支持，并在昆明开通国际货运第五航权航线，进一步提升昆明长水国际机场的国际货运航线网络覆盖范围。

4. 大力优化基础条件和保障流程

力求在基础业务层面为航空物流发展提供必要支撑，以昆明长水国际机场改扩建为契机，按照国际航空货运枢纽的定位，从基础设施建设、口岸服务效能、多式联运衔接、自动化智能化水平、服务临空产业等多方面，结合昆明长水国际机场改扩建工程中的东货运区建设项目，项目一期建设（预计2030年投用）的航空货站，满足年货邮吞吐量39.5万吨（其中国际货邮吞吐量18.75万吨，国内货邮吞吐量20.75万吨）。建成后与南货运区现有货运站两区提供年货邮吞吐量105.5万吨的处理能力，并获取冰鲜、进境食用水生动物、肉类、种球种苗、进境水果等口岸资质，彻底解决目前存在的货运基础设施短板问题。

五、结论

航空口岸开放是推动经济社会加快发展的有力举措，是提升对外开放水平、加快外向型经济发展的重要途径。应始终坚持发挥昆明长水国际机场的航空区位优势，打造面向南亚东南亚的航空"大通道"形成货物集散，通过政策引导形成"贸易集散"，最终实现产业转移。

首先，昆明长水国际机场口岸坚持产业融合的思路发展航空物流业，极大地降低了物流成本，对当前产业发展及市场竞争力起到了关键作用。其次，积极引入龙头企业带动产业发展，依托昆明航空枢纽既有优势条件，吸引相关领域龙头企业落地昆明，并与这些企业建立密切深远的战略合作关系。最后，该口岸以加快构建以国内大循环为主体、国内国际双循环相互促进的新发展格局为发展主线，创新口岸发展模式，不断拓展货运航线，开放通道优势持续释放。此外，昆明长水国际机场口岸积极推进第五航权试点，提升昆明长水国际机场国际枢纽集货能力、带动本地国际物流市场的同时推动本地国际贸易及相关产业实现跨越式发展。

推动昆明长水国际机场口岸经济发展是一项系统工程，必须站在全国乃至全球高度思考行业未来发展方向，充分认识未来行业发展规律，才有可能抓住时代机遇。

结　语

习近平总书记考察云南时指出：“云南经济要发展，优势在区位，出路在开放。”云南口岸区位优势明显，壮大口岸经济是扩大开放的重要出路。口岸经济在云南高质量跨越式发展中具有重要的地位、明显的优势和巨大的潜力，发展口岸经济是民族团结进步示范区的重要经济基础、生态文明建设排头兵的重要物质保障、面向南亚东南亚辐射中心的重要节点支撑。

本书紧紧围绕云南口岸经济发展案例进行研究，“背景”从国际国内背景双重视角，剖析了口岸经济发展的前沿，同时探讨了发展口岸经济的研究背景与意义，了解口岸发展相关研究的动态情况。“理论”对云南发展口岸经济的相关概念、内涵及理论进行梳理，以民族经济理论、国际贸易理论、区域经济一体化理论、地缘经济学理论、边疆学理论为基础，为全书云南口岸经济发展案例研究提供理论框架。“现状”从世界、中国以及云南的口岸经济发展情况进行剖析，探讨不同口岸经济发展状况，对于口岸经济发展脉络有了初步的认识和了解。“政策”围绕国家和云南省发布的政策文件对云南口岸经济案例研究进行解释，从政策文件的背景和意义、政策的部署以及相关保障等方面出发，为本书提供一定的政策指引和理论支撑。“问题”对云南口岸经济发展过程中存在的问题进行深入剖析与思考，并以现实问题的针对性、实践的有效性为战略思路，深挖口岸经济发展的问题根源及成因，厘清制约云南口岸经济的掣肘因素，为对策的实施提供重点问题的导向。“对策”聚焦云南口岸经济发展对策，提出具体的路径。其一，提升口岸城镇（市）化建设水平，具体而言，通过聚焦口岸“城市功能”发挥、聚焦枢纽口岸城市辐射作用、聚焦口岸城市“平台功能”发挥、强化财政资金支持来实现；其二，提升口岸经济辐射能力，具体而言，通过加快推进沿边口岸对外贸易政策创新、培育市场主体，推动外贸结构持续优化、强化边（跨）境经济合作区平台建设来实现；其三，提高口岸外贸能力，通过提高口岸综合服务能力、优化口岸分布布局、优化口岸功能布局来实现；其四，促进口岸经济转型升级，具体而言，提高出口商品附加值、增强外贸竞争力、发展特色优势产业、提升边民互市贸易水平；其五，大力发掘体制机制潜力，具体而言，通过优化口岸管理体制、强化立法保障、强化跨境物流体系建设、健全口岸安全联合防控机制来实现。"案例"聚焦在云南口岸经济典型口岸，为云南口岸经济发展发挥示范功能和带动作用，分析其做法得到以下启示，其一是口岸产业是口岸经济发展的重要基础，口岸产业发展水平直接影响着口岸经济发展水平；其二是加大政府政策支持是发展口岸经济的必要前提；其三是依托地区经济优势发展口岸经济是内生动力；其四是进一步提升通关服务便利化是发展口岸经济的有效保证。

口岸经济是国家和地区先进生产力的集中表现，是连接国内国际市场的交会点，更是国家对外开放的重要门户。大力发展口岸经济是省委、省政府深刻分析云南省比较优势和潜力基础，作出的重要战略部署。立足于新发展阶段，云南省紧紧抓住发展机遇，不断深化机制创新，优化监管服务，着力打造口岸经济带，不断激发口岸经济发展的新动能，踔厉奋发，为实现"通道经济"赋能，开创了口岸经济高质量发展的新局面。在未来，云南将持续将壮大口岸经济作为提升口岸竞争力的重要出路，不断深化口岸经济在推进开放型经济发展过程中的重要地位，明确口岸发展的巨大优势，将发展口岸经济培养成经济高质量发展的重要引擎和新增长点，持续推动通道优势转化为经济优势。

致 谢

本书在撰写过程中，得到了相关领导和同志们及云南人民出版社相关人员的大力支持，在此表示衷心的感谢！相关案例也得到了相关单位领导和同志们给予的特别帮助，在比表示衷心的感谢！

西南林业大学经济管理学院的学生赵丽、余雨薇在假期间和平时休息时间投入了大量时间进行研究、调研、写作，对他们的辛勤付出表示特别感谢！

由于时间仓促，加之笔者水平有限，书中难免有不足之处，恳请各位给予指正和谅解为谢！

谭 鑫